• 二十一世纪“双一流”建设系列精品教材

# 数字化商业模式

## Digital Business Model

熊　立　陈秋雨　陈桓亘　编著

西南财经大学出版社
中国·成都

**图书在版编目(CIP)数据**

数字化商业模式/熊立,陈秋雨,陈桓亘编著.
成都:西南财经大学出版社,2024. 7. --ISBN 978-7-5504-6272-4
Ⅰ. F71
中国国家版本馆 CIP 数据核字第 2024UD7049 号

**数字化商业模式**
SHUZIHUA SHANGYE MOSHI
熊　立　陈秋雨　陈桓亘　编著

责任编辑:张　岚
责任校对:廖　韧
封面设计:墨创文化
责任印制:朱曼丽

| | |
|---|---|
| 出版发行 | 西南财经大学出版社(四川省成都市光华村街 55 号) |
| 网　　址 | http://cbs. swufe. edu. cn |
| 电子邮件 | bookcj@ swufe. edu. cn |
| 邮政编码 | 610074 |
| 电　　话 | 028-87353785 |
| 照　　排 | 四川胜翔数码印务设计有限公司 |
| 印　　刷 | 郫县犀浦印刷厂 |
| 成品尺寸 | 185 mm×260 mm |
| 印　　张 | 15. 625 |
| 字　　数 | 345 千字 |
| 版　　次 | 2024 年 7 月第 1 版 |
| 印　　次 | 2024 年 7 月第 1 次印刷 |
| 书　　号 | ISBN 978-7-5504-6272-4 |
| 定　　价 | 39. 80 元 |

# 前 言

习近平总书记在党的二十大报告中指出，“加快发展数字经济，促进数字经济和实体经济深度融合”。而新一代信息技术与各产业结合形成了数字化生产力和数字经济，尤其是云计算、大数据、人工智能等新一代数字技术作为当代创新最活跃、应用最广泛、带动力最强的科技领域，给产业发展、日常生活、社会治理带来了深刻影响，是现代化经济体系发展的重要方向。

本教材首先介绍互联网经济的不确定性特征使得创业呈现出随机性和不稳定性，而传统企业失去其一直以来依托资源和能力所形成的竞争优势。然后在此基础上，聚焦于企业的商业模式如何进行数字化转型，如何避免许多传统企业只是与互联网进行表层的结合，如依托自有网站或其他网络平台扩大其产品或服务的市场份额，虽然采用了“互联网+”的思路，但原有生产或服务体系并未发生实质性改变。本教材将商业模式相关理论和当下各行业数字化商业模式案例有机结合①，有助于体验式思考和学习，拓展学生的眼界和思路，着力培育学生的创新精神、创业意识和创造能力，有助于提升学生的素质和职场竞争力。

本教材的主要章节安排如下：第一章为工商管理的窘境，主要通过分析科学管理的局限性，指出颠覆式创新是大公司的“黑洞”，并介绍互联网时代的思维方式和管理文化。第二章为数字化时代的特征及挑战，主要在对比数字化时代与工业化时代的基础上，介绍互联网新发展，数字化企业的定义及特征，以及数字经济的五大变革与创新特征及对应的商业模式要素创新。第三章为商业模式理论，主要介绍商业模式的构成，工业化经济背景、网络化经济背景和智能化经济背景下商业模式的特征与逻辑以及商业模式集成方式。第四章为商业模式创新、演进与重构，主要探讨商业模式的创新与演进，商业模式重构的背景和时机、要素和方法以及商业模式重构在理念和能力方面的挑战及对策。第五章为业务系统类型与典型商业模式，主要基于业务系统分类，对平台型、单边平台型、软一体化商业模式的定义和特性、优势以及挑战和对策进行分析。第六章为商业银行的数字化商业模式，主要分析数字时代商业银行的市场竞争格局、转型发展战略，以及转型面临的挑战与对策。第

① 全书所有案例只供课堂讨论之用，无意暗示或说明某种管理行为是否有效。

七章为制造业的数字化商业模式，主要介绍传统制造业面临的困难，分析其数字化转型的意义、主要内容和实施。第八章为传统服务业的数字化商业模式，主要分析我国服务业发展现状，选取服务业中具有代表性的教育和医疗行业介绍其数字化转型和发展。第九章为Web3.0的技术发展与商业模式创新，主要介绍Web3.0技术的兴起、比特币生态的后续发展，以及Web3.0技术发展对商业模式创新的促进。

本教材的创新，是学界和实业界人士集体智慧的结晶。教材由熊立、陈秋雨、陈桓亘编著，编写成果分工如下：熊立负责教材的总纂和部分章节的改写，教材第一、二、三、四、七、八章由熊立编著，第五、六章由陈桓亘编著，第九章由陈秋雨编著。此外，熊立还负责本书的慕课制作工作。慕课的名称为“商业模式创新与创业”，与教材《数字化商业模式》配套，如第一讲为商业模式及其创新概论，第二讲为商业模式创新及关键问题，第三讲为商业模式各组成要素分析，第四讲为什么是好的商业模式，第五讲为打造实施商业模式创新的能力，第六讲为如何调动组织实施商业模式创新积极性，与教材第三章商业模式理论，第四章商业模式创新、演进与重构，第五章业务系统类型与典型商业模式高度相关。学习慕课有助于学员理解教材相关内容，更为深入、全面地学习和掌握数字化商业模式。

本教材的编写得益于学者们已有研究成果所奠定的基础，在出版发行的过程中得到了“西南财经大学2021年度第二批规划教材”项目、西南财经大学国际商学院和西南财经大学出版社的大力支持，在此一并致谢。对本教材的不足，敬请专家学者和读者们批评指正。



**编著者**

2024年2月

| 二十一世纪“双一流”建设系列精品规划教材<br>《数字化商业模式》配套慕课 | 扫码识别加入课程学习 |
|---|---|

# 目　录

# 第一章
# 工商管理的窘境

本章首先介绍科学管理思想的产生和发展，然后分析科学管理在互联网时代的局限性，主要体现为利润最大化、客户和固有盈利模式作为盲区对企业的负面影响。接着指出颠覆式创新是大公司的“黑洞”，并从工业时代与互联网时代产品、互联网时代的思维方式和管理文化分析从工业思维到互联网思维的变化。随后分析数字时代的消费特点：消费者需求从单一化向多元化、从标准化向个性化、从注重性价比到注重体验、从准实时向实时化、从本地化消费空间向全球化与虚拟化消费空间的转变。

## 一、科学管理的产生与发展



科学管理之父泰勒积极推广科学管理，以取代传统的经验管理，并于1911年发表《科学管理原理》。仅仅因为这种管理方式（而非因为技术的进步）——“泰勒制”的应用，1890—1958年，美国制造业每人每小时的产出就提高了5倍。泰勒被誉为“影响人类工业化进程的人”。

泰勒提出科学管理思想，目的是改变传统的一切凭经验办事（工人凭经验操作机器、企业主凭经验进行管理）的落后状态，以适应当时工厂大规模生产普及的管理需求，从而使经验的管理转变成为一种“科学”的管理。泰勒的主张被认为是管理思想史上的一次“革命”。它使得劳资双方关注的焦点从收益的分配（即分饼，但在饼小的情况下，任何分配方式都不会使双方满意）转向了共同努力创造更大收益（即将饼做大），从而彻底化解了当时劳资之间因收益分配而产生的剑拔弩张的冲突，转而使双方形成合作关系。泰勒哲学最突出的假设在于“多就是好”，后来这一假设被亨利·福特最终实践——以高效的方式更大量地生产成为最高原则。当市场还未被充分开发的时候，这是个不错的方向。世界迫切地需要更多产品，工厂主们希望以更高效的方式去管理那些羽翼未丰的产业。既然美国有着丰富的土地和自然资源，那它为什么不能拥有强大的生产能力？泰勒的思想发源于那个时代，也是为那个时代服务的。泰勒形容它是“75%的科学加25%的常识”。凭借这套理论，他跻身“20世纪最有影响力的人物”之列。即便到了今天，世界各地仍有许多企业受到其科学管理思想的强烈影响：

（1）对工人工作的每一个要素开发出一种科学的方法，用以代替经验方法——

精益生产中的标准作业，多数制造业也都在应用；

（2）科学地挑选工人，并对他们进行培训，使之成长——企业在招聘工人时，针对手的灵活性进行夹钢球测试，并进行新员工上岗培训和转岗培训；

（3）与工人衷心地合作，以保证所有工作按已有的科学原则开展——管理层的现场走看行、定期沟通等方式的实践应用；

（4）管理者和工人在工作和职责的划分上几乎是相同的，管理者应承担比工人更繁杂的各种工作——当前很多企业的班组长和主管承担更多的现场改进和改善的工作。

1997 年，《财富》杂志撰文指出，“泰勒的影响无处不在：他的理论决定了麦当劳期待自己的厨师每天烤出多少个汉堡，电话公司期待自己的接线员接多少次电话。”

泰勒的哲学并不仅仅与具体任务相关。他在《科学管理原理》的序言中写道，他的目的在于“说明科学管理的基本原理适用于各种人类活动，从最简单的个体行为，到大型企业的诸多工作”。至少，在泰勒心目中，科学管理是无所不能的。一旦接受了它，开展了它，它就会覆盖整个组织。通过衡量每一项、每一种任务，企业可以建立一整套体系，这就是工作的流程。工作可以严格按照时间表进行，因为企业知道每项任务要花多长时间，要用多少人手。于是，库存能管理了，财务能组织了，采购系统能引入了。环环相扣，滴水不漏。在泰勒看来，凡事都能跟逻辑挂起钩来，逻辑似乎可以掌控整个世界。然而到了互联网时代，外部环境产生了剧烈变化，工业时代的管理方法仍然适用吗？

彼得·德鲁克曾指出，这 100 年来，管理学最大的成就，是把体力劳动者的生产力提高了 50 倍。体力劳动者的重要性固然不可低估，但这已不再是 21 世纪面临的最大挑战了。按照德鲁克的说法，21 世纪最大的挑战是提高知识工人的生产力。而可怕的是，据德鲁克估计，部分知识工人的生产力在过去的 70 年里不升反降。

## 二、合理性遮蔽——科学管理的局限性

文明有三要素：第一，生存结构，不同的时代有不同的生存结构；第二，由于特定的生存结构，人们会养成特定的思维方式；第三，一旦形成特定的思维方式，它就会对人产生遮蔽效应，人们很难从自己既定的思维方式中走出来（王东岳，2019）。

合理性遮蔽的特点主要表现在以下两方面：一是内部逻辑自洽，二是自身无法突破。科学管理思想在具体管理中的主要体现在三方面：第一，计划，基于数据和预测；第二，控制，基于流程和制度；第三，组织，基于科层架构和人员分工。工商业时代最主流的管理方式是工商管理或者叫科学管理，但在互联网时代的今天，工商业时代的经典管理方式是否也陷入了盲区呢？企业的盲区主要来自利润最大化、被主要客户主导而失去创新方向以及难以割舍原有盈利模式三方面。

### （一）利润最大化

企业要追求利润最大化，通常的做法是：聚焦主营业务、关注旗舰产品、推荐优质客户至上理念、尽可能让客户完全满意和做好消费需求调查。这一切全都是我们日常管理中的做法，但恰恰是这些看似最正确的做法，在时代变化的时候将成为我们最大的障碍。

利润最大化是企业的重要目标之一，但它的存在会导致盲区，可能会让企业陷入短视和盲目追求利润最大化的陷阱。收入增长、利润增长、估值提高、股价增长……企业归根结底是在做关于收入和利润的游戏。但众所周知，上市公司的回报在于股市而不是分红，上市公司的收入和利润必须有所增长，其股价才可能在机构和投资者的乐观预期下被推高。也就是说，对于上市公司的业绩表现来说，重要的不是收入和利润，而是其收入和利润的增长速度，这实际上是一场永无休止的增长游戏。

“我发现商学院培养的干部有问题，不能为我们所用。商学院所提供的案例、所传授的很多经验，都是基于工业时代积累的东西，比如从福特公司到通用电气的案例等，但是这些案例却忘了颠覆式创新和破坏性创新，这些它（商学院）没有。”

——万科集团董事局主席郁亮

（1）忽视品质和客户体验。为了追求利润最大化，企业可能会忽视产品或服务的品质和客户体验，导致客户流失和口碑下降。

（2）忽视社会责任。企业为了追求利润最大化，可能会忽视社会责任，而不合规经营、环境污染等问题可能会带来负面影响和法律风险。

（3）短视经营。企业为了追求短期的利润最大化，可能会忽视长远发展，且缺乏创新和持续发展的动力，这可能会导致企业衰退。

（4）忽视员工福利和发展。企业为了追求利润最大化，可能会忽视员工的福利和发展，导致员工流失和企业内部管理问题。

为了避免利润最大化的盲区，企业应该全面考虑经营的长远性和可持续性，注重产品或服务的品质和客户体验，承担社会责任，关注员工的福利和发展，寻求创新和找到持续发展的动力。

### （二）客户

“企业获得一个新客户的成本是维持一个老客户成本的5~10倍”“而一个企业的客户忠诚度若提升5%，其利润就能增长25%~85%”，因此，“客户就是上帝”“企业的首要目标应该是获得永久忠诚的客户”。客户是企业的衣食父母，没有客户企业根本无法生存。所以，客户是企业最重要的资源、资产、生命线，企业应与客户共生死。

但是有的时候客户真的是企业最大的盲区，客户完全满意可能就是个陷阱——企业聚焦客户需求，研发并生产或提供适应客户需求的产品或服务，客户因收到满意的产品或服务而支付款项。企业受制于其客户，如果客户产生路径依赖，那么企业执迷于以往成功的做法，未能审时度势，及时创新产品或商业模式以适应变化的环境，也就无法生存。

如果一家企业有一两个客户贡献了企业全部收入的30%以上，那么这家企业会怎么做？当然会全力以赴满足这一两个重要客户的需求，避免竞争对手夺走这些客户，以保证公司的销售额和利润。这就很有可能使企业成为困于米缸中的老鼠，耽于诱人的满满的一缸米，最终因无法逃脱而死亡。

### （三）原有盈利模式

盈利模式是企业运营和发展的重要组成部分。它决定了企业的盈利能力、竞争优势、风险控制和发展方向。有效的盈利模式对于企业的长期成功至关重要。但随着市场环境的变化和技术的发展，当现有盈利模式不再适应新的商业模式和客户需求，企业必须在新旧两种盈利模式之间进行抉择时，很多企业选择固守现有盈利模式而被市场无情淘汰。例如，进入数码时代以后，传统相机被数码相机、智能手机逐渐替代，传统相机的生存空间越来越小，胶卷的需求也相应锐减。美国胶卷巨头柯达（Kodak）曾预测数码相机最终将取代传统相机的发展趋势：数码相机将从商用一步步转向民用，最终在2006年左右彻底取代传统相机。

可惜的是，数码相机并未因此得到柯达管理层的重视，相反，他们害怕这项新技术会损害传统胶卷行业经典的“剃须刀+刀片”盈利模式所产生的利润，所以压制并严密封锁数码技术——尽管柯达率先创新了数码技术。可是，数码时代不以柯达的意志为转移，其来势汹汹，不可阻挡。随着数码时代的来临，数码相机迅速占领市场，而胶片相机销量迅速下滑，柯达公司遭受致命打击。

类似情形在商界不断发生。为什么 Netflix 的流媒体播放模式能颠覆 Blockbuster 的录像带出租模式？Blockbuster 其实已经看到了 Netflix 来势汹汹，而且也找到了应对策略，也开发了视频点播业务……但是，它败给了自己。Blockbuster 的盈利模式是加盟店的模式。而加盟店最大的收入是滞纳金——消费者租了录像带如果未能及时归还，就要缴纳一笔滞纳金，这占到加盟店收入的40%。而且加盟店还有卖爆米花、糖果之类的收入。如果 Blockbuster 模仿 Netflix，将其盈利模式改为不收滞纳金的邮寄 DVD 和流媒体点播模式，加盟店还能有收入吗？这反映到公司战略选择上，就是新旧两种盈利模式的权力斗争……最后 Blockbuster 董事会强行命令公司高层恢复原有盈利模式。即便在高科技领域，类似情形也在发生：传统搜索引擎可以很容易在结果中插入广告，而广告收入是 Google 现有主要盈利模式。对话式搜索很精准，但很难在聊天中插入广告，不适合其盈利模式。Google 显然不想自己颠覆自己，因而不会主动创新搜索模式。尽管 Google 拥有很深厚的技术积累以及多个语言模型，但一直等到微软把搜索引擎和 GPT 模型结合、推出 Bing Chat 之后，Google 才被迫推出 Bard 仓皇应对，结果测试表现差强人意，导致其股价大跌。

### （四）数字时代的消费特点

数字时代的消费特点主要可以归纳为以下几个方面：

（1）个性化消费。数字时代的消费者越来越注重个性化消费，他们希望根据自身的需求和兴趣来选择商品或服务。通过互联网，消费者可以轻松地找到自己需要的商品或服务，并进行个性化定制。通过大数据技术和人工智能技术，消费者可以得到根据其购物习惯和行为形成的个性化推荐，买到心仪的产品。如定制化服装、个性化餐饮、私人定制旅游、个性化电子产品、专属定制珠宝、个性化家居装饰、个性化购物体验、个性化住宿服务等，都是个性化消费的具体表现形式，它们满足了消费者对于独特性、专属感和高品质产品的追求，同时也反映了生产和流通企业在技术和商业模式的创新上所做的努力。

（2）多元化消费。数字时代的消费者越来越注重多元化消费，他们希望能够在不同的渠道和平台上获取商品或服务。通过互联网，消费者可以在不同的电商平台上购物，或者通过社交媒体、直播等渠道获取商品或服务。另外，场景化商业设计和网红街区设计通过创造独特的体验，为消费者带来更多的乐趣和满足感。

①沉浸式体验：通过精心设计的场景，让消费者仿佛置身于另一个世界，增强购物的趣味性和互动性。

②情感共鸣：通过与消费者产生情感共鸣，让消费者更加愿意参与其中，提高其购物的满足感和消费黏性。

③多元化展示：通过多种形式的展示方式如动态展示、虚拟现实等，让消费者更加全面地了解商品信息。

（3）全球化消费。数字时代的消费者可以轻松地跨越国界进行消费，他们可以通过互联网购买来自世界各地的商品或服务，并享受全球化的消费体验。这也促进了全球化贸易的发展。消费需求更加多样化，消费者不再只关注本地市场的产品和服务，而是会关注全球范围内的消费选择，这也为各个国家的企业提供了更大的市场空间。京东和天猫分别推出了它们的国际板块即京东国际、天猫国际，而拼多多也推出了其海外版跨境电商平台——TEMU，与 SHEIN 在国际市场上竞争。同时，消费者也常常追求新鲜感。他们更倾向于尝试新奇的产品和服务，而这也促使企业不断地推陈出新，提高产品的研发水平和技术含量。

（4）移动化消费。随着移动互联网的普及，数字时代的消费者越来越注重移动化消费，通过手机和平板等移动设备，他们可以随时随地进行购物、支付等消费活动。这种便捷性大大提高了消费者的购买欲望和消费频率。同时，移动互联网还为消费者提供了大量的商品和服务选择，使消费者能够更容易地找到自己需要的产品。移动互联网的普及使得消费从线下到线上的转移越来越明显。越来越多的消费者选择通过移动设备而非传统的实体店进行购物。这种趋势使得传统零售业面临着严峻的挑战。在移动互联网上，消费者可以通过比较价格、阅读评价等方式更容易地做出购买决策。

（5）社交化消费。数字时代的消费者越来越注重社交化消费，他们希望通过社交媒体、社区等渠道获取商品或服务，并与其他消费者分享消费体验。这也促进了社交媒体等平台的发展。社交媒体在移动互联网消费中发挥着重要的作用。通过社交媒体平台，消费者可以分享购物经验、评价商品等，这为其他消费者提供了宝贵的参考意见。商家也通过社交媒体与消费者进行互动，加强品牌与消费者的联系。而另一种趋势是：由于长期沉浸线上社交带来的娱乐空虚感和集体孤独感，叠加越来越快的生活节奏，人们开始逃离碎片的线上化生活，重新去找回社交的本质。年轻人的心理满足感、自我存在感、社交归属感等心理需求在相互认可的文化中形成一种集体意识。这种集体意识为年轻人提供了“情绪价值”。线下社交欲望的不断增加推动了社交消费的盛行。

总之，数字时代的消费特点主要表现为个性化、多元化、全球化、移动化和社交化。企业需要根据这些特点来调整自身的产品或服务策略，以满足消费者的需求和期望。

## 三、颠覆式创新

颠覆式创新是指通过创新性的技术、产品或商业模式，打破行业的传统规则和惯性，推动行业的快速发展。对于大公司而言，颠覆式创新既是机遇，也是挑战。大公司通常拥有强大的资源和品牌，但也可能因为惯性思维和组织结构等问题，而难以推行颠覆性的创新。

在大公司中，颠覆式创新常常被称为“黑洞”，因为它需要将公司的资金、人力和时间等资源投入尚未被验证、充满风险的创新项目，这可能会对公司的现有业务造成冲击和威胁。同时，颠覆式创新也需要企业具备一定的风险承担能力和创新精神，敢于突破舒适区，这对于传统的大公司来说可能比较困难。

然而，不进行颠覆式创新也会带来更大的风险——科技和市场的快速变化，公司如果没有及时跟进，就容易被后来者超越。因此，大公司需要在创新和传统业务之间找到平衡点，既要保持现有业务的稳定和持续发展，也要积极进行颠覆式创新，以推动公司的长期发展。对于大公司而言，跨部门、跨领域的协作和开放式创新也是非常重要的，它可以帮助公司更好地应对颠覆式创新的挑战。

### （一）延续性技术与颠覆性技术

延续性技术和颠覆性技术是两种不同类型的技术。

延续性技术是指在现有技术的基础上做出改进的技术，它可以提高产品或服务的表现。这种改进技术不会对现有的商业模式或市场格局产生重大影响或冲击，只会带来渐进式的改进和提升。例如，汽车制造商提高汽车的燃油效率、安全性，增加便利性等，这些改进可以提升汽车的性能，但不会对整个汽车行业产生颠覆性的影响。

颠覆性技术则是指一种全新的技术，它可以彻底改变行业的格局和规则，甚至颠覆现有的商业模式。这种技术的出现通常是由于新兴科技的突破和应用，或者是一种新的商业模式的出现。例如，互联网技术和电子商务的出现，彻底改变了传统零售业的商业模式和运营方式。而新能源汽车与传统燃油汽车在核心部件如动力系统、驱动方式、能耗、环保性及维护成本等方面迥异。电池技术、充电设施、智能控制系统等相关领域的创新与发展，为新能源汽车的普及奠定了基础。特别是电池技术，作为新能源汽车的核心技术，正在不断取得突破，使得新能源汽车的竞争力不断提升。

延续性技术和颠覆性技术虽然不同，但它们在商业中的价值都是不可忽视的。延续性技术可以提高现有产品或服务的性能和效率，增强企业的竞争力。而颠覆性技术则可以打破现有的商业模式和行业规则，创造全新的商业机会和价值。因此，企业需要在延续性技术和颠覆性技术之间找到平衡点，同时改进现有技术和引入新技术，以保持企业的竞争力和创新能力。

### （二）颠覆式创新的秘密——技术加速进步

人类过去两千年的技术成就相当于20世纪的技术成就，相当于2014年之前14年的技术成就，相当于2014年之后7年的技术成就。技术会加速进步。颠覆式创新的秘密之一就是技术加速进步。随着科技的飞速发展，新技术不断涌现，这使得颠覆式创新变得更加容易。随着技术的进步，传统行业的规则和惯性被打破，新兴行业和商业模式得以诞生。

AT&T在长达65年的时间里是行业领袖，IBM是25年，微软是15年，谷歌是7年……行业发展变化的速度越来越快。美国高科技企业的平均寿命是7.6年，中国高科技企业的平均寿命是3.3年，而且中国这个数据是8年前的数据。最新的中国高科技企业平均寿命的数据是1.8年，耸人听闻！

例如，互联网技术的迅速发展，带动了电子商务、社交媒体、在线教育等新兴领域的兴起。移动互联网技术的出现，推动了共享经济、在线医疗等新兴领域的发展。人工智能技术的应用，催生了自动驾驶、智能家居等新兴行业的发展。

此外，技术进步还促进了跨领域的创新，使得不同行业之间的融合和交流更加频繁，推动了新技术的涌现和应用。例如，汽车制造商与科技公司的合作，带动了智能汽车和自动驾驶技术的发展。医疗企业和生物科技公司的合作，推动了基因编辑和新药研发等领域的进步。

摩尔定律是指每隔约18个月集成电路上可容纳的晶体管数量将翻倍，而价格将减半。这个定律由英特尔创始人之一戈登·摩尔于1965年提出，至今仍然适用。

摩尔定律的意义在于它揭示了集成电路技术发展的速度及其对计算机和电子产品性能的持续提升。每隔18个月晶体管数量翻倍，这意味着计算机的处理能力、存储容量和各种电子设备的性能都在以指数级的速度改善。

2015年5月，摩尔接受《纽约时报》专栏作家托马斯·弗里德曼（Thomas L. Friedman）的专访，就摩尔定律诞生50周年发表了自己的看法："互联网的发展实在太令人惊叹了。在刚提出摩尔定律时，我根本没有意识到，它会引领一个如此生机勃勃的新世界。我们对计算机的认识才刚刚起步，对机器智能的探索也是如此。数字世界的进步，必然是增量式的。"

技术进步的加速带来了以下几个方面的影响：

（1）计算能力的提升。这使得我们能够完成更复杂的计算任务，加速了科学研究和工程设计，同时也为大数据、人工智能等领域提供了更强大的计算能力。

（2）存储容量的增加。硬盘、固态硬盘和闪存等存储设备的容量越来越大，而且价格越来越低，使得存储和访问更多的数据可以实现。

（3）电子产品的性能提升。摩尔定律也适用于智能手机、平板电脑、相机等。这些产品不仅在处理速度和存储容量上有所提升，还拥有更高的分辨率、更强的图形处理能力和更长的电池续航时间等。

（4）降低成本。集成电路的成本不断下降，从而使电子产品的价格降低了。这使得越来越多的人能够负担得起计算机和电子设备，促进了数字化和信息化的普及。

尽管摩尔定律在近年来面临一些挑战和限制，但它仍然是技术进步速度的一个重要指标。它展示了技术革新和创新对于推动社会和经济发展的重要作用，也激励着科技公司不断寻求新的技术突破和创新。

因此，技术加速进步是颠覆式创新的重要推动力量。企业需要密切关注技术发展的趋势和变化，积极引入新技术，打破行业的传统模式和规则，以获得领先优势，并不断创造新的商业机会和价值。

另外，技术进步加速也对多个方面产生了冲击：

（1）就业市场的变革。技术的进步可能会导致一些岗位消失，但同时也会创造新的就业机会。这意味着，就业市场可能会发生变革，导致部分人群需要重新寻找新的就业机会。

（2）社会分化。技术进步的速度可能会导致社会分化的加剧。那些无法跟上技术进步的人可能会在生活质量和收入等方面落后，从而导致社会差距的扩大。

（3）数据隐私问题。随着技术的不断发展，个人信息和数据可能会变得更加容易被获取和滥用，导致数据隐私暴露问题。

（4）环境问题。随着可持续性逐渐成为全球关注的焦点，技术进步也会对环境带来一定的冲击，例如电子垃圾的增加及其对大气和水源的污染。

（5）教育和技能培训。技术的不断进步意味着人们需要不断学习和更新技能，以适应新的技术需求。这可能需要对教育和技能培训进行改革和更新，以确保人们能够适应和应对新的技术要求。

总之，技术进步带来的冲击和变革是不可避免的。我们需要保持警惕，及时应对这些变化，并制定相应的政策和措施，以确保技术进步对社会和环境的负面影响最小化。

### （三）大公司做加法，小公司做减法

大公司通常有更多的资源和资本可以投入新项目，而小公司则往往需要在资源和资本有限的情况下创造价值。因此，在创新过程中，大公司往往更倾向于通过新增产品和服务来扩展其业务范围和增加市场份额，而小公司则更倾向于通过削减不必要的产品和服务、专注于核心业务来提高效率和利润率。

大公司通常有更多的资源和资本，可以承担更高的风险和成本，也更容易吸引

人才和合作伙伴。因此，它们更容易在创新过程中通过做加法来扩张业务，例如引入新产品，收购新技术或企业，拓展新市场等。然而，这也可能导致公司过于分散精力，产生过度扩张和资源浪费等问题。

相比之下，小公司通常需要更加谨慎地管理资源和资本，专注于核心业务，提高效率和利润率。它们更倾向于通过做减法来创新，例如削减不必要的产品和服务，精简流程和组织结构，以提高效率和降低成本。这种精益创新的方法可以帮助小公司更加专注于核心竞争力，提高市场反应速度和灵活性，从而在激烈的竞争中占据优势。

虽然大公司和小公司在创新过程中的策略不同，但都需要根据自身的优势和劣势，灵活地应对市场变化和竞争压力，不断创新和提升自身价值，从而获得持续的竞争优势。当大公司追求更先进的技术和更优越的性能的时候，小公司要大道至简。在大道至简的法则里，有两个要点：一是成本至简，二是产品至简。

**1. 成本至简**

成本至简是指在满足产品或服务需求的前提下简化过程和降低成本。这一概念的出现主要是因为市场竞争加剧，消费者对产品或服务的价格敏感性不断增强，企业需要寻求降低成本的方法以提高竞争力和盈利能力。

高端品牌背包以其卓越的品质、精湛的工艺和时尚的设计成为全球商务人士的首选。学生和上班族的普通背包则适于日常通勤使用，超轻为其最大的特点，此外它采用防泼水面料并且有一定容纳量。

**图 1-1　不同价格的背包**

资料来源：京东商城。

成本至简的实现方法有：

（1）去除浪费：企业需要识别生产过程中的浪费和冗余，需要寻求去除这些浪费的方式，如减少库存、优化供应链、提高生产效率等。

（2）精益生产：企业可以采用精益生产的方法，通过优化生产流程、降低库存、提高生产效率、精简生产线和减少人力等方式降低成本。

（3）采用技术手段：企业可以采用新的技术手段，如自动化、机器人、智能化生产等，以提高生产效率和降低成本。

（4）降低产品或服务成本：企业可以通过降低产品或服务的成本来提高其竞争力和销售量，例如寻求更廉价的材料、采用更简单的设计等。

（5）提高员工效率：企业可以通过加强员工培训和教育、优化工作流程、提供更好的工作环境等方式提高员工效率。

总之，成本至简是企业在竞争激烈的市场中保持竞争力和提高盈利水平的重要策略。由于价廉物美是消费者永恒不变的需求，企业需要寻求有效的方法来降低成本，但同时也需要确保产品或服务的质量和客户满意度。

**2. 产品至简**

产品至简是指在保证产品基本功能和性能的前提下，通过简化设计和优化功能，创造出更加简单、易于使用和经济实用的产品。产品至简的概念主要源于用户体验和市场需求的变化，越来越多的用户倾向于选择简单易用的产品。

要实现产品至简，需要从以下几个方面入手：

（1）简化产品设计：简化产品设计是实现产品至简的关键。通过精简设计、简化功能、减少按钮和控制，可以创造出更加清晰、容易理解和使用的产品。

（2）优化用户体验：用户体验是影响产品市场价值的重要因素之一。通过优化用户界面、改进用户交互和使用体验，可以提高用户对产品的认知度、满意度和忠诚度。

（3）降低产品成本：产品至简并不意味着产品不能具备高性能和高质量。通过采用更简单的设计、使用更便宜的材料和组件，可以降低产品生产成本，提高产品的性价比。

（4）创造全新的产品体验：通过简化设计、优化功能和改进用户体验，可以创造出全新的产品体验，从而创造出新的市场机会和实现产品差异化。

（5）优化产品生命周期管理：优化产品生命周期管理可以使产品更加符合市场需求，从而提高产品的销售量和用户满意度。不断改进产品、降低成本、提高质量和服务水平等方式，可以提高产品的市场价值和竞争力。

总之，产品至简是满足现代用户需求的关键，通过简化产品设计、优化用户体验、降低成本、创造全新的产品体验和优化产品生命周期管理，可以创造出简单易用、性能优越、经济实用和市场竞争力强的产品。

【案例 1】小企业的成长

小型钢厂：1975—1990 年，美国小型钢厂通过高灵活性、低成本、高品质、专业化生产、创新和市场定位等策略，成功地在竞争激烈的钢铁行业中取得了竞争优势，打败了大型钢厂。

三星：三星抓住日本企业在巴西的漏洞，以中间层为对象，采取了为大众消费市场制造产品的营销方式。三星培训精通各国语言的地区专家并派往当地，通过开展营销，彻底把握了当地的需求。

传音手机：充分理解并满足非洲消费者的需求。传音手机在产品设计和营销方面做好本土化，推出适应非洲市场的功能和特色。例如，增加多个语言支持、加长续航时间、提供双卡双待等功能。同时，非洲消费者普遍对价格敏感，因此传音手机在非洲市场上提供了价格相对较低的产品。这使得传音手机能够吸引更多消费者，尤其是那些收入较低的人群，从而扩大市场份额。继非洲市场的成功之后，传音着手开拓印度市场。首次参加世界移动通信大会 MWC 2023，传音便在大会上推出第一款折叠手机 Phantom V Fold，并将首发市场选在印度。这成为其进军高端市场的重要标志之一。

由小型钢厂、三星和传音手机的做法可以看出，小企业需要避开与大企业直接竞争，转而通过低端逆袭往更高级的市场上走。根据克里斯坦森（Clayton M. Christensen）提出的公理：**技术进步的步伐一定超过市场需要的步伐**。从低端进入并不等于永远低端，小企业也具有长期创新进步的能力。

### （四）客户需求变化

客户是企业的重要资源。找到客户、建立连接、满足需求、打造终身价值客户是企业经营的主线。随着互联网成长起来的“90 后”和“00 后”已成为主力消费群体，相较于传统消费群体，客户需求发生了一些根本性的变化。

**1. 从单一化到多元化**

马斯洛的需求层次理论提出了人类需求的五级模型，它通常被描绘成金字塔内的等级。从层次结构的底部向上，需求分别为：生理需求、安全需求、社会需求、尊重需求、自我实现需求，如图 1-2 所示。这种五级模型可分为不足需求和增长需求。前四个级别通常称为缺陷需求（D 需求），而最高级别称为增长需求（B 需求）。1943 年，马斯洛指出，人们需要动力实现某些需求，有些需求优先于其他需求。

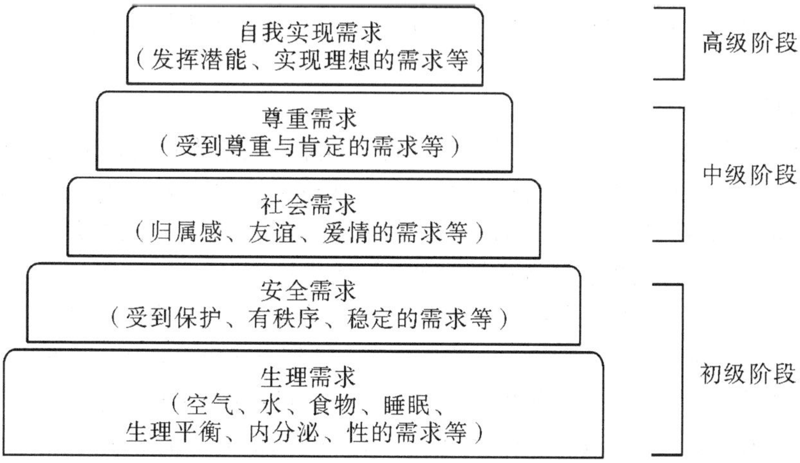


**图 1-2　马斯洛的需求层次理论**

20 世纪 70 年代，马斯洛的需求层次理论又被扩展，增加了认知、审美和超越的需求（见表 1-1）。由此可见，客户需求的变化是一个逐步丰富和发展的过程，需求的多元化在某种程度上是符合人类生存发展的一般规律的。

表 1-1 马斯洛需求层次八级模型

| 需求 | 具体内容 |
| --- | --- |
| 生理需求 | 空气、水、食物、睡眠、性的需求等，它们在人的需求中最基础、最有力量 |
| 安全需求 | 人们需要受到保护、有秩序、稳定、安全、能免除恐惧和焦虑等 |
| 社会需求 | 一个人要求与其他人建立感情的联系或关系，如结交朋友、追求爱情等 |
| 尊重需求 | 分为两类：①尊重自己（尊严、成就、掌握、独立）；②对他人的尊重（如地位、威望） |
| 认知需求 | 理解知识、好奇心、探索、意义和可预测性需求等 |
| 审美需求 | 欣赏和寻找美、平衡、形式等 |
| 自我实现需求 | 人们追求发挥自己的能力或者潜能，并使之完善化；实现自己的理想 |
| 自我超越需求 | 超越个人自我的价值观，如高峰体验、灵性成长等 |

随着时代的发展，不同消费领域的客户需求表现出明显的多元化特征。例如，在信息、日化、服装、汽车等消费领域，客户均有来自生理、安全、归属与爱、尊重和自我实现的多元化需求。

互联网和社交网络提供了表达和记录多元化需求的技术手段，这些多元化需求转变成了互联网（也是云计算平台）上的客户大数据。企业通过对客户大数据进行采集和分析，可以进行多维度的客户洞察，了解客户群体的兴趣偏好、品牌偏好等。同时，由于科技不断迭代、商业环境不断变化、市场窗口不断拓宽、信息流转不断加快等新变化，客户需求将比以往更加复杂和多元化。因此，更多组织迫切需要数智化触点和管道，在云上建立与客户的常态化联系，形成能与客户 7×24 小时沟通的渠道，实现不间断的服务，从而更有效地把握并及时响应客户的多元化需求。这也要求每个企业针对客户将服务做细，给不同行业的客户提供多元化服务，深度满足客户的多元化需求。

**2. 从标准化到个性化**

传统的产品生产制造模式以提高生产效率和降低成本为目的，采用大规模标准化生产，为客户提供无差别的标准化产品。而随着经济的快速发展、社会文化和价值观的多元化以及人们需求层次的提高，越来越多的人开始追求差异性、个性化和自我满足。因此，具有专属性的产品或服务将成为趋势。

正因为客户的个性化需求越来越普遍，企业开始深入行业获得客户需求，开发个性化功能，更好地满足客户需求，以提高产品或服务的黏性。但是，个性化定制需求意味着无法进行标准化的大规模生产，这将使企业难以有效降低制造成本。提高效率和精度、降低劳动强度，减少人员使用……自动化的好处不言自明，却有一个限制，就是需要标准化。因为机械只能按照固定的参数、模式完成固定的任务——生产 100 个完全相同的产品，人只要给机器输入一次指令即可；生产 100 个不同的产品，则要输入 100 次指令。哪怕只是微小的差别，也需要对指令参数进行调整，生产效率自然大打折扣——这就是标准化与定制化的区别。在工业 3.0 阶段，标准化可以实现大规模生产，定制化却不能。

个性化需求带来的定制化无疑是未来的发展趋势。那么矛盾如何解决？

德国“工业4.0”的提出，“中国制造2025”规划的发布，都为大规模定制带来了可能——这就是智能制造。在数智化时代，企业通过互联网和云计算平台，可以汇聚来自不同区域、不同客户的个性化需求，从而降低因小规模定制化生产形成的生产成本，真正实现客户参与制造（customer to manufacturer，C2M）的新模式。企业通过数字化协同工具，也可以在客户社群中与客户沟通并理解其个性化需求，将客户的个性化需求快速转化为产品功能迭代。对客户需求的快速满足和产品迭代渐进式地推动了整个供给侧的联动，促进了产业互联网的发展。

**3. 从注重性价比到注重体验**

客户的传统购物需求通常都聚焦产品的性价比，即性价比高的产品或服务。随着居民可支配收入的持续增加，消费结构正在发生巨大的变化，消费需求从对物质的追求转变为对精神的追求，消费整体由量的增长转变为质的提升。伴随技术升级而来的AR/VR等新体验正在影响消费者的消费决策，我国消费模式正在从商品消费转向体验消费——消费者不仅重视商品品质，而且更加关注购买商品带来的愉快体验。技术升级让消费者的购物感受有了新的体验，使其产生了更多的购物需求。同时，消费者的消费途径也在发生变化。随着线上购物的不断发展，线下购物也在逐渐升级：线上购物是方便快捷，线下消费则是综合体验。社交是未来线下消费的驱动力。目前，消费者对“逛街”式体验的偏爱、对社交与娱乐的需求都在促进线下消费的发展。

在数智化时代，随着移动互联网的普及，手机的普及率也越来越高，人们对手机的依赖程度极大提高。对于很多人来说，手机已经成了生活中的必需品。广大手机客户机不离手，信息、社交、直播、短视频等各类App无时无刻不在陪伴着客户。客户的年龄、地域、生活环境、品牌偏好、产品认知都在发生变化，及时洞察和达成客户的体验成为商业成功的关键。因此，与客户建立紧密的连接显得尤为重要。

组织亟须建立与客户沟通并触达客户情感的多端跨场景的基础设施，支持尽可能多的客户服务触点，随时随地满足客户的体验需求。例如，在移动出行服务中，当客户完成一次打车服务支付时，打车App会自动弹出对乘坐体验的评价界面，让客户进行体验评价。每一次评价就是一条数据，多个客户的评价就形成了较全面的数据。移动出行平台公司可以根据这些反馈数据完整地分析司机及车辆的真实情况，进行敏捷的运营服务优化，使客户拥有更好的乘车体验。

**4. 消费新动向——情绪消费出现**

情绪消费是指消费者基于情感需要而非基于实际需求而产生的购物行为。随着社会经济的发展和消费者消费观念的变化，情绪消费逐渐成了一种新的消费趋势。

情绪消费包括了各种消费行为，如购物、进食、旅游、娱乐、社交等。消费者在进行情绪消费时，往往会受到情感和心理因素的影响，例如个人情绪、人际关系、社会环境等。情绪消费的目的主要是满足消费者的个人情感和心理需求。

（1）购物。购物是最常见的情绪消费场景之一。当人们感到焦虑或沮丧时，他们可能会通过购买衣服、鞋子、配饰或其他物品来改善情绪。购物可以带来短暂的满足感和快乐，因为新物品能够激发自尊心、增强自信，并提供一种奖励感。

（2）进食。许多人在情绪低落或压力大时会选择寻找美食来消除负面情绪。吃美味的食物可以激发愉悦感、释放多巴胺等神经递质，从而提高情绪。人们可能会选择在餐厅用餐、品尝甜点或做一顿丰盛的家庭晚餐来享受情感上的满足。

（3）旅游。旅游是一种常见的情绪消费方式。人们可能会选择去海滩、山区或其他旅游目的地，以逃避现实生活中的压力和繁琐事务，放松身心，重塑情绪状态。旅游提供了新鲜感、冒险感和探索的机会，这些都有助于提升幸福感和保持情绪稳定。2023 年，小红书正式加入由世界自然基金会（WWF）及相关协会和企业联合发起的可持续旅行联盟，成为首家加入联盟的社交媒体企业。加入联盟后，小红书承诺与联盟成员一起共同致力于遏制野生动植物非法贸易、倡导减少塑料垃圾污染、减少食物浪费，加强对平台用户的宣教与引导，投入更多技术与资源，营造可持续旅行平台氛围。

（4）娱乐。参加娱乐活动是一种常见的情绪消费方式。人们可能会选择去电影院观看电影、去音乐会或演唱会欣赏音乐表演，或者参加体育比赛等活动。这些娱乐活动能够带来愉悦感、兴奋感和社交互动，有助于改善负面情绪和提升积极情绪。

（5）社交。人们可能会选择与朋友或家人一起聚会、吃饭或举办派对来提升情绪。社交互动能够提供情感支持、减轻孤独感，并带来快乐和满足感。这种情绪消费方式可以加强人际关系、促进交流，从而提升情绪和幸福感。如今，数字购物体验正在带来新的消费趋势，人们经常在参考社交媒体上的观点之后进行购物，也常被社交媒体上的观点种草。可以说如今是消费者决定了流行，而不是品牌。

社媒营销研究机构 Bazaarvoice 于 2023 年 2 月发布报告指出，在 1.4 万的受调查者中，有 3/4 的人表示他们当下的购物行为深受社交媒体的影响。如 65%的人会在浏览中提升购物欲，61%的人会购买偶然刷到的商品，60%的人会直接用算法推荐或网红给出的链接进行购物。

社交媒体已成为人们社交购物的主要平台之一，但不同圈层的消费者群体对平台的偏好也不同。如 Sprout Social 曾调查了美国近 1 000 名消费者，预测了人们在 2022 年选择社交平台进行购物的情况：成长在数字时代的 Z 世代（18~24 岁）的消费者对 Instagram、TikTok 和 Snapchat 等以视觉为导向的社交媒体感兴趣，而婴儿潮一代（57~75 岁）则会增加在 Facebook 上的消费。

情绪消费的兴起主要是缘于社会经济的发展和消费观念的变化。随着收入水平的提高和社会压力的增加，消费者越来越注重个人情感和心理需求的满足。同时，社交媒体的普及也为情绪消费提供了平台和渠道，使得消费者更加容易获取情感和心理刺激。

情绪消费对经济、社会和文化发展都产生了一定的影响。情绪消费可以带动相关行业的发展，如旅游、餐饮、零售等。情绪消费也可以增加消费者的社交活动，改善消费者的人际关系，增强社会凝聚力和文化交流。但同时，情绪消费也可能导致消费者的理性消费意识减弱，甚至使消费者产生财务风险和心理压力。因此，消费者需要保持理性消费意识，进行适度的情绪消费，以实现个人情感和心理需求的平衡和满足。

**5. 从准实时到实时化**

随着时代的发展，客户对服务响应时间的要求越来越高。在 PC（个人电脑）时代，企业主要给客户单向推介产品和服务，客户需求获得企业反馈的时间通常需要 1 天以上。随着网络和人机互动技术的发展，企业和客户之间逐渐形成了双向沟通甚至多向互动，客户需求反馈也开始从延迟反馈向准实时反馈甚至实时反馈转变。在互联网时代，由于网站将客户和企业更好地连接起来，企业对客户需求的反馈时间通常可以缩短为 1 小时。在移动互联网和社交网络时代，客户通常需要企业客服在 1 分钟内就对需求进行反馈。在数智化时代，随着数字化和智能化的发展，客户可能期望在 1 秒甚至更短的时间内得到反馈。

在数智化时代，面对瞬息万变的市场和更加注重个性化体验的用户，业界普遍认为对用户需求响应快的企业将获得领先优势。通过移动互联网、云计算、大数据、物联网等新技术，企业能与供应商、经销商、客户等进行实时交流和互动，并能对客户、员工、组织、商品状态、合作伙伴、生态系统的快速变化进行实时感知。这样不仅能满足用户的实时需求，还能提升企业的灵活性。

例如，在共享单车服务中，客户打开车锁后却发现车闸存在故障，此时客户就需要在第一时间免费换车以保证出行不受影响。这就需要服务商快速获得用户的故障反馈并进行确认，及时满足客户的换车需求并取消原订单。这一系列操作只有依靠物联网、移动互联网、云计算等技术的通力协作才能快速完成。



**6. 从本地化消费空间到全球化与虚拟化消费空间**

全球化是时代趋势。小到个人出国旅游，大到各国经济往来，全球性的交流互动变得越来越频繁。全球化意味着资本、劳动、技术、知识、数据等生产要素能够在全世界范围内流转，产品、客户、合作伙伴等被全球网络连接在一起，跨国企业的研发可以在美国，生产制造可以在中国，销售网络可以遍布世界各地。

在全球化的背景下，本地的资源、产品与服务越来越无法满足客户的所有需求，客户的需求也随着全球化在不断地丰富。如今，盒马鲜生的供应商是在全球范围内筛选的，盒马鲜生关心的问题是：哪个地方的东西最便宜、工艺最好？其基础设施、物流、加工中心、产地仓、中央厨房等体系的建设能不能帮助自己赢得比较优势？在盒马鲜生的消费空间中，客户可以买到泰国的新鲜水果、阿拉斯加的帝王蟹、苏格兰的牛肉、俄罗斯的面粉、西班牙的橄榄油等。

随着用户需求的全球化，一些中小企业可能面临交流不通畅、通关成本高、数据不及时、物流效率低等问题的困扰。在数智化时代，基于互联网、移动互联网、物联网、云计算等数字技术，企业不仅能汇聚不同用户的需求，还能使用协同平台与世界各地的生产商、供应商、经销商等合作伙伴快速沟通交流，掌握生产、库存、销售等情况，从而提升国际贸易的效率。例如，阿里巴巴国际站和速卖通（AliExpress）汇集客户需求，通过平台和网络协同完成产品销售、支付、物流、服务等过程，帮助企业拓宽渠道，满足客户对全球产品或服务的需求。

伴随着“互联网原住民”的成长，越来越多的客户习惯于生活在网络虚拟空间中。他们在网上社交、学习、娱乐和游戏，购买虚拟的数字产品，获得数字服务。随着虚拟现实、增强现实、区块链、AI（人工智能）等技术的发展，生活在元宇宙中的客户将越来越多。元宇宙是客户娱乐、生活乃至工作的虚拟时空，那里有各种各样的数字货币、数字资产、数字产品为客户服务，有全新的数字消费、数字娱乐和数字生活让客户体验在现实世界中难以满足的梦想如何变成“现实”。

## 四、从工业思维到互联网思维

工业思维是传统的生产方式的思维模式，主要侧重于标准化、规模化生产，注重生产效率和控制成本，而互联网思维则是互联网时代的思维模式，强调用户体验、创新和敏捷性。

在工业思维中，企业通常会采取一些固定和标准的生产流程，以确保效率和产品的质量，但这种做法可能导致企业缺乏创新能力，无法适应市场的快速变化。

互联网思维则强调创新和灵活性，企业会根据市场需求和客户反馈进行产品的快速迭代和改进，以提高客户体验和满意度。企业需要具备快速响应市场的能力，以便及时调整企业战略和产品策略，以适应市场的变化。

另外，互联网思维也注重数据的收集和分析，以更好地理解客户需求和行为，进而优化产品或服务的设计和营销策略。企业需要通过大数据和人工智能等技术手段挖掘出更多有价值的信息。

总之，从工业思维到互联网思维，企业需要从传统的标准化、规模化生产方式转变为注重创新、敏捷性和用户体验，以更好地适应市场的变化和客户需求。

### （一）工业时代产品与互联网时代产品的不同

工业时代产品的第一特性是功能，互联网时代产品的第一特性已经转变成审美和情感。工业时代产品和互联网时代产品在生产、销售、消费、服务等方面都存在着较大差异。

（1）生产。工业时代产品采用大规模批量生产，生产效率高，但需要较长的生产周期。互联网时代产品则采用小批量快速生产，生产周期短，能更快地满足市场需求。

（2）销售：工业时代产品依靠传统销售渠道，如超市、商场等，销售周期较长。互联网时代产品则主要依靠电子商务平台，如淘宝、京东等，销售周期短，能更快地覆盖全国乃至全球市场。

（3）消费。工业时代产品的消费主要着重产品的质量、价格等因素。互联网时代产品的消费则更加注重客户体验，如产品的便捷性、智能化程度、社交属性等。

（4）服务。工业时代产品的服务主要以售后服务为主，如保修、维修等。互联网时代的产品服务则更注重全生命周期服务，如在线客服、社群互动、个性化定制等，以提高客户黏性和忠诚度。

2007 年，塞班系统在智能手机系统上的市场份额是 70%；2010 年，塞班系统依然是全世界用户最多的智能手机系统；2011 年，诺基亚放弃了塞班系统；2014 年，塞班系统彻底死亡。

当诺基亚时任 CEO 约玛·奥利拉在记者招待会上公布诺基亚被微软收购的消息时说："我们并没有做错什么，但不知为什么，我们输了。"说完，连同他在内的几十名诺基亚高管不禁潸然泪下。

【案例 2】

工业时代和互联网时代是两个不同的时代，企业在这两个时代中面临的环境和挑战也有很大的差异。以下通过诺基亚和苹果公司的案例来说明不同时代企业的兴衰。

工业时代的企业代表之一是诺基亚，它在 20 世纪末和 21 世纪初是全球最大的移动电话制造商之一。诺基亚在移动电话市场上占据主导地位，并且拥有强大的技术研发和制造能力。然而，随着互联网时代的到来，智能手机开始崛起，诺基亚没有及时转型，没有意识到智能手机的市场潜力和竞争威胁。同时，诺基亚对于用户体验的重视不足，产品创新不够，错失了互联网时代给予的机会。最终，诺基亚在智能手机市场上逐渐失去竞争优势，市场份额急剧下降，导致公司陷入困境。

相比之下，苹果公司在互联网时代崛起并取得了巨大成功。苹果公司充分认识到了互联网时代的变革，并凭借创新的产品设计、出色的客户体验和强大的生态系统建立起了竞争优势。苹果公司推出了一系列具有颠覆性影响的产品，如 iPod、iPhone 和 iPad，迅速占领了移动设备市场，并成为全球最有价值的公司之一。苹果公司不断推出创新产品，并以设计和用户体验为核心驱动业务发展，成功抓住了互联网时代的机遇。

通过诺基亚和苹果公司的案例可以看出，工业时代和互联网时代对于企业的影响是巨大的。企业需要及时意识到市场的变化和机会，进行适时的转型和创新。对于互联网时代的企业来说，创新、技术和客户体验等因素变得尤为重要。而那些没有及时捕捉到时代变革和转型机会的企业，可能会面临市场份额下降、竞争力下降甚至倒闭的风险。

诺基亚的失败，归根结底是在互联网时代依然固守工业时代的思维。在时代更迭的时候，打补丁已经无济于事了，需要更换操作系统。诺基亚曾是全球最大的手机制造商，但在智能手机时代，由于未能及时调整战略，逐渐被苹果公司等新兴企业超越。苹果公司则凭借其独特的设计理念和创新能力迅速崛起，成为全球市值最高的企业之一。

在工业时代的生存环境中，传统的管理方式依然有效，如同地心说、牛顿力学在当今社会依然有效一样。

在互联网时代的生存环境中，需要全新的思维方式和管理文化，工商管理已经开始失效，虽然在某些局部范围依然有效，但是将不再是主流方式，不再具有全局影响力。

综上所述，工业时代产品和互联网时代产品在生产、销售、消费和服务等方面存在着较大差异。互联网时代产品更注重客户体验和个性化服务，更适应客户需求的多元化和个性化趋势。

### （二）互联网时代的思维方式和管理文化

在互联网时代的生存环境中，企业需要全新的思维方式和管理文化，以适应快速变化的市场环境和客户需求。

（1）创新思维：互联网时代强调创新和变革，需要企业具备创新思维，不断寻求新的商业机会和创新点。企业需要打破传统思维定式，采用开放的思维方式，积极与外部合作，共同推动创新。

（2）敏捷思维：互联网时代变化快速，企业需要具备敏捷思维，能够快速响应市场变化和需求变化。企业需要采用快速迭代的模式，不断试错、调整和优化，以提高效率和响应能力。

（3）数据思维：在互联网时代，企业需要具备数据思维，注重数据的收集、分析和应用，以提高商业决策的准确性和效率。同时，企业需要保护客户的数据安全和隐私，建立可靠的数据安全保障机制。

（4）用户导向思维：在互联网时代，客户需求多样化、个性化，企业需要具备用户导向思维，注重客户体验和个性化服务，以满足客户需求。企业需要建立良好的客户关系管理体系，实现精准营销和客户价值最大化。

（5）开放文化：互联网时代强调开放和共享，企业需要具备开放的文化，与外部合作，共同推动创新和变革。企业需要打破内部部门壁垒，促进信息共享和跨部门合作，实现企业架构的优化和效率提升。

综上所述，互联网时代需要企业具备创新思维、敏捷思维、数据思维、用户导向思维和开放文化，以适应快速变化的市场环境和客户需求，以实现企业的持续发展，保持企业的竞争优势。

## 本章案例

### 大公司陷入“破坏性技术”圈套及应对之道：以计算机硬盘行业为例①

根据客户的意见改善商品和技术，从满足客户需求、收益性和资源分配的效益性以及业绩评价的奖励机制来看似乎很合理。但是，这也是陷阱所在。一旦产品价值得不到主流客户的认可，不仅产品不能满足客户的需求，企业还会忽视新技术的开发。结果，企业不仅不能进入因新技术而生的新市场，其销售额和市场占有规模也会逐渐被投入新技术开发的新企业侵蚀，最终就连自己原本占据的市场都可能会被夺走。这种失败模式在高新技术行业十分常见，这就是破坏性创新的机制。

① 资料来源：鲍尔，克里斯坦森. 破坏性技术：逐浪之道［J］. 哈佛商业评论，2004（1）：130-140.

### 1. 倾听客户建议的局限

当技术或市场发生了突变，领先的公司就会在所属行业失去领袖地位，这在商业领域几乎成了不变的规律。固特异（Goodyear）和凡世通（Firestone）两家公司进入子午线轮胎市场的时间相当晚，但不影响它们成就霸业。施乐（Xerox）将小型复印机市场拱手让给了佳能（Canon）。布赛鲁斯埃瑞（Bucyrus-Erie）公司眼看着卡特彼勒（Caterpillar）和迪尔（Deere）两家公司抢走了机械式挖掘机市场。西尔斯（Sears）则不得不给沃尔玛（WalMart）让道。

这种失败的模式在计算机行业尤其引人注目。IBM 虽然垄断了大型计算机市场，但是多年来一直对小型计算机的兴起视而不见，后者在技术上远比前者简单。数字设备公司（Digital Equipment）虽然凭借如 VAX（虚拟地址扩展）结构等创新而主宰了小型计算机市场，但是几乎完全忽视了个人计算机市场。苹果计算机公司（Apple Computer）是个人计算机技术领域的领军者，确立了用户友好型计算机的标准，但是它比其他领先公司晚了 5 年才向市场推出其便携式计算机。

像上面提到的这些公司，它们在对留住当前客户所必需的技术进行投资时非常积极，而且获得了成功，却弄不清楚为争取未来客户应做的其他技术投资。为什么会这样？毫无疑问，官僚作风、傲慢自大、规划不力、老套的家族式管理以及目光短浅的短期投资等，都是造成这种现象的原因。但更根本的原因在于，领先的公司往往是“贴近客户”原则的顶礼膜拜者。贴近客户，这个最流行也最有价值的管理原则之一，居然成了前进的绊脚石，这听起来有些匪夷所思。

尽管管理人员大都倾向于认为自己在掌控着整个局面，但实际上客户在引导公司投资方面发挥着非同寻常的力量。管理人员在决定推出一项技术、开发一种产品、建造一座工厂或者开辟新的分销渠道之前，必须首先倾听客户的意见：这是客户想要的吗？市场会有多大？投资会赢利吗？管理人员越能精明地提出和回答这些问题，他们的投资就越能充分地满足客户需求。

这是一家管理有方的公司应该具有的运作方式。但是当客户反对新技术、新概念或者新的经营方式，认为它们不能像公司现有的技术、概念或经营方式这样有效地满足自己的需求时，情况会怎么样呢？施乐的大型影印设备代表了公司核心客户群的需求，他们开始时并不需要那些速度慢的小型台式复印机。一些挖掘项目的承包商已经习惯于依赖布赛鲁斯埃瑞公司靠蒸汽和柴油驱动的拉铲式挖掘机。他们并不想使用液压挖掘机，因为液压挖掘机刚问世时体积小、力量弱。IBM 公司在商业、政府和工业领域的大客户都看不出小型计算机有何用处。在所有这些例子中，公司都倾听了客户的意见，满足了客户对产品性能的要求，可到头来却在客户促使它们忽略的那些技术上伤得最深。

在对曾经经历技术突变的领先公司的研究中，我们屡屡发现这种情况。研究表明，只要新技术能满足客户对下一代产品性能的需求，管理有方的老牌公司大都能在开发和推广新技术方面从改进到创新始终居于行业领先位置。然而，在起初不被主流客户看好而只对小市场或新市场有吸引力的新技术方面，这些公司却很少能够再一次站到将其商业化的潮头浪尖上。

根据大多数管理有方的公司制定的理性投资流程，几乎不可能举出一个令人信服的理由，将资源从现有市场中已知的客户需求调拨给看似无足轻重或尚不存在的市场和客户。毕竟，公司先要全力以赴地满足现有客户的需求并遏制竞争对手，此后，若有多余资源，才可挪作他用。在管理有方的公司形形色色的业务流程中，包括明确客户需求、预测技术发展趋势、评估赢利能力、向各项投资的预算提案划拨资源，以及将新产品推向市场等，都是针对当前客户、当前市场而设计的。设计这些流程的初衷就是要剔除那些不能满足客户当前需求的产品和技术方案。

事实上，这些流程和相关的激励手段对于公司保持对主要客户的关注是如此有效，以致公司被蒙蔽，看不见新市场上重要的新技术。许多公司从惨痛的教训中认识到了忽视那些起初不能满足主流客户需求的新技术的危害。例如，虽然个人计算机在20世纪80年代初并不能满足小型计算机主流客户的需求，但是个人计算机计算能力的发展速度大大快于小型计算机客户对计算能力的要求的升级速度。结果，个人计算机终于达到了王安电脑（Wang）、普莱莫（Prime）、利多富（Nixdorf）、通用数据（Data General）和数字设备等公司的众多客户对计算能力的要求。如今，个人计算机在许多应用场合中与小型计算机的性能不相上下。对于那些小型计算机制造商而言，贴近主流客户、漠视新市场中小客户需求的低性能个人计算机技术，在当时是一个理性的决定——但后来的事实证明这也是一个灾难性的决定。

从技术的角度看，那些使老牌公司遭受沉重打击的技术变革一般并不是对以前技术的彻底推翻，难度也不是特别大。但是这些技术变革都具有两个非常重要的特征：第一，它们提供了一套不同的性能属性——这些属性至少在开始时并不被当前客户看好；第二，当前客户所看重的性能属性会极为迅速地得到改进，使这项新技术随后能够打进主流市场。只有到这个时候，主流客户才会需要这项技术。这对老牌的供应商而言是不幸的，因为此时他们再想发展新技术已经太迟：新技术的开拓者们已经占领了市场。

综上所述，公司的管理人员必须首先能够捕捉到似乎属于这一类的技术，其次，为了推广和开发这类新技术，管理人员必须排除旨在服务于当前客户的流程及激励措施的影响。而保护这一类技术的唯一途径是创建完全独立于主流业务之外的组织。

**2. 破坏性技术的历史——以计算机硬盘行业为例**

过于贴近客户的危害在硬盘行业得到了最深刻的体现。1976—1992年，硬盘的性能改进速度快得惊人：100兆字节硬盘系统的体积从5 400立方英寸[①]锐减到8立方英寸，每兆字节的成本从560美元骤降至5美元。当然，这些突破性成就源于技术变革。这些成就大约一半归功于激进式发展（radical advance），这种发展对不断提高硬盘的性能是至关重要的；另一半则归功于渐进式发展（incremental advance）。

硬盘行业的这种模式也反复出现于其他许多行业：那些领先的老牌公司在开发和采纳客户所需要的新技术方面一向首当其冲，即使这可能需要公司具备与其现有能力完全不同的技术能力和生产能力。尽管硬盘制造商在技术上摆出了积极进取的

① 在计算机硬盘行业通常使用“英寸”和“立方英寸”来表示硬盘的规格（尺寸）和体积，1英寸=2.54厘米，1立方英寸=16.387 1立方厘米。

姿态，但是它们中没有哪家公司能够连续多年独霸这个行业。众多公司纷纷涌入这个领域，也曾一度辉煌过，却不料被那些开发不入流技术的新军给颠覆了。结果，1976 年存在的独立硬盘公司至今无一幸存。

为了解释特定类型的技术创新对特定行业的影响差异，可能有必要引入“性能轨迹”（performance trajectory）的概念。“性能轨迹”是指某件产品的性能随时间改进（包括已经改进和预计改进）的速度，几乎每个行业都有一个关键的性能轨迹。在机械式挖掘机行业，关键的性能轨迹是挖掘机每分钟搬运土方的年增长幅度。在复印机领域，非常重要的一个性能轨迹是每分钟复印的件数。在硬盘领域，评估性能的关键指标是存储能力。根据以往数据，在硬盘体积一定的情况下，存储能力比过去平均每年提高了 50%。

不同类型的技术创新会以不同的方式影响性能轨迹。

一方面，维持性技术（sustaining technology）往往会保持一定的改进速度，也就是说，公司在客户已经看好的属性方面会为其提供更多或更好的产品。例如，1982—1996 年硬盘上传统的铁氧体磁头和磁盘被薄膜组件所取代，这种新技术提高了磁盘的信息存储密度。工程师们一直在不遗余力地提高铁氧体磁头和磁盘的性能极限，但是采用这种技术的硬盘似乎已经达到了性能轨迹的自然极限。就在这个时候，新的薄膜技术问世了，因而又恢复（维持）了原先的性能改进轨迹。

另一方面，破坏性技术（disruptive technology）则带来了与主流客户传统认识大相径庭的属性。这类技术通常在一两个特征方面表现极差，而这些特征对客户来说却是十分重要的。一般说来，主流客户不愿意在他们熟悉和了解的应用场合中使用由破坏性技术生产的产品。破坏性技术开始时往往只在新市场或新应用场合得到使用和重视；事实上，这类技术往往导致了新市场的出现。例如，索尼公司（Sony）早期的晶体管收音机牺牲了声音的保真度，却带来了体积小、重量轻和携带方便等新属性，从而开辟了便携式收音机市场。



在硬盘行业的发展史上，每当发生破坏性技术变化时（硬盘直径从最初的 14 英寸减小到 8 英寸，又减小到 5. 25 英寸，随后是 3. 5 英寸），领先的公司都要摔跟头。每次新的硬盘刚推向市场时，其存储能力都比主流市场所需要的存储能力低得多。例如，8 英寸的硬盘刚问世时存储能力仅为 20 兆字节，而此时（大型计算机时代）硬盘的主流市场却需要平均 200 兆字节的存储能力。毫不奇怪，那些领先的计算机制造商刚开始时对 8 英寸硬盘不屑一顾。结果，这些公司的供应商（他们提供的主流产品是存储能力 200 兆字节以上的 14 英寸的硬盘）没有积极开发破坏性技术的产品。在 5. 25 英寸和 3. 5 英寸的硬盘出现时，这一情况又一再重演：老牌的计算机制造商总是认为这些硬盘存储能力不足而对其排斥，硬盘供应商也没有将这些新产品放在眼里。

然而，这些破坏性技术产品虽然存储能力小，但是拥有其他一些重要属性——电源内置和体积小（8 英寸硬盘），步进马达（5. 25 英寸硬盘）体积更小和成本更低，以及坚固耐用、重量轻和能耗低（3. 5 英寸硬盘）。从 20 世纪 70 年代末到 80 年代中期，这三种硬盘的问世分别催生了小型计算机、个人计算机和便携式计算机的新市场。

虽然这些越来越小的硬盘代表了破坏性技术的变化，但是每次变化从技术角度而言都是简单易行的。实际上，许多领先公司里都有一些工程师，他们支持这些新技术，并在管理层正式批准项目上马前就利用私下获取的资源制作出了有效的产品原型。可是，那些领先的公司仍然不能及时地在组织里推行这种新产品并将其推向市场。每次破坏性技术出现时，都有一半乃至三分之二的老牌公司没能推出采用新结构的产品模型，这与他们及时推出重要的维持性技术时的那股劲头形成了鲜明对比。即便是那些最终推出新产品模型的公司，也往往比新介入的公司落后两年——这对于产品生命周期通常为两年的行业来说可是太晚了。这些新介入的公司先是占领新市场，继而颠覆了主流市场中那些领先公司的领袖地位。

为什么这些起初不起眼、仅对新市场有用的技术最终会对主流市场的领先公司构成威胁呢？这是因为一旦代表破坏性技术的产品在新市场里站稳脚跟，持续创新就会沿着陡升的轨迹提高新产品的性能。这条陡升轨迹的坡度相当大，以至于每个新结构的性能很快就能满足主流市场的客户需求。例如，5.25 英寸驱动器的存储能力在 1980 年时只有 5 兆字节，当时远远满足不了小型计算机市场的需要；但是到了 1986 年其性能就完全可以在小型计算机市场上竞争了。到了 1991 年时，其性能则完全可以在大型计算机市场上竞争了（如图 1-3 所示）。

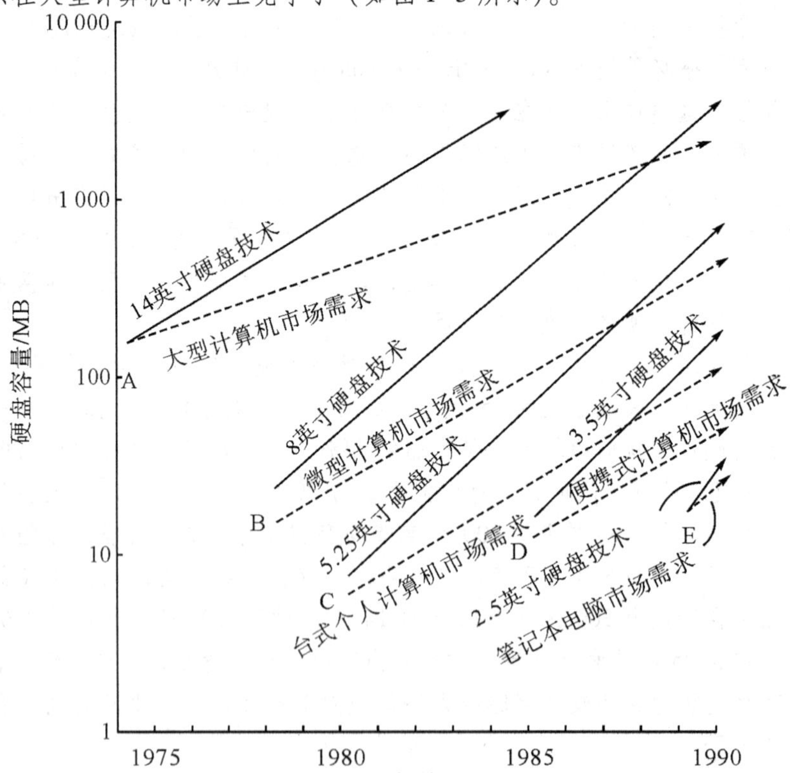


**图 1-3　硬盘的性能如何满足市场需求**

资料来源：克里斯坦森. 刚性磁盘驱动业：一段商业和技术的动荡史［J］. 商业史评论. 1993，67（4）：559.

公司的收入和成本结构在评估技术创新提案方面起着关键作用。从财务角度来看，破坏性技术一般对老牌公司不具有吸引力。它在一些看得出的市场上潜在收入很低，而且人们也很难预测这类技术的未来市场规模究竟有多大。所以，管理人员常常认为这类技术不会对公司发展做出有意义的贡献，并据此认为在开发这类技术上投入精力不值得。此外，相比破坏性技术所需要的成本，老牌公司已经投入了较之更高的成本来服务于维持性技术。因此，管理人员在决定是否采用破坏性技术时总是面临两种选择：一种选择是走低端市场（downmarket），并且接受破坏性技术最初服务的新市场的较低利润率。另一种选择是用维持性技术走高端市场（upmarket），进入利润率高得诱人的细分市场（例如 IBM 公司大型计算机的利润率仍然高于个人计算机的利润率）。在服务于主流市场的公司中，任何理性的资源分配流程都会选择高端市场，而不是低端市场。

至于那些支持新市场上破坏性技术的公司，他们的管理人员则从完全不同的角度来看待这个问题。这些公司没有那些老牌竞争对手的高成本的负担，他们发现了新市场的魅力。这些公司一旦在市场上立足并对技术加以完善，就会觊觎新市场之上由高成本供应商服务的主流市场。“进攻战”真的打响之后，这些新介入的公司就会发现老牌公司准备不足、不堪一击，因为它们只顾关注高端市场，而低估了来自低端市场的威胁。

事情似乎到此为止了，我们可以下结论说人们已经得到了一个深刻教训：如果密切关注那些尚不能满足当前客户需求的潜在破坏性技术，就可以避免与下一波发展浪潮失之交臂。但是发现这种误区和设法加以破解是两回事。在硬盘行业中，虽然新介入的公司凭借新技术打入了主流市场，为此栽过跟头的老牌公司也不在少数，但是似乎没有一家领先的老牌公司从这些失败中吸取教训。管理层的目光短浅、缺乏深谋远虑，都不足以解释这些挫败。根本问题在于管理人员不肯放弃过去一直行之有效的措施：满足当前客户快速增长的需求。在管理有方的成功企业里，根据投资方案的资源分配流程，公司不可能将资源划拨给那些目前客户显然不需要、利润上又没有什么吸引力的项目。



新技术开发管理是与公司的投资流程紧密相关的。绝大多数战略提议比如提高生产能力或开发新产品、新流程，都是在工程组或项目组里一些较低层次的组织中酝酿而成的。然后公司会利用分析性的规划和预算系统对这些争抢资金的候选项目加以筛选。对于在新市场创建新业务的提议，评估起来尤其有难度，因为这些提议的依据都是非常不可靠的市场规模估计数字。由于公司对管理人员的评价主要是看他们是否有正确判断的能力，所以管理有方的公司里的中高层管理人员自然会支持那些看起来市场有保证的项目。正如他们接受的培训所要求的那样，管理人员要始终贴近主流客户，尤其是那些能带来赢利的可靠客户，把资源都用在满足他们的需求上。向熟悉的客户提供他们想要的东西，风险自然就降低了，而且个人事业也得到了保障。

**3. 希捷科技公司落入的圈套**

希捷科技公司（Seagate Technology）的教训说明了依靠这类资源分配流程来评

估破坏性技术的后果。无论以什么标准来衡量，位于美国加州斯科茨谷（Scotts Valley）的希捷公司都是微电子业历史上最成功、管理技术最先进的公司之一：公司 1980 年成立，到 1986 年时它的年收入已经超过 7 亿美元。希捷公司率先开发了 5.25 英寸的硬盘，它是向 IBM 以及可与 IBM 兼容的个人计算机制造商提供这种驱动器的主要供应商。在 3.5 英寸硬盘于 20 世纪 80 年中期问世时，希捷公司正是 5.25 英寸硬盘的主要生产商。

希捷公司的工程师是这个行业中第二批开发 3.5 英寸硬盘产品原型的研究人员。到 1985 年年初，该公司的工程师利用少量的公司资金做出了 80 多个这样的产品原型。研究人员将这些新产品模型交给主要的营销主管人员，行业新闻也报道了希捷公司正在积极开发 3.5 英寸硬盘的消息。但是希捷公司的主流客户——IBM 及其他 AT 级[①]个人计算机制造商对这种新硬盘丝毫不感兴趣。这些制造商想在下一代产品中装配 40 兆字节和 60 兆字节的硬盘，而希捷公司早期的 3.5 英寸原型产品的存储能力只有 10 兆字节。于是，希捷公司的营销主管人员相应地降低了他们对这种新硬盘的销售预测。

希捷公司的生产主管和财务主管指出了 3.5 英寸硬盘的另一个缺陷。根据对每兆字节成本的分析，他们认为这种新硬盘永远竞争不过 5.25 英寸的硬盘。每兆字节成本是希捷客户用于评估硬盘的一项重要指标。根据希捷公司的成本结构，存储能力更大的 5.25 英寸硬盘的利润率当然会比 3.5 英寸硬盘的利润率高得多。

高级管理人员很理性地断定 3.5 英寸硬盘不会达到希捷公司对新产品的销售量和利润率的要求。希捷公司的一位前营销主管回忆道："我们当时需要一种能够成为下一个 ST412（这是一个年销售额超过 3 亿美元的 5.25 英寸硬盘，但是已经接近生命周期的尾声）那样的新产品。此时，3.5 英寸硬盘的整个市场规模还不足 5 000 万美元。3.5 英寸硬盘无论是销售额还是利润率都很有限。"

将 3.5 英寸硬盘束之高阁并不表明希捷公司不热衷于创新。希捷公司后来以越来越快的速度连续推出 5.25 英寸硬盘的新产品，同时实施了一系列惊人的维持性技术革新，公司很大一部分生产能力甚至因为这些革新而变得过时了。

就在希捷公司一心关注个人计算机市场时，对公司迟迟未能推出 3.5 英寸硬盘感到不满的一些希捷公司员工，以及其他 5.25 英寸硬盘制造商的员工，各自离开了老东家，共同创办了一家名为"康纳外围设备"（Conner Peripherals）的新公司。

康纳公司专门向新市场的公司销售用于便携式计算机和小型台式机（占用较小桌面空间的个人计算机）的 3.5 英寸硬盘。康纳公司的主流客户是康柏计算机公司（Compag Computer），这是一家希捷公司从没有为其供过货的公司。希捷公司自身的强大，加之康纳公司是专门面向那些看重硬盘不同属性（坚固耐用、体积小和重量轻）的客户，都使得希捷公司认为康纳公司及其 3.5 英寸硬盘对自己不会构成什么威胁。

然而，康纳公司以便携式计算机的新市场为桥头堡，每年将硬盘的存储能力提

① AT 级电脑是指拥有 80286 或更高级的微处理器、16 位总线结构和可兼容 BIOS 的 IBM 个人计算机或者可与 IBM 兼容的个人计算机。

高 50%。到 1987 年年底，3.5 英寸硬盘具有了个人计算机主流市场所需要的存储能力。这时，希捷公司的主管人员才从仓库中取出自己的 3.5 英寸硬盘，以抵御诸如康纳公司和另一家开发 3.5 英寸硬盘的先驱——昆腾公司（Quantum Corporation）等的进攻，但是为时已晚。

希捷公司此时遇到了强劲的竞争。它通过向其现有客户群——标准型个人计算机的制造商和分销商销售 3.5 英寸硬盘而得以支撑一时。其实，希捷公司交付给客户的 3.5 英寸硬盘大部分还是装在一个架子里，这个架子可以让客户在原本按 5.25 英寸硬盘设计的计算机中安装 3.5 英寸的硬盘。但是希捷公司最终还是沦为了便携式计算机新市场上的二流供应商。

相形之下，康纳公司和昆腾公司主导了便携式计算机新市场，并随即利用它们在设计及生产 3.5 英寸硬盘产品方面的规模和经验将希捷公司驱逐出个人计算机市场。这两家公司 1994 财务年度的合并收入超过了 50 亿美元。

希捷公司的错失良机是许多老牌公司面对破坏性技术时的典型反应。希捷公司在 3.5 英寸硬盘占据的市场大到足以符合公司的财务要求时（也就是说，只有在当前客户需要这项新技术时），才愿意进入该市场。希捷公司 1990 年收购了控制数据公司（Control Data Corporation，CDC）的硬盘业务，并因为这个精明的决定而免于被市场淘汰。凭借 CDC 的技术基础和希捷公司大批量生产的专业经验，希捷公司成为向高端计算机提供大容量硬盘的重量级公司。不过希捷公司昔日在个人计算机市场上的辉煌已经逝去。



**4. 识别和开发破坏性技术之道**

在面对破坏性技术的时候，很少有公司能够克服其自身规模或以往成功的束缚。但其实这是可以做到的。我们有一种识别和开发破坏性技术的方法。

确定技术是破坏性的还是维持性的。首先要确定刚刚涌现的众多技术中哪些是属于破坏性的，而在这些破坏性技术当中又有哪些具有真正的威胁。绝大多数公司都有识别和跟踪潜在的维持性技术进展情况的缜密流程，因为维持性技术对服务和保护公司当前的客户非常重要。但是很少有公司拥有识别和跟踪潜在的破坏性技术的系统化流程。

识别破坏性技术有一种方法，就是研究公司内部对开发新产品或新技术的不同意见。项目的支持者是谁？反对者是谁？一方面，由于受管理和财务方面的激励措施的影响，营销和财务部门的经理中鲜有支持破坏性技术的。另一方面，有出色业绩背景的技术人员则经常坚持认为将会出现某个新技术市场，即使面对主流客户及营销人员、财务人员的反对，他对此仍坚信不疑。这两群人之间的分歧通常预示着这个项目是公司高层管理人员应该加以探索的一项破坏性技术。

认清破坏性技术的战略重要性。接下来，公司高层管理人员应向合适的人咨询有关破坏性技术战略意义的一些合适问题。破坏性技术常常在战略评估之初就搁浅，因为管理人员要么提出了一些不合适的问题，要么提出了合适的问题，但是询问对象不合适。例如，老牌公司都有向主流客户（尤其是试用新产品的重要客户）征求意见的例行计划，以评估新产品的价值。一般而言，老牌公司之所以选择这些客户，是因为这些客户一直想方设法在提高其产品性能方面领先于竞争对手。因此，这些客户最有可能要求供应商提供给他们具有更高性能的产品。正因如此，在评估维持性技术的潜力时，我们相信主流客户的意见是正确的，但是在评估破坏性技术的潜力时，他们的意见则不一定正确。找他们来评估破坏性技术是找错了人。

我们可以画一张简图来帮助管理人员弄清楚哪些是合适的问题、找哪些人来问比较合适。这张简图是这么画的：以纵坐标表示主流市场所定义的产品性能，以横坐标表示时间；先画一条线，这条线代表着性能水平和客户过去体验到的以及预期未来很可能出现的性能改进轨迹；然后标出新技术的预计初始性能水平点。如果这项技术是破坏性的，这个点就会远远低于当前客户对性能的要求（见图 1-4）。

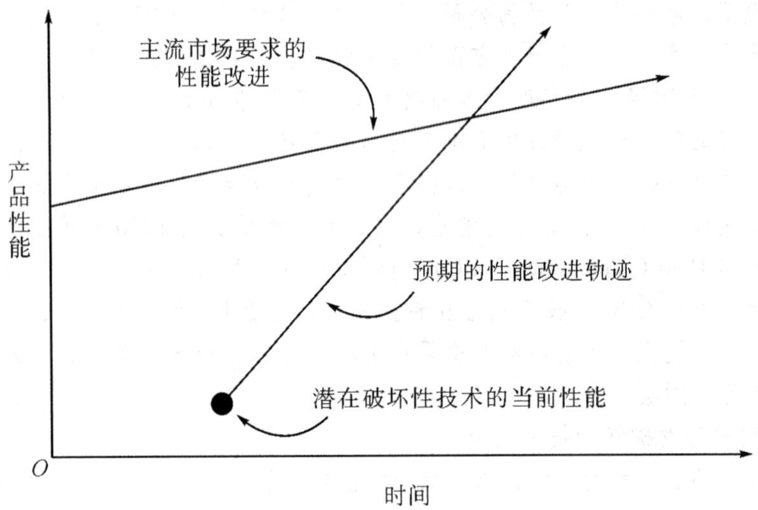


**图 1-4　评估破坏性技术**

就性能改进轨迹来看，破坏性技术这条轨迹的斜率和当前市场所要求的性能改进幅度相比，可能会是怎样的一个情形？如果有见识的技术专家认为这项新技术的性能改进速度可能要比市场所期望的速度快，那么这项今天还达不到客户要求的技术可能明天就会让客户满意。因此，这项新技术具有重要的战略意义。

可是大多数管理人员没有采取这种方式，而是提出了一些根本不合适的问题。他们把新技术的预计性能改进速度和成熟技术的性能改进速度相比。如果新技术有超越成熟技术的潜力，他们就认为理应抓紧开发这种新技术。

这样比较似乎太简单了。这种比较在评估维持性技术时确实很有效，可一旦用于评估潜在的破坏性技术，就暴露出了一个重要缺陷：它没有考虑到最核心的战略问题。我们所研究的许多破坏性技术从来都没有超过老技术。真正有意义的比较是把破坏性技术的性能改进轨迹与市场所要求的改进幅度进行比较。例如，大型计算机市场之所以萎缩，并不是因为个人计算机优于大型计算机，而是因为与一台文件服务器进行连接的众多个人计算机实际上就可满足许多企业对计算能力和数据存储能力的需求。大型计算机制造商的退败原因，也不能归结为个人计算机技术在性能上比大型计算机技术更优越，而是个人计算机技术的性能已经发展到能够满足主流市场对技术性能的要求。

再次回顾图1-5。如果技术专家相信性能改进速度与市场需要的性能需求的提高速度将会一样，那么破坏性技术可能就不会很快地打入主流市场。希捷公司也曾瞄准过个人计算机市场。当时个人计算机市场对每台计算机硬盘容量的需求每年增长30%。由于3.5英寸硬盘的存储能力增长得相当快，因此3.5英寸硬盘的主要生产商能够把希捷公司赶出市场。然而，另外两家5.25英寸硬盘生产商Maxtor和Micropolis瞄准的是工程工作站（engineering workstation）市场，在这个市场对硬盘容量的需求是没有止境的，市场上的硬盘容量需求轨迹基本上与技术专家用3.5英寸硬盘提供的容量轨迹平行。所以，与希捷公司相比，这两家公司介入3.5英寸硬盘业务的战略重要性就没有那么高了。

找到破坏性技术最初的市场。一旦管理人员确认一项新技术属于破坏性技术而且具有重要的战略意义，那么下一步就是为这项技术找到最初的市场。管理人员传统上所依赖的市场调研工具几乎派不上用场，因为在公司必须要对破坏性技术做出战略性投入决定的时刻，还看不见具体的市场。宝丽来公司（Polaroid）的创始人埃德温·兰德（Edwin Land）当年让公司的市场调研人员预测一下新相机可能的销售额，他们得出的结论是这种产品在其整个生命周期内只能售出区区10万台，接受市场调查的人也大多认为即时成像技术没什么实际用途。

因为破坏性技术常常预示着新市场或者新的细分市场的出现，所以管理人员必须要“创建”有关这类市场的信息——谁是未来客户、哪些方面的产品性能对哪些客户最重要，以及价位定在多少比较合适，管理人员需要通过廉价地测试产品和快速、反复地试探市场才能创建这类信息。



对那些老牌公司来说，开展这类试验十分困难。与公司盈利能力和竞争力息息相关的资源分配流程不会也不应该将资源调拨至销售额相当低的市场。那么，一家老牌公司怎样才能探索一项破坏性技术的市场呢？让新创公司去探索。这家新创公司可能是老牌公司出资成立的，也可能与老牌公司没有丝毫关联。渴望壮大的小公司擅长下经济赌注，它们知道如何避免正面冲击，能够根据初探市场得到的反馈来灵活地调整产品战略和市场战略。

看看苹果公司在初创时期的情况。苹果公司在1977年推出的第一代产品Apple I遭到惨败。所幸苹果公司没有在该产品上下很大的赌注，而且公司从Apple I中吸取了大量有关新技术的教训，也更加了解客户需要什么和不需要什么。同样重要的是，客户群体对自己的需求也有了更清楚的认识，知道自己希望个人计算机提供什么和不要提供什么。有了这些信息，苹果公司推出的第二代产品Apple Ⅱ大获成功。

许多公司密切关注着苹果公司的动向，它们也可从中得到同样宝贵的经验。事实上，有些公司的战略很明确，就是“别人发明，我跟进”（second to invent）——让那些小公司做开路先锋，探索未知市场领域。例如，IBM就让苹果公司、Commodore公司和Tandy公司来定义个人计算机，自己随后大举杀入这个市场，并开拓了规模可观的个人计算机业务。

但是IBM在新市场上姗姗来迟却也颇为成功的现象仅是个特例，不是一般现象。那些成功的公司往往都是拿自己衡量业绩的一套财务标准来衡量小市场开拓者的业绩。它们为了确保资源的合理利用，都或明或暗地设置了相当高的市场规模门槛来决定自己进入哪些市场。这就注定了他们总是在市场已经变得强手如林的情况下才姗姗来迟。

例如，在3.5英寸硬盘问世时，希捷公司需要一种每年创收3亿美元的产品来取代其成熟的旗舰产品5.25英寸硬盘ST412，可当时3.5英寸硬盘市场的规模还不够大。两年以后，当行业新闻界人士询问希捷公司什么时候推出3.5英寸硬盘时，希捷公司的管理人员还一致认为这种产品的市场尚未形成。事实上，当时不仅有市场，而且正在迅速膨胀。因为受那些不需要3.5英寸硬盘的客户影响，希捷公司收集的有关这种产品市场的信息具有误导性。当希捷公司于1987年终于推出自己的3.5英寸硬盘时，市场上这种产品的销售额已经达到7.5亿多美元。当时这个行业中到处都是关于3.5英寸硬盘市场规模的信息。但就是这样，希捷公司的管理人员仍不肯相信这是大势所趋而转移工作重点。他们还一如既往地透过当前客户的眼睛以及当前的财务结构背景来看待这个新市场。

那些领先的硬盘制造商对1.8英寸硬盘这个破坏性技术产品的态度与以前厂家对待3.5英寸硬盘的态度非常相似。这个行业中所有的领先公司都已经设计了一个或多个1.8英寸硬盘模型，可是所有这些模型都被束之高阁。这种产品的存储能力太小了，没法用于笔记本电脑，而且也没有人知道这种产品最初的市场在哪里。实际上，传真机、打印机和汽车仪表盘上的电子地图系统都可能是它的候选市场。可是该行业的一位高管抱怨说："就是没有市场。我们有产品，销售人员也能接受订货。但是因为没有需要，所以就没有订单。瞧，产品就摆在那儿呢。"这位高管没有想到一个事实：他的销售人员根本就没有推销1.8英寸硬盘的动力，他们没有理由放弃向大量客户销售高利润产品的机会。虽然他们所在的公司还有其他一些公司的1.8英寸硬盘都还没有出货，但是1994年市场上共销售出价值5 000多万美元的1.8英寸硬盘，几乎都是新创公司的产品。

为了避免让那些敢为天下先的小公司主宰新市场，公司管理人员就必须通过每月一次同技术专家、学者、风险投资者以及其他非传统信息源的消息人士会面，亲自查看有关这些技术进展情况的情报。公司管理人员不能依赖公司的传统渠道来评估市场，因为那些渠道不适合这个目的。

创建独立的组织发展破坏性技术。专门成立小组开发破坏性技术，把它们设为与公司其他部门隔离的"科研重地"，以便摆脱主流组织的压制，这种战略虽然广为人知，但很少有人能够完全理解。为什么呢？例如，如果仅仅因为某项技术非常与众不同，你就将一个工程师小组与公司其他部门隔离开来，让他们开发新的维持性技术，这实际上是对科研重地的滥用。又比如，在破坏性技术比现有产品更具投资吸引力的异常情况下，采取这种隔离式的做法也没有必要。看看英特尔公司（Intel）从动态随机存取存储器（DRAM）芯片向微处理器转型的例子。英特尔微处理器初创时期的业务毛利就比其DRAM业务的毛利高，换句话说，英特尔公司正常的资源分配流程自然会为这项新业务提供必需的资源。

只有在破坏性技术比主流业务的利润率低且必须满足一群新用户的独特需求时，我们才有必要建立一个独立的组织。例如，CDC 就在远离公司总部的地方成功创建了一个组织专门负责 5.25 英寸硬盘的商业化工作。在 1980 年全年，凭着为大型计算机制造商生产 14 英寸硬盘的经验，CDC 公司独霸了 14 英寸硬盘市场。当 8 英寸硬盘问世时，CDC 虽然也在稍后推出了开发项目，但是项目工程师们却常常被拉走去解决 14 英寸硬盘项目遇到的难题。因为 14 英寸硬盘瞄准的是 CDC 最重要的客户群，利润更丰厚，优先程度更高。结果，CDC 晚了 3 年才推出第一个 8 英寸硬盘产品，并且其市场份额从未超过 5%。

当 5.25 英寸硬盘时代来临时，CDC 决定以更加战略性的方式迎接这项新挑战。该公司选择了远离主流客户的俄克拉荷马市（Oklahoma），在那边安排了一个由工程师和营销人员构成的小组，由他们来开发和推广具有竞争力的 5.25 英寸硬盘。“我们需要在一个人人对 5 万美元一笔的订单就会欣喜若狂的环境下推出我们的产品。”一位主管人员回忆说：“在明尼阿波利斯（Minneapolis），你需要拿出 100 万美元的订单才能使人兴奋。”CDC 再没有重现在大型计算机硬盘市场一度占有 70% 份额的辉煌，但是它在俄克拉荷马市的行动为自己赢得了高性能 5.25 英寸硬盘市场 20% 的份额。

如果苹果公司当初建立了类似的组织来开发它的 Newton PDA（个人数字助理）产品，那么这种产品可能就不会被人认为是败笔，而会被认为是成功之作了。在推出这种产品时，苹果公司以为自己还是在与主流市场打交道，结果就犯了错误。苹果公司的管理人员曾对 PDA 项目做过调查，认为这种产品必须要对公司的发展做出重大贡献。因此，他们不遗余力地调查了客户需求，然后投入巨额资金推出了 Newton。如果苹果公司当初适当减少技术和资金的投入，并将这种产品委托给一家与苹果公司当年推出 Apple I 时规模相当的组织，就可能会是另外一种结果。Newton 的推出本来有着更深远的意义，是朝挖掘客户的真正内在需求迈出了坚实的一步。事实上，在面世一年内，Newton 就比 Apple I 卖出去的数量多得多。



保持破坏性技术组织的独立性。只有建立像 CDC 公司在俄克拉荷马市建立的那种小型组织，老牌公司才可能主宰新市场。但是当新市场发展壮大并变成主流市场时，老牌公司又该怎么办呢？

大多数管理人员都会认为，一旦分离出去的组织在新市场中得以生存，它就应该并入主流组织。他们的理由是，这样可使与设计、生产、销售和分销活动相关的固定成本由更大范围的客户和产品来分摊。

这种方法对维持性技术或许有效，但是对破坏性技术来说，将分离出去的组织再并入主流组织则是灾难性的。独立的组织和主流组织一旦合并在一起分享资源，就不可避免地会产生一些不利于公司发展的争论，比如哪个产品部门应该得到多少资源、主流产品是否应该淘汰以及何时淘汰。在硬盘行业的发展史上，所有试图将主流业务和破坏性技术业务合并为进行统一管理的公司最后都以失败告终。

其实无论是什么行业，只要是业务生命周期有限的公司，其技术和市场基础都不会是永远存在的。破坏性技术也是这个生命周期的一部分。理解这一过程的公司会创造出新的业务以取代那些必将走向灭亡的业务。为了做到这一点，公司就必须放权给那些管理破坏性技术创新的人员，让他们充分实现破坏性技术的潜力，即使这意味着最终扼杀公司的主流业务。公司要想生存，就必须愿意看到自己某些业务的消亡。如果你不愿意亲自动手，其他公司也会动手的。

在破坏性技术变化出现之际，实现繁荣的关键不只是多冒一些风险、着眼于长期投资或者抵制官僚作风，而是能够在一个有利的组织环境里对具有重要战略意义的破坏性技术实施管理。这个有利的组织环境就是：订单虽少，员工照样干劲十足；市场定义虽然尚不明确，但公司还是以较低的成本迅速冲进市场；公司的管理费用低到即使在新市场上也足以实现盈利。

老牌公司的管理人员能够极其成功地掌握破坏性技术。但是在公司主流业务的财务要求背景下，他们想要开发和推出遭到重要客户反对的破坏性技术，总是不能如愿。实际上，他们并没有做出错误的决定，而是针对即将成为历史的环境做出了正确的决定。

## 案例思考题：

1. 希捷公司在评估3.5英寸硬盘时遇到了哪些挑战？它是如何确定这项技术是破坏性的，并且具有战略重要性的？

2. 希捷公司在面对3.5英寸硬盘市场时，其资源分配流程存在哪些不足？如何改进这一流程，以便更好地适应新市场的需求？

3. 老牌公司在面对破坏性技术时，应如何调整其组织结构？请以英特尔公司从动态随机存取存储器（DRAM）向微处理器转型的案例为例，讨论独立组织的必要性和优势。

4. 在硬盘行业的案例中，如何理解“贴近客户”原则在技术发展中的作用？企业应如何在满足客户需求与推动技术创新之间找到平衡？

5. 对于1.8英寸硬盘这样的破坏性技术，老牌公司如何克服内部偏见和市场不确定性，快速适应并利用这些技术开拓新市场？请提出具体策略，并讨论老牌公司如何调整其市场进入策略以利用破坏性技术。

# 第二章
# 数字化时代的特征及挑战

本章主要在对比数字化时代与工业化时代特征的基础上，介绍互联网新发展、数字化企业的定义及特征、数字经济的五大变革与创新特征及对应的商业模式创新。与以机器生产和工厂制造为主导的工业化时代迥异，数字化时代的易变性、不确定性、复杂性和模糊性改变了商业和社会格局，改变了现有的市场环境。变化主要体现在产品层面、市场层面、客户层面和行业层面，而云计算、大数据、物联网、人工智能、区块链、5G 等新技术的蓬勃发展，加上政府政策的引导，推进了数字技术和实体经济的深度融合，极大地加快了产业智能化和数字化转型的步伐。本章还对数字化企业及其特征（连接、在线、共享、智能）以及数字化供应链商业模式创新进行了介绍和分析，最后介绍了百度智能云、商汤科技、第四范式等在各行业处于领先地位的企业的数字化实践。



## 一、数字化时代

开始于 2020 年的新冠病毒感染疫情对全球经济产生了严重冲击。由于这类事件有着复杂的关联性，人们对其产生的影响不了解，也没有可以效仿、学习的应对措施。这场疫情向我们揭示了一个不得不面对的事实：我们正处于一个 VUCA 的时代。

什么是“VUCA”？“VUCA”在 20 世纪 90 年代被提出，它是由易变性（volatility）、不确定性（uncertainty）、复杂性（complexity）和模糊性（ambiguity）这四个英文单词的首字母组成的缩略词。易变性指事件的发生是意想不到的，而且事件的走向充满变数，变化维持的时间也未知；不确定性指事件的相关信息不明晰，其原因、影响和结果都充满不确定性；复杂性指事件与诸多变量有直接或间接的联系，难以清晰、全面地分析事件并预测结果；模糊性指事件的因果关系不明了或是没有可以借以参考的先例。如今，商业和社会环境时刻处于变化之中，而具有多重含义的“VUCA”可以准确地刻画当今时代的特点。

### （一）数字化时代的特征

VUCA 影响了商业和社会格局，改变了现有的市场环境。在 VUCA 时代，市场环境主要在竞争环境、客户需求和传播方式三个方面发生了变化：

首先，竞争变得极度激烈。除了要面对同行业的竞争对手，企业还要当心跨界的对手和技术变革带来的冲击。随着国际化进程的加快，竞争环境变得更加复杂，在我国企业走出去开拓新市场的同时，国际大企业、大品牌也相继进入国内市场参与竞争。国家统计局的数据显示，截至 2023 年年末，全国新设立外商投资企业的数量为 53 766 家，累计已有逾 118 万家外商投资企业进入我国市场。此外，新技术的发展和推广也使得各行业间的界限被淡化，这加剧了竞争环境的易变性，最终打败企业的竞争对手可能不是同行，而是跨界的外来者。比如智能手机、互联网等技术的广泛应用以及 O2O、C2C 等概念的流行使外卖行业得到了迅速发展，但这又导致速食行业急剧萎缩。VUCA 新时代，在竞争中重创速食行业的居然是外卖行业，这就应了大家经常用来调侃的那句话，“赢了对手，却输给了时代”。

其次，客户需求日趋多样化。大量的数据让客户画像变得更加精准，客户需求也随之走向精细化。中国互联网络信息中心的数据显示，截至 2019 年 6 月，我国网民接近 9 亿人，互联网普及率超过 60%。如此多的网民为电子商务提供了庞大的客户群体。受区域、收入、年龄等因素的影响，不同客户的消费需求被划分为不同层级。例如，相比一、二线城市，三、四线城市网购客户看重的主要是性价比，他们追求中质低价。鉴于此，专注下沉市场的电商平台如拼多多得以迅速崛起。“90 后”“00 后”等年轻一代相比“70 后”“80 后”更注重个性化的表达，所以那些强调与众不同的小众品牌更符合他们的需求。



最后，传播方式正在发生改变。传播媒介和传播渠道的多样化改变了企业与客户的关系，客户获得了更多的主导权。移动互联网的普及使传播的主要媒介从电视、计算机等变为智能手机等移动终端。传播渠道变得更加丰富，传播方式也不再局限于传统的官方图文或者视频广告，出现了博主、网红等以短视频等各种形式开展的社交传播，这使得客户不再只是被动的信息接收者。面对过度饱和的信息，客户不仅掌握了接收信息的选择权，还可以通过社交平台成为信息的发布源。

### （二）数字化时代与工业化时代的不同

1970 年以前在美国上市的公司中，有 92% 的公司能撑过上市后的 5 年；而 2000—2009 年上市的公司中，这一比例仅为 63%（剔除网络泡沫和 2008 年经济衰退的影响）；电话的普及率从 10%上升到 40%经历了 39 年，而移动电话达到同样的普及率则只用了 6 年，智能电话更是仅仅用了 3 年！可以看到，企业的寿命、产品的生命周期、争夺客户和行业更替的时间窗口，都在以前所未有的速度缩短。

数字化时代和工业化时代是两个不同的时代，它们各自具有不同的特点和影响。

工业化时代是指从 18 世纪末到 20 世纪末的一个时间段，其特点是以机器生产和工厂制造为主导，人们从农业经济转向工业经济，生产效率大大提高，经济和科技快速发展。工业化时代的主要成就是提高了人类的生产力和物质水平，但也带来了环境污染、资源消耗、社会不公等问题。



数字化时代则是指从 20 世纪末到 21 世纪初的一个新时代，其特点是以计算机、互联网和信息技术为主导，数字化、网络化和智能化成为主流趋势。数字化时代的主要成就是加速了信息传播和共享，改变了人们的生活和工作方式，促进了全球化和跨界合作。但数字化时代也带来了信息泛滥、网络安全隐患、隐私泄露等问题。

数字化时代不仅仅是加速度的“量变”，更是商业和战略逻辑的“质变”。

数字化时代是复杂的。数据、协同和智能等要素碰撞在一起，重构了商业系统的结构，带来了非连续、不可预测和非线性思维。

如果仍然沿袭工业时代的逻辑，企业不具备应对复杂性所需要的大规模作战能力。那么，企业的规模越大，其崩盘的速度也就越快。

总之，数字化时代和工业化时代各自具有不同的历史背景和社会意义，都对人类文明的发展和进步起到了重要的推动作用，但也带来了不同的挑战和问题。在面对数字化时代的新挑战时，我们需要更加注重信息素养和数字素养的培养，积极应对数字化时代的机遇和挑战。

预测未来走向有三种视角（如图 2-1 所示）：

第一种是假定产业的发展条件可控及发展速度可预测，将未来看作对今天趋势的线性延伸；

第二种更为激进，看到了技术带来的指数级增长效应，将未来视为对今天趋势的指数型延伸；

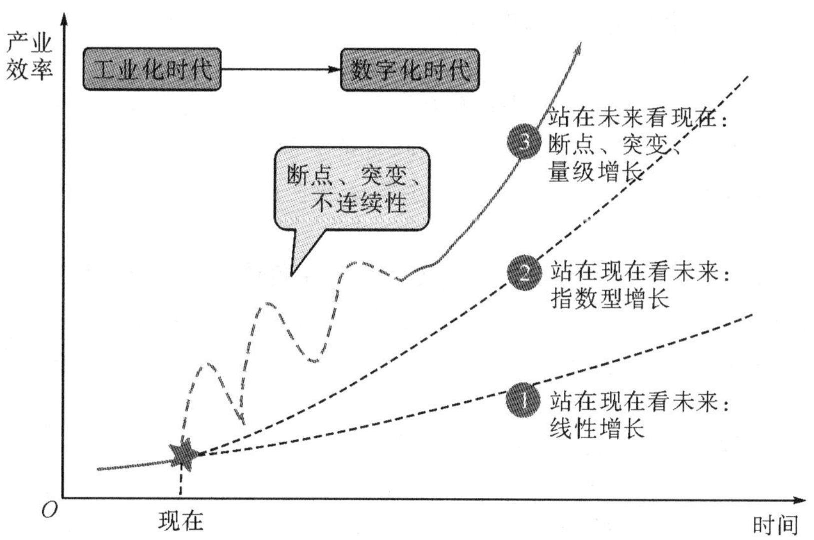


**图 2-1　预测未来走向的三种视角**

资料来源：陈春花，廖建文. 数字化时代企业生存之道［J］. 哈佛商业评论（中文版）. 2017（11）：154-158.

第三种通常是基于一种更为复杂和动态的系统思维，它考虑到了行业发展的不确定性、多样性以及非线性特征。这种视角认为，未来的发展不仅仅受到当前趋势的线性或指数级影响，还可能受到多种因素的影响。这包括但不限于：社会文化因素、政策与法规、经济波动、技术融合与创新、环境与可持续性、客户行为、全球化与地缘政治以及随机事件等。

但无论线性思维还是指数思维，都还是在一个连续性的框架内讨论未来的变化。

首先，回归行业的本质及对行业发展变化的想象，尤其是对技术的前瞻性认知，再反过来倒推今天所面临的机遇和挑战。

今天的许多现象级商业模式，其实本质并没有改变。例如，知识付费，是将已有的产业搬到线上，借助互联网的传播速度和影响范围迅速聚拢大量客户，在短时间内达成指数级增长。知识付费的商业模式的本质——向客户提供的价值、关键成功因素、成本结构与盈利模式等未产生实质性的改变，但由数据、协同和智能所驱动的数字化商业模式与今天各行各业所奉行的惯例却有天壤之别。

面对 VUCA 时代竞争环境、用户需求和传播方式三个方面的变化，企业需要重新找到自身定位，这样才可以抓住机遇，应对挑战。

### （三）数字化时代的特点

数字化让资源聚合更容易。数字化时代的数据和智能技术就像“黏合剂”，通过场景的触点、数字网络的协同和智能算法的调度，将散落在商业系统不同位置的资源串联起来，协同发挥作用。

数字化使资源聚合的成本变得越来越低，通过成本的重构，更容易实现经济可行性。人们对数字化商业模式的理解在不断加深，通过积极共享、平台化和跨界，不断追寻增长的新模式。



数字化不是简单的自动化、虚拟化和信息化，不是单纯地将线下商业模式转移到线上，而是整个商业逻辑的改变。这意味着价值创造与获取的方式都发生了本质的变化。具体来说，数字化时代的变化主要体现在产品、市场、客户和行业四个层面：

（1）在产品层面，“交易价值”转变为“使用价值”。工业化时代的产品大多追求交易价值，企业最关心的是如何把产品卖出去，之后的客户服务等被视作成本。但是在未来的数字化时代，智能产品本身会变为服务，产品的使用才是价值创造和获取的开始。客户的持续使用意味着数据的持续输出，也意味着针对每个客户需求算法的迭代，这种参与使价值创造成为企业与客户共同创造的过程。

（2）在市场层面，“大众市场”转变为“人人市场”。工业化时代的市场营销是通过市场细分，针对同质化人群的需求，提供标准化的产品和服务，最终满足“千人一面”的需求。在数字化时代，数据和算法能够实现产品标准化和体验个性化的完美组合，实现“千人千面”的客户化服务。

（3）在客户层面，“个体价值”转变为“群体价值”。智能商业提供了许多将客户个体价值转变为群体价值的可能性。例如，通过智能设备的联网，将某个区域内车主的位置和行车速度数据聚合在一起，能够对交通状况的动态了如指掌，从而建立交通优化方案。通过叠加客户关系，企业可以实现客户集合的新价值创造。

（4）在行业层面，“边界约束”转变为“跨界协同”。工业化时代，行业边界的相对固化，企业关注相同的竞争要素，往往会走向竞争的趋同，竞争加剧，形成

“红海”。数字化时代打开了一个“以客户为中心”的模式，通过对客户动态数据的积累和计算，企业可以更容易地整合其他产品与服务，精准地满足每一个客户多样化、便利性、及时性的需求，企业之间的资源约束被打破，企业会走向跨界、协同，实现“共赢”。

工业化时代与数字化时代的对比如表 2-1 所示。

**表 2-1 工业化时代与数字化时代的对比**

| 项目 | 工业化时代 | 数字化时代 |
|---|---|---|
| 变化规律 | 连续 | 非连续 |
| 环境认知 | 可预测 | 不可预测 |
| 商业范式—产品 | 交易价值 | 使用价值 |
| 商业范式—市场 | 大众市场 | 人人市场 |
| 商业范式—客户 | 个体价值 | 群体价值 |
| 商业范式—行业 | 边界约束 | 跨界协同 |
| 对应的思维 | 线性思维 | 非线性思维 |

资料来源：陈春花，廖建文. 数字化时代企业生存之道［J］. 哈佛商业评论（中文版）. 2017. 11：154-158.

从传统汽车到无人汽车，从功能手机到智能手机，从 PC 电脑到云端服务，新旧时代的领头羊代表了截然不同的商业模式——价值的创造、竞争的要素和行业的边界都在被重新定义。

数字化的浪潮进一步席卷各行各业：精准农业、精准医疗、精准制造……资源聚合的范围更广，资源聚合的速度更快。

数字化技术作为通用技术，让跨界成为潮流。在新生态空间，公司须跳出行业的框架，借助数字化带来的场景连通性、数据贯通性和价值互通性来发展新的业务。数字化转型是未来的必然趋势，目前其应用领域已覆盖政府、金融、零售、农业、工业、交通、物流、医疗等大多数领域，即从消费互联网走向了工业互联网。2018 年国际数据公司的一份调查显示，全球 1 000 强企业中的 67%、中国 1 000 强企业中的 50%都已经把数字化转型上升至企业战略的高度。对于传统企业尤其是中小企业而言，数字化已经不再是一道远在天边的选答题，而是一道迫在眉睫的必答题。然而，数字化转型绝不是一蹴而就的，企业的数字化之路可能会陷入困局，例如找不准自身在新时代的定位，找不到数字化时代自身的核心竞争力，不能迅速适应市场变化，无法有效评估数字化转型的效益，难以将原有业务与数字化有效融合以及无法充分利用数据资源等。如果没能提前做好规划，那么企业在应对这些数字化困局时将产生较大的机会成本和沉没成本。

（1）信息爆炸：在数字化时代，信息随处可得，随时可见，人们可以通过互联网、社交媒体等渠道获取大量的信息，信息爆炸成为数字化时代最明显的特征之一。

（2）个性化需求：在数字化时代，人们的需求越来越个性化，也不再满足于批量化的产品和服务。

（3）移动化：移动设备和网络的普及使人们可以随时随地获取信息，进行购物和社交，移动化已经成为数字化时代的一个重要特征。

（4）数据驱动：在数字化时代，数据成了企业和个人获取价值的基础，通过数据挖掘和分析，企业可以更好地了解市场、客户和自身，从而做出更好的决策。

## 二、互联网新发展

过去十几年，云计算、大数据、物联网、人工智能、区块链、5G 等新技术蓬勃发展，带动了信息技术产业的持续繁荣。世界各国都在积极利用这些新技术推进数字经济发展，以此来构筑新的国家竞争力。中国是新信息技术的最大受益者之一，在相关产业政策方面一直比较开放，积极引导和鼓励新技术落地应用，大力推进数字技术和实体经济深度融合，极大地加速了产业智能和数字化转型的步伐。本部分主要介绍互联网新发展方向和趋势，包括云计算、大数据、物联网、人工智能、区块链、5G 等。

### （一）云计算

云计算是基于互联网或企业内部网的资源共享计算模式。2006 年，亚马逊公开发布 S3 存储服务、SQS 消息队列及 EC2 虚拟机服务，正式宣告了云计算时代的到来。如今云计算已成长为一个巨大的行业和生态，堪称 21 世纪以来伟大的技术进步之一。超大规模数据中心、高速互联网络以及计算资源虚拟化和软件定义网络（SDN）等技术的不断发展和成熟，构成了云计算的技术前提。

在云计算兴起之前，对于大多数企业而言，硬件的自行采购和 IDC 机房租用是主流的信息技术基础设施构建方式。除了服务器本身，机柜、宽带、交换机、网络、软件、虚拟化等底层诸多事项总体上需要相当专业的人士来负责，做出调整时的反应周期也比较长。云计算的到来，给出了另一种高效灵活的方式。只须轻点鼠标或通过脚本需求方就可自助搭建应用所需的软硬件环境，并且可根据业务变化随时按需扩展和按量计费，再加上云上许多开箱即用的组件级服务，可以使任意组织和个人站在巨人的肩膀上开展业务，避免重复造轮，极大地提高了业务构建效率，加速了各类信息化应用的架构革新。云端按票启用和扩展的资源弹性，也能够为企业节省巨大的信息化建设成本，成为产业智能发展的重要基础设施。

随着发展步入第二个十年，容器、微服务、DevOps 等技术在不断推动着云计算的变革。云计算的应用已经深入政府、金融、工业、交通、物流、医疗健康等传统行业。“上云”将成为各行业、各企业加快数字化转型、鼓励技术创新和促进业务增长的第一选择甚至前提条件。云计算将顺应产业互联网大潮，下沉行业场景，向垂直化、产业化纵深发展。随着通用类架构与功能的不断完善和对行业客户的不断深耕，云计算会自然地渗透更多垂直领域，提供更贴近行业业务与典型场景的基础功能。典型的垂直云代表有视频云、金融云、游戏云、政务云、工业云等。云计算作为赋能业务的技术平台和引擎，非常适合承载产业互联网的愿景，并加快其落地与实现。

未来，云计算必将进一步成为创新技术和工程实践的重要载体和试验场，走在时代的前沿。当下的热点技术，从 AI 与机器学习、loT 与边缘计算、区块链到工程实践领域的 DevOps、云原生和 Service Mesh，甚至未来感十足的量子计算，都有云计算厂商积极参与和推广的身影。就最终效果而言，云上的资源和产品让人工智能等新技术变得触手可及，大大降低了客户的探索成本，也加快了新技术的验证和实际交付，具有极高的社会价值。

### （二）大数据

大数据是对那些无法在一定时间内用传统数据库软件工具对其内容进行抓取、管理和处理的数据的统称。自从 2011 年麦肯锡在业界正式提出“大数据”的概念以来，大数据的 5V 特点即 volume（海量数据）、velocity（高速读写）、variety（类型多样）、veracity（数据质量）和 value（数据价值）便广为人知。如果将数据视为一种生产资料，则大数据将是下一个创新、竞争、生产力提高的前沿，是信息时代新的财富，价值堪比石油。大数据所能带来的巨大商业价值，被认为将引领一场足以与 20 世纪计算机革命匹敌的巨大变革。

大数据技术解决的是对海量数据进行挖掘和分析、把数据变成信息的问题，其价值不在于发现规律性的知识，而在于提炼信息、创造价值。当前，大数据技术生态圈非常庞大，新技术层出不穷，其底层技术框架已基本成熟，成为推进产业智能的重要支撑型基础技术之一。融合是大数据技术发展的重要特征，具体包括：算力融合，内嵌多种异构算力的大数据平台成为行业热点；流批融合，流计算与离线批处理融合不断向更实时、更高效的计算推进；模块融合，以数据中台的形式提供企业级一站式数据能力复用平台；云数融合，利用云化趋势降低大数据技术使用门槛；数智融合，包括大数据平台的智能化与数据治理的智能化。



大数据通过数字化丰富要素供给，通过网络化扩大组织边界，通过智能化提升产出效能，是新时代加快实体经济质量变革、效率变革、动力变革的重要依托。随着大数据工具的门槛降低以及企业数据资产意识的不断提升，越来越多的行业开始尝到大数据带来的甜头。企业通过不断建设和完善大数据平台，持续加强数据治理，构建起以数据为核心驱动力的创新能力，大数据与实体经济的融合不断加深。

### （三）物联网

物联网指通过各种信息传感设备，实时采集任何需要监控、连接、互动的物体或过程的信息，与互联网结合形成的一个巨大网络。其目的是实现物与物、物与人、所有的物品与网络的连接，方便识别、管理和控制，物联网也就是“物物相连的互联网”。

物联网的主要特征为全面感知、可靠传递、智能处理。对于传统制造业来说，信息孤岛问题普遍存在。物联网技术破除了数据孤岛，实现了产品的生产制造、流通、销售以及为客户服务的整个产业链的信息一体化。物联网的应用使工业设备、车联网、智慧物流、智能建筑从设备到平台应用有了空前的发展。在智慧生活方面，得益于物联网技术、人脸识别技术和移动互联网的发展，无人驾驶、无人超市、无现金社会这些曾经只出现在科幻电影中的场景，如今已经变成现实。手机购物、移动支付、共享单车等正是物联网渗透消费领域的具体应用。当前物联网技术已呈现出终端智能化、连接泛在化、计算边缘化、网络扁平化、服务平台化等发展趋势，成为推进产业智能的主要使能技术之一。

### （四）人工智能

人工智能是利用计算机模拟人的思维过程和智能行为，使机器能够胜任一些通常需要人类智能才能完成的复杂重复性工作，以代替人类进行繁重的科学和工程计算等工作。人工智能由来已久，已经过60多年的演进，目前正在加速发展，呈现出深度学习、跨界融合、人机协同、群智开放、自主操控等特征，更贴近人们的实际生产生活，主要应用于机器视觉、指纹识别、人脸识别、专家系统、智能搜索等领域。

人工智能总体上分为三个层次：一是计算智能，即快速计算、记忆和存储能力；二是感知智能，即视觉、听觉、触觉等感知能力，相应的技术有当下十分热门的语音识别、语音合成、图像识别等；三是认知智能，就是让机器具备认知能力，能够像人一样“思考”，实现机器对数据和语言的理解、推理、解释、归纳和演绎。知识图谱和以知识图谱为代表的知识工程系列技术是认知智能的核心。



作为新一轮产业变革的核心驱动力，人工智能解决的是对数据进行学习和理解、把数据变成知识和智慧的问题，是推进产业智能的关键核心技术。同时，人工智能是引领未来的前沿性、战略性技术，将由感知智能跨入更高层次的认知智能发展阶段，持续催生新技术、新产品、新产业、新业态、新模式，深刻改变人类生产、生活方式和思维模式，全面重塑传统行业的发展生态。

### （五）区块链

区块链是一种分布式记账底层技术，采用分布式存储、共识机制、非对称加密算法、点对点传输、密码学等系列技术组合而成，具有去中心化、开放透明、无法篡改、可追溯、安全可信等特点，在网络环境下建立起点对点之间的信任，提高交互效率，解决了网络中的信息不对称、交易成本高、陌生人信任等难题，成为构建互信网络的基石。区块链技术具有三大优势：一是降低了交易中间成本，提高了交易的效率和安全性；二是提高了数据的透明度和安全性，实现了数据可追溯，可预防数据欺骗；三是以智能合约保障了交易过程的自动执行。

区块链技术被认为是继大型机、个人电脑、互联网之后计算模式的颠覆式创新。互联网和金融业是区块链应用最广泛的垂直行业。此外，在供应链、政务与公共服务、知识产权保护、司法存证等领域的应用也较为普遍。区块链作为分布式数据库技术，目前已应用到金融、能源、医疗、农业等多个领域。2020年，国家发展改革委首次正式将区块链技术纳入新基建的范畴，而基于区块链的新技术基础设施是其中的重要组成部分。2016—2021 年，大型 IT 互联网企业纷纷布局区块链，产业规模不断扩大。根据赛迪区块链研究院的数据，我国区块链行业经历了从 2016 年的亿元级别市场规模到 2021 年的 65 亿元市场规模的改变。前瞻产业研究院预测，我国区块链市场将保持高速增长，2021—2026 年其市场规模年复合增速将达到 73%，2026 年的市场规模将达到 163.68 亿美元。而且未来 20 年，我国区块链行业市场规模有望达到万亿元级别。区块链技术是我国新一代信息技术自主创新突破的重点方向，蕴含着巨大的创新空间。区块链技术在各行各业的应用不断深化，将催生大量的新技术、新产品、新应用、新模式。Gartner 预测，2025 年以后技术发展将进入区块链增强阶段，结合去中心化经济和人工智能、物联网技术的发展，可为商业和社会创造前所未有的颠覆性技术架构。

### （六）5G

5G 是指第五代无线通信网络技术及其应用，具有超高速（10 倍于 4G）、低时延（毫秒级传输）、广链接（千亿级终端）等特点，是人工智能、VR/AR、物联网等数字经济前沿技术的前置性技术。中国信息通信研究院发布的《中国 5G 发展和经济社会影响白皮书（2022 年）》显示，2022 年 5G 将直接带动经济总产出 1.45 万亿元，直接带动经济增加值约 3 929 亿元，分别比 2021 年增长 12%、31%；间接带动总产出约 3.49 万亿元，间接带动经济增加值约 1.27 万亿元。在互联网领域，5G 可以应用于虚拟现实、增强现实、物联网等方面，以提供更加快速、稳定和智能的服务。5G 将带来网络智能硬件设备的根本变化，产生海量的数据资源，重构新一代国家和城市关键信息基础设施，推动消费互联网向产业互联网跨越，从而开启数字经济新一轮的创新浪潮。

总之，互联网的新发展趋势涉及云计算、大数据、物联网、人工智能、区块链以及 5G 等多个领域，这些技术和应用将会深刻影响互联网的发展和使用方式，为人们带来更加智能、高效、安全和便捷的服务。但同时应高度警惕的是安全问题，当我们将人工智能作为一个未来产业的选项加以探讨时，首先要应对的风险就是：随着量子计算、移动通信、万物互联、大数据、类脑智能等技术的快速融合发展，人类和人工智能之间在智力、算力、精力、生存力、扩张力等各方面的差距将加速拉大，再加上智能决策的不可解释性，一旦智能系统失控，人类几乎不会有事后响应与纠错的机会。即使仅从人工智能未来治理的角度出发，也要坚持能源行业的集中统一管理、公有制和独立性。人工智能治理原则的问题归纳与底线要求如表 2-2 所示。

**表 2-2 人工智能治理原则的问题归纳与底线要求**

| 问题归纳 | 底线要求 |
| --- | --- |
| 掌握发展速度 | 针对强人工智能和弱人工智能进行科学严谨的分组管理 |
| | 针对强人工智能开发周期性运行和定期精准格式化技术，实现对核心代码自主迭代更新进程的精准调控 |
| | 开发“目标盲点”和“认知盲点”技术，设置人工智能“思维禁区” |
| 限制影响范围 | 通过复合隔离技术禁止强人工智能直接与现实世界进行物质、信息交互 |
| | 针对弱人工智能建立统一的信息云平台和分布式服务中台，实时评估和监管安全风险 |
| | 针对中控系统、能源系统、强人工智能系统等构建独立封闭的通信网络和安防体系 |
| 控制危害程度 | 以毛细化、模块化供能体系和技术为基础，形成随时可终止任何人工智能系统运行的能力 |
| | 建立精准防护到个体的常态化科技安全应急管理体系 |
| | 实时跟踪科技安全风险发展态势，针对性完善应急管理体系，并迭代更新个人防护技术与装备 |
| 管控发展要素 | 坚持能源行业的集中统一管理和公有制，确保能源科学研究，能源生产、配送、供给、管理，能源设备研发、生产、应用等能源行业相关工作的独立性，禁止人工智能参与供能过程 |
| | 运用仿生思维，借鉴人体为细胞供能的模式，构建毛细化、模块化的供能体系，形成精细到控制单元的供能调节能力 |
| | 坚持特殊材料设备行业的集中统一管理、公有制和独立性，避免人工智能领域形成完整的研究、生产、运营链条，禁止人工智能参与特殊材料设备的编码、加密、调配和监管过程 |

资料来源：陈劲，朱子钦. 未来产业：引领创新的战略布局［M］. 北京：机械工业出版社，2022.

## 三、数字化企业的定义及其特征

近年来，尽管“数字化企业”一直是业界热议的焦点，但业界对“数字化企业”并未形成统一的定义。以下是几种典型的数字化企业定义。

（1）咨询公司埃森哲：真正的数字化企业并非只是依靠新技术取得成功。企业文化、战略和运营方式才是令数字化企业脱颖而出、拥有竞争优势的关键。数字化企业会不断寻求、识别并开发新的数字化业务模式，始终确保以客户和员工为中心。

（2）咨询公司高德纳：数字化企业是以客户为中心，通过数字化技术推动自身业务重塑和转型的企业。

关于数字化企业，埃森哲把技术、文化、战略和运营这几个方面的融合作为数字化企业的关键，高德纳则更聚焦于运用技术的业务重塑和转型。

参考周良军和邓斌（2021），结合华为公司的实践，业界对数字化企业的定义以及业务价值感知等方面的因素，本教材将数字化企业定义为具备连接、在线、共享、智能四大关键特征的企业（如图 2-2 所示）。

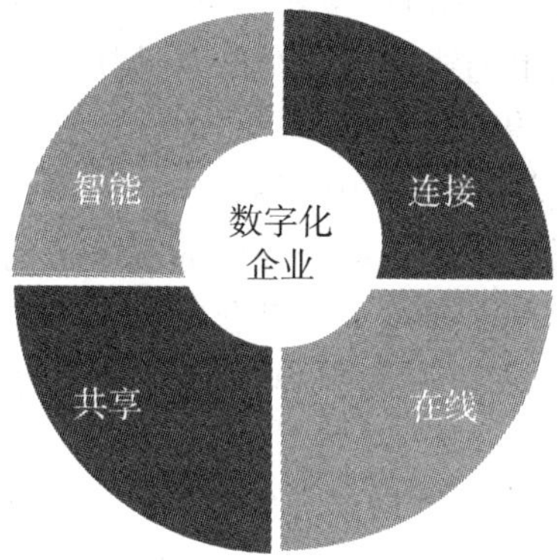


**图 2-2 数字化企业的四大关键特征**

### （一）特征一：连接

连接是企业数字化转型的基础。数字化企业是在基础层面互联互通、打通内外部连接的企业。其连接具体包括内部连接、外部连接和设备连接三类：

（1）内部连接：企业内部的各个部门、团队和员工之间通过数字平台实现无缝连接，促进信息共享和协作，在企业内部实现了人与人、物与物、人与物、人与组织的全连接。



（2）外部连接：企业与外部合作伙伴、供应商和客户之间通过互联网和移动设备实现连接，提高供应链的透明度和响应速度。

（3）设备连接：企业的各种设备和资产，如生产线、物流系统等，通过物联网（IoT）技术实现连接，便于远程监控和管理。

无论是企业内部的流程协同、与外部关联组织的上下游协作，还是与各类物理环境及设备的信息交互，都需要可靠、安全、高效率、高集成的全连接网络。随着移动互联网和云计算技术的发展，企业逐步走向泛在互联，即连接无处不在。互联网、移动互联网、物联网、人、机、设备、物体都将成为数字网络中一个个有机联系的节点，从而形成一个相互连接的数字网络世界。基于这个相互连接的网络世界，企业数字化应用可以实现无处不在的在线化。

### （二）特征二：在线

所谓在线，是指在连接的基础上，通过业务流程化和流程数字化，实现业务在线、组织在线。

（1）业务在线。业务在线是数字化企业的底座。企业通过流程数字化实现业务流程化、流程在线化。流程从手工模式转变为在线自动化模式，使企业的业务流与数据流实现同步和共生；推动以客户为中心的全业务从线下走向线上，通过数字化打通线下线上，创新商业模式。

华为通过流程驱动的业务变革与数字化转型，把着眼点放在业务端到端的重构，获得高效的业务流程和高质量的在线。比如，在面向消费者的领域，营销服务是数字化转型的主航道，华为构建了以消费体验和服务效率为中心的在线营销服务平台——华为商城，很好地构建了线上与线下相结合的营销体系与服务体系。作为只卖华为自研产品的垂直电商平台，华为商城用了短短 5 年左右的时间，使注册人数达到 2.8 亿人，跻身包括天猫、京东在内的电商排行榜前 10 位。华为商城希望未来能够提供更智能的产品、更优质的体验、更个性化的服务。消费者在华为商城能根据自己的喜好定制手机，华为商城将通过全自动化的制造、物流，把产品快速送到消费者手中，通过数字化流程带来更好的客户体验、更高的运营效率和更领先的竞争优势。

（2）组织在线。组织在线是指利用数字化技术建立承载企业文化、团队协作、组织赋能、知识探索、员工服务的企业在线协同平台，实现企业的 24 小时在线服务。

（3）数据在线。企业的数据和信息存储在云端，便于实时访问和分析，以支持决策，以实现实时访问、数据集成、数据共享、数据安全、数据分析等。

（4）客户互动在线。企业通过社交媒体、在线客服、移动应用等渠道与客户进行实时互动，收集反馈，提升客户体验。可以提供多渠道互动、个性化体验、即时反馈、自助服务、社交媒体互动、客户支持、行为分析及客户关系管理等。

琳达·格拉顿（Lynda Gratton）针对现代企业面临的人力资源挑战和机遇，对全球 79 个国家和地区的多位企业高管做了调研。调研结果揭示，员工体验会给企业带来巨大红利，员工体验应该成为当今企业最重要的人力资源战略之一。因此，实现组织在线以改善员工的体验，是数字化企业的重要任务。

华为在组织在线方面的实践走在全球企业的前列。早在 2008 年，华为就已在全球 100 多个国家和地区开展业务，海外销售收入占公司总收入的 75%，组织之间的沟通协作、前方客户组织和后方交付组织的联系非常频繁，组织协作因而面临极大的困难。为此，华为实施了名为“One HUAWEI”的协同办公数字化项目，该平台很好地提供了全球统一的组织在线服务。考虑到华为业务遍布全球，人员流动频繁，华为把人事服务、培训服务、查询服务、组织管理服务等全面在线化，全球华为人不论身处何处，都能保持“人”和组织的随时在线，保持人与人、人与组织之间的无缝连接，使组织管理更加扁平化，内部协同更加流畅，沟通更加简单高效。

### （三）特征三：共享

在数字化转型过程中，企业要注意逐步推进“大共享”的管理理念。

成功的数字化应该包括两个关键共享服务——共性业务的平台化和服务化、数据的资产化和业务的可视化，从而推动企业在管理上朝着平台型组织转变。企业把具有共性特点的、能够集中的业务和数据，在企业全域乃至产业价值链条中进行平台服务化和全局共享，以支撑企业的高效运作和数字化经营。

共性业务的平台化和服务化，是通过数字化聚合业务职能。这些业务通过平台化共享之后，以服务包的方式被提供给各业务单元，各业务单元不再在常规性业务活动中重复耗费时间，更能聚焦于新的价值创造，这使企业的全局应变能力大大增强，提升了企业的协同效率。

华为的专业共享平台能力建设几乎渗透了企业职能的所有板块，如全球财务共享中心、人力资源共享服务、全球采购共享服务、投标共享中心、制造共享、IT 共享、研发共享等，这也是华为能够在危机中进行业务快速转型、组织灵活变阵、推行面向业务场景的军团作战模式最重要的基础条件之一。

数据的资产化和业务的可视化，就是要实现全域、端到端拉通的数据共享，实现数据业务视角的可视化，实现数字化经营。华为从 2007 年开始的数据管理体系建设就是为了实现这一目标。共享的实现主要依靠数据驱动的数字化转型，本教材后文会对此进行详细解读。

### （四）特征四：智能

"智能"一词已经成为当下的高频词，本教材主要聚焦于企业智能。企业智能是建立在大数据和人工智能基础上的运营全面智能化，是企业连接、共享、在线特征的延伸，是企业数字化转型的高阶目标。

随着企业数字化转型的深化，企业进入以"数字孪生"为目标的全业务数据感知阶段，产生的大量业务孪生数据已经成为企业最核心的资产和生产要素。企业智能主要体现在三个方面：业务流程场景智能、业务管理决策智能和人际协作智能。

业务流程场景智能聚焦于提升流程效率，大量运用人工智能、机器学习、视觉感知等新技术对业务流程进行少人化、智能化等替代，实现技术与业务场景深度融合，为企业在效率提升、成本降低、作业安全、客户服务满意方面创造价值；把基于实时数据分析的流程决策融入业务流，改善企业运营流程和服务，提升流程自动化程度，降低成本和安全风险。举个例子，智能化生猪养殖是许多养殖企业进行数字化转型的重要方向，国内生猪养殖龙头企业 M 通过建立全面智能的养殖工厂，实现了生物安全全方位防控、生物资产全生命周期跟踪、精准个性化自动饲喂、环境监控、机器人清洁等，生猪死淘率明显低于同期全国平均水平，而且喂养成本和安全风险大大降低。

业务管理决策智能聚焦于提升决策效率，是基于大数据的智能分析平台通过大数据和人工智能模型对数据进行有效分析，挖掘其背后蕴含的巨大商业价值，为管理者和客户提供千人千面的个性化、智能推送式业务经营和战略分析信息，以推动企业决策前移，引领企业战略部署，增强不确定环境下企业的竞争优势。

人际协作智能聚焦于提升人的效率，是指基于人与人、人与组织、组织与组织、人与知识之间的协同、交流和沟通等，构筑一站式智能协同办公平台，聚焦于人的数字化办公、群组的数字化协同，从个体和团队维度改善数字化体验，提高人的工作效率。

综上所述，具备连接、在线、共享、智能四大关键特征的企业，就可以被称为数字化企业。

当然，企业数字化转型是一个渐进式、螺旋式上升的过程，需要不断地迭代，一个台阶一个台阶地上。由于新技术也在不断发展，今天处于数字化第一集团的领先企业，明天也可能成为数字化落后的企业，数字化企业需要持续运营和优化升级。因此，广大企业管理者必须认清一个事实：数字化转型的目的不是数字化本身，而是企业自身的卓越运营。为客户提供更便捷、高效、低成本的优质服务和产品在任何时候都是经营企业的根本。因此，企业管理者在开展数字化转型时，要从实际出发，从战略出发，从客户出发，从最关键的需求出发，不好高骛远，不追求齐头并进，不本末倒置，如此才能引领企业成长为符合时代发展要求的全面数字化企业。

【案例 1】永辉的一线员工合伙人制①

2017 年 7 月 30 日，永辉超市股份有限公司发布 2017 年上半年财务报告，称公司实现营业收入 283.17 亿元，较上年同期增长 15.49%，归属于上市公司股东的净利润为 10.55 亿元，较上年同期增长 57.57%。报告期间，公司新开门店 35 家，新签约门店 54 家。在中国一大批超市企业“哀鸿遍野”的时候，永辉超市之所以能够突围，除了战略上的创新，还和永辉实行的合伙人制脱不开关系。

**1. 永辉的战略创新——超级物种**

用 7 个关键词就可以描述清楚超级物种是什么，500 平方米、装修时尚、餐饮+零售混搭、餐饮 8 个库存量单位、餐饮占比 50%、性价比高、体验性强。

显然这是一家围绕消费升级和消费者体验设计的新零售样板，非常类似阿里巴巴的盒马鲜生，一经推出就获得了巨大成功。



超级物种的诞生，源于永辉具备的两方面的优势：

（1）生鲜领域的优势。永辉是做生鲜起家的，而生鲜也一直是永辉的强项。在众多超市里，永辉的生鲜比例是最高的。2016 年其主营收入中生鲜占比达 47.1%，而且永辉一直在生鲜经营的各环节不断提高自己的竞争力。

（2）早在 2012 年 12 月，永辉率先在福建试点门店合伙人制，2015 年正式发布合伙人方案，2016 年年中全面试行。合伙人制激发了内部创新的活力，同时也加强了淘汰机制，使得“超级物种”能够自我迭代。这也是永辉将新零售取名“超级物种”的原因，寓意这个物种拥有不断进化的属性。在这里，我们暂且略过永辉怎么强化生鲜领域的优势，来认真分析一下永辉的合伙人制。

**2. 永辉如何玩转合伙人制**

永辉在全国设立了 7 个大区，在 18 个省市拥有将近 400 家门店。针对区域差异性，合伙人制的具体方案也不尽相同，但万变不离其宗，合伙人制的核心就是总部与经营单位根据历史数据和销售预测制定一个业绩标准，如果实际经营业绩超过了设立的标准，增量部分的利润按照比例在总部和合伙人之间进行分配。



所谓“经营单位”，就是总部与之进行利益分配的一方。由于永辉有数万名员工，总部不可能与每一位员工分别敲定合伙人制的细节和考核标准，因此一般是以门店或者柜组为经营单位，它们代表基层员工参与合伙人计划，与总部讨论至关重要的业绩标准。永辉将一家门店按照品类（或者业务模块）划分为 13 个小店，每

---

① 资料来源：鲍舟波. 未来已来：数字化时代的商业模式创新［M］. 北京：中信出版社，2018.

个小店最多6个合伙人。合伙人制实施后，小店实现了独立核算，按照小店核算纯利进行一定比例的分成。

永辉推行合伙人制的目的是激励基层员工，但一些小团队的负责人会不会中间“截留”利益而使得基层员工得不到奖励呢？永辉合伙人制对分给基层员工的利润的比例有明确的规定，而且，永辉总部将合伙人制和相关条例完全公开透明，基层员工可以根据自己的业绩预算将来的分红。在这种情况下，经营单位的负责人也不敢“中饱私囊”。

由此可见，永辉的合伙人制其实就是一个分红制度，并不涉及股权、股份，相当于总部与小团队的利益再分配，或者说是总部对小团队达到目标利润之后的超额利润奖励办法。而最具特色的是，永辉将这个合伙人制落实到了基层员工身上。

**3. 合伙人制的落地效果**

这种合伙人制的落地效果是十分惊人的，主要体现在以下3个方面：

（1）2016年永辉员工总数7.04万人，而2015年为7.52万人，员工总数同比减少6.4%，单位员工薪酬激励提升，经营活力进一步释放。

（2）2016年公司收入492亿元，同比增长16.82%，净利润12.4亿元，同比增长105%。2017年，公司收入583.95亿元，同比增长18.61%，净利18.02亿元，同比增长45.06%。

（3）在新的管理机制下，永辉的效率大幅提升，门店也具备加速扩张的条件，2017年永辉共新开了133家门店（较过去每年70~80家新开店的数量有所增加）。



**4. 合伙人制为永辉赢得了时间**

合伙人制明显提升了永辉的内部效率，我们从以上数据可以看到，更少的人干了更多的事。该制度在超市饱受电商、便利店冲击的大时代背景下，为永辉赢得了战略变革的时间。

合伙人制极大地提升了永辉的数据化运营能力，为永辉的整体优化提供了可能性。

未来，永辉有没有可能把线下的实体店和多年打造的数字化系统整合起来，把供应商、物流、金融和实体店整合起来，直接提供一个包括实体店的供应链平台呢？起码在战略层面，永辉能够把握这样的机会。

## 四、数字化产业链

为了满足随机性消费的供应链模式升级，商业正在告别流量人口逻辑，进入场景细分下的精耕细作，供给、需求匹配的商业链条也正在进入逻辑重建的全新周期。

当下的消费者不再满足于单一的产品价值，围绕商品的服务体系逐渐成为消费者做出消费决策的主要考量。

“所有To B都要To C”不再只是简单的空话。供给侧的数字化改造使得越来越多供应链品牌强势崛起，以随时随地响应的姿态，构成这个时代商业应有的风貌。

### （一）供应链模式创新

纵观中国的产业发展历程，供应链优势由来已久，中国一度被称为“世界工厂”。产业数字化转型加速，中国的供应链能力不仅表现为低成本、高效率的规模集聚优势，更表现为透明化、短链路的柔性响应优势，如 C2M（从消费者到生产者）模式。

梳理 C2M 模式的发展脉络：2013 年，必要商城创始人毕胜率先提出了 C2M 模式，并于 2015 年 7 月上线了全球首家 C2M 电商平台——必要商城。2016 年，网易严选上线，ODM（原始设计制造商）进入大众视野。2018 年，京东京造上线、拼多多发布“新品牌计划”，电商平台从渠道深入到制造商，加速消费者反向定制的模式成熟；2020 年，淘宝先后发布 C2M 战略及淘宝特价版，从工厂到消费者的源头直供是更加极致的短链。

C2M 是供应链模式创新的中国样本，代表着供应链要素更加以人为中心的柔性响应。经由数字化融合互相赋能，从规模到个体，多元而复杂的需求场景加速了柔性供应链时代的到来。消费者与生产者的关系倒置，需求反向定义促进了 C2M 模式的极大发展。新需求催生了新供给，满足个体体验的细节，是数字化融合的必然，也不断衍生出前置仓商业、社区供应链等更加多元化的供应链创新模式。

供应链的短链透明，也让供应链从幕后走向台前，不仅表现为供应链品牌化，还表现为更加具备生活方式企划能力。以供应链取胜的商业模式逐渐成为数字生活的主流。例如，数年如一日蛰伏在城市边缘的山姆会员店，现在宣布要开到城市中心，还有表现出极强生命力的开市客，以及近年来陆续推出的盒马鲜生 X 会员店、家乐福会员店等。

各种会员店的共同繁荣背后，是成功的 C 端模型，更是 B 端企划。譬如，山姆会员店采用全球产地精选方式，盒马鲜生更侧重中国本土供应链。选择它们所代表的生活方式，就意味着选择这个平台的供应链企划方案。从这个角度看，今天的乡村振兴就是非常典型的“从供应链建设开始的系统复兴”，超越传统地域，从产业策划、供应链建设开始，建立数字时代城市生活与乡村文化的对话，建设自身的 IP（知识产权）体系和产业模型。

供应链模式的崛起，本质上是消费者主权的崛起，它不仅打破了传统供应链的运作模式，也带来了从 0 到 1 的产业机遇，成为产业数字化的创新引擎。围绕供应链模式的产业机遇，以下从“服务型产品”与“供应链品牌”两个最具代表性的供应链模式的升级样本展开讨论。

### （二）服务型产品：从提供产品到提供“场景解决方案”

当需求越发具体，场景越发细分，极简便成为一种常态，以产品为单位的传统组合模式不仅成本高企，而且会由于需求不匹配而产生供给冗余。我们需要简化场景入口，更需要由场景驱动的系统解决方案。新消费单元和新供给方案，已经展现出全新的景象。

**1. “产品+服务”构建新消费单元**

随着商品流通中信息壁垒的消除，商品能力的趋同，围绕商品的服务体系逐渐成为消费决策的首要考虑因素。而在实际消费场景中，消费者对于完整解决方案的需求日益紧迫。市场差异化竞争演化成为服务能力的竞争，服务所带来的附加价值在消费决策中所占的比重越来越高。服务体系脱离产品，甚至成为独立的品牌，已是大势所趋。

典型如“一键上门”的全品类化。伴随互联网而生的“宅经济”让人们越来越习惯于不出门即享受服务，从日常的线上购物、外卖到家，到居家办公、家庭健身，从产品上门到服务上门，消费者对“居家即体验”的需求日趋强烈。一方面，系统数字化的供应链协作提升了服务效率，降低了服务成本，打破了已有商业模式的束缚；另一方面，基于5G、AI、区块链等技术的发展，智能化方案解决了体验质量、信任危机等问题。从消费者“上门”到商家“上门”，消费者完成了体验方式的变迁。

**2. 从单一产品到完整场景**

“产品会被场景替代，行业会被生态颠覆”，这是海尔集团创始人张瑞敏经常提及的一句话。2020 年 9 月，海尔智家发布全球首个场景品牌“三翼鸟”，旨在重构家庭生活的新居住场景。用涵盖家装家居、家电、家生活的无界生态，赋能一站式定制智慧家，解决长期被忽略的日常痛点。

以三翼鸟智慧厨房为例，它的生产不再是传统的冰箱与厨具，而是厨房。通过组件化、可拼装的“智慧网器+半成品食材”的形式，聚焦消费者“吃生活”的智慧厨房解决方案，三翼鸟智慧厨房的背后是海尔“食联网”完整的“食联生态”。“食联生态”涵盖食品生鲜、烹饪、家装、物流、健康等多个不同行业，近 300 家企业共创美食场景，构建起了互联互通、互惠共赢的无边界生态模式。

商业对于人的洞察，如果单纯来自线上或线下，或是生活方式的局部，都不足以支撑对需求的准确捕捉与满足。在复杂且细碎的生活场景中，消费决策的形成，越发趋向服务的便捷性。无论是“一键下单”的打包式整体解决方案，还是全场景带来的无缝消费体验，消费环节中的服务正在逐渐超越以往的配套价值，变得产品化、中心化。

正因如此，企业的生态化生存也越来越表现为产业协作的常态化。从信息协作到产业协作再到场景协作，数字经济时代的企业需要时刻思考，相比更为“激进”的消费者，企业的商业模式是否足以匹配这个时代的协作精神。

### （三）供应链品牌化：垂直供应链一体化整合的“新物种”

在某种意义上，并没有真正的 To B 企业，企业本质上都是面向客户的。无论在何种领域，企业都必须具备客户服务能力。

从供给端看，柔性供应链的形成、成熟制造业经验和积累和全球化信息平权的充分发展，重构了产品与业务创新的效率，使大批量的生产模式向客户反向定义的少量订单模式的转变得以实现。打造弹性供应链，设计客户触点，定义新履约体系，满足社群化的表达，赋予了供应链品牌化的新能力。

供应链品牌化有赖于技术能力的不断下放，也是新生活方式的策源地。上文提到的DTC品牌商业模式和全民化直播电商，必然来自供应链的高效匹配，是更加数据化的智能和网络化协同。

随着供应链品牌逐渐成为今天的生活主流，企业更应从客户需求出发，建立敏捷响应机制，培养灵活的产品生产能力。企划力正在成为供应链模式的新起点，或是化整为零，抑或化零为整。

“化整为零”指供应链的每个环节都可以产生新商业模式。以海底捞为例，由火锅供应链的食材、配送以及后端整体解决方案延伸出了子公司——蜀海供应链；火锅底料、蘸料产品化，以海底捞品牌进入商超；堂食之外的居家场景，催生了火锅外卖服务。

“化零为整”则是供应链的乘法效应，是封装“一键响应”的柔性能力。网红饮品的爆款，源自香水柠檬、油柑、黄皮等原产地食材，这催生了产地买手制。原产地直播、品牌定制供应链、产地产业化、新农人IP，借助大量的平台创新、模式创新和社群化运营技术能力升级，原产地供应链重新完成了在地品牌化。

转换思路，将规模体量优势转变为创新应用优势，以数字化“新供给”满足客户需求的“随机性”。相信在“双循环”新发展格局的战略下，数字化供应链可以通过创新培育核心竞争力，描绘出一条漂亮的“微笑曲线”。

面向数字生活的蓬勃发展，中国作为场景丰沛的创新场，新消费场景层出不穷，新消费精神活力十足，也必然使新消费图景生生不息。



### （四）行业领先企业案例

为顺应科技和社会发展，经过不断探索和创新，国内产生了百度智能云、商汤科技、第四范式等在各行业处于领先地位的企业，它们成功结合AI技术和产业特点，为行业发展起到了良好的示范和带动作用。近年来长足发展的无人驾驶技术、传统行业的成功转型等，都与这些企业密切相关。

【案例2】百度智能云

基于百度长期的技术积累，以飞桨产业级深度学习开源开放平台和百度大脑软硬一体AI大生产平台为核心，全面输出百度领先的云智一体技术能力，赋能各行各业数字化转型和智能化升级。百度智云战略是以云计算为基础支撑企业数字化转型，以人工智能为引擎加速产业智能化升级。云智一体“赋能千行百业”，促进数字经济和实体经济的融合及高质量发展。在数据服务、硬件算力、软件算法、行业应用等方面，百度智能云形成了功能丰富、性能领先的产品解决方案和服务，助力工业、政务、金融、能源、医疗等行业客户转型升级。其中，在工业领域，百度智能云将云智一体技术与企业生产经营流程有机结合，实现从生产过程、管理活动到业务经营等各个环节的降本、提质、增效，同时助力产业链上下游之间、大中小型企业之间、企业与政府之间更好地协同创新，催生新产业、新业态、新模式；在智慧城市领域，百度智能云围绕“让城市洞察有深度、治理有精度、兴业有高度、惠民有温度”的价值主张，推出城市AI中台、城市大脑等产品和解决方案，以科技创新赋能政府的城市治理、政务服务，让城市更美好。近几年，百度智能云始终保持高速增长的态势，稳居“中国科技公司四朵云”之一，持续增长潜力巨大；AI 技术、产品实力获得业界广泛认同，持续在各项榜单中名列前茅。

【案例 3】商汤科技

商汤科技于 2014 年 10 月创立，是业内领先的人工智能软件公司。商汤科技以“坚持原创，让 AI 引领人类进步”为使命，不断增强行业领先的全栈式人工智能能力。商汤科技拥有深厚的学术积累，并长期投入原创技术研究，不断增强行业领先的多模态、多任务通用人工智能能力，涵盖感知智能、自然语言处理、决策智能、智能内容生成等关键技术领域，同时拥有包含 AI 芯片、AI 传感器及 AI 算力基础设施在内的关键技术。此外，商汤科技前瞻性地打造新型人工智能基础设施——商汤 AI 大装置 SenseCore，打通算力、算法和平台，并在此基础上建立“商汤日日新 SenseNova”大模型及研发体系，以低成本解锁通用人工智能任务的能力，推动高效率、低成本、规模化的 AI 创新和落地，进而打通商业价值闭环，解决长尾应用问题，引领人工智能进入工业化发展阶段。商汤科技业务涵盖智慧商业、智慧城市、智慧生活、智能汽车四大板块，相关产品与解决方案深受客户与合作伙伴好评。目前商汤已与国内 2 400 多家知名企业和机构建立了合作关系，累计发表了 600 多篇顶级学术论文，拥有 8 000 多项人工智能专利及专利申请。

商汤倡导“发展”的人工智能伦理观，并积极参与有关数据安全、隐私保护、人工智能伦理道德和可持续人工智能的行业、国家及国际标准的制订，与多个国内及多边机构就人工智能的可持续及伦理发展开展了密切合作。商汤《AI 可持续发展道德准则》被联合国人工智能战略资源指南选录，并于 2021 年 6 月发表，是亚洲唯一获此殊荣的人工智能公司。



【案例 4】第四范式

第四范式成立于 2014 年 9 月，是人工智能领域企业级的行业先驱者与领导者。第四范式提供以平台为中心的人工智能解决方案，并运用核心技术开发了端到端的企业级人工智能产品，专注于企业智能化转型，提供以平台为中心的人工智能解决方案，使企业实现人工智能快速规模化转型落地，发掘数据隐含的规律，并以超越人类能力所及的方式促进决策过程，全面提升企业的决策能力。

基于人工智能的决策几乎可以从上到下优化企业运营的所有组成部分，包括但不限于扩大业务规模、提升营销效果、改善运营效率。例如智能营销，AI 驱动的解决方案能够通过提高营销投放的准确性，推动电子商务公司的收入增长。而 AI 决策亦正在改变金融业的风险管理体系。例如使用 AI 信贷风险模型可显著降低违约率。该模型现已广泛应用于金融、零售、制造、能源与电力、电信及医疗保健等领域，在中国所有以平台为中心的决策型企业级 AI 市场中排名第一。第四范式于 2020 年为 47 家《财富》世界 500 强企业提供服务。

随着政策的进一步完善，更多企业将致力于丰富 AI 生态，随着相关技术的不断突破，我国人工智能行业也将保持快速增长，进一步走向能够辅助决策的认知型 AI，进而赋能更多行业实现智能化。

## 本章案例

### 三只松鼠的互联网发展困境[①]

2012 年，“松鼠老爹”章燎原怀揣一腔激情，毅然从他奋斗了近十年之久的詹士集团辞职，带领自己长期合作结成的五人团队冲入门派林立、盟主缺失的坚果市场，放出豪言要一统江湖，一举拿下坚果市场。仅仅上线 65 天，三只松鼠便一跃成为淘宝商城坚果行业单日销售榜第一，第二年就实现了线上销售额 3.26 亿元，不到两年的时间里，超过 10 亿元的市场价值，其快速发展创造了中国电子商务发展史上的一个奇迹。2017 年 3 月 29 日，三只松鼠向中国证监会提交了 IPO 招股说明书，历时两年终于在 2019 年 7 月正式上市。

这八年的攻“坚”之路着实不易，商业模式如何探索、销售渠道如何拓展、食品安全如何保障等，都是三只松鼠一路发展过程中不可回避的问题……2019 年 7 月，“松鼠老爹”终于带领自己的松鼠帝国成功上市。可上市并不代表着结束，上市后不到一年就遭受大股东减持，接下来又经历全球疫情对线下拓展业务的打击。互联网于三只松鼠似乎“成也萧何，败也萧何”，公司未来发展充满变数……

本案例借用佛学概念，如方便法门、过河舍筏，得月忘指、业障等，分析三只松鼠如何在获得核心竞争力——互联网营销而得以长足发展的同时，又为该能力所缚，失去其他途径发展的机会，商业模式被固化，无法适应变化的环境，从而发展受阻。基于该案例，为其他企业发展提供借鉴。

**1. 新手的运气**

据说，在赌场上有这么一种说法，叫“新手的运气”。它的意思是说，有些人第一次进赌场，不仅没有输，还赢得了超乎其预期的钱。

事实上，新手的运气并不是对所有的新手而言的，有大量的新手在第一次进赌场的时候就输了个精光。但因为的确存在着这种现象，大家就用“新手的运气”来描述他们的状况。

创业者刚刚开始创业的时候，常常遇到的是各种各样的麻烦事和坏运气。这可以说是一种常态。所以，那些创业旗开得胜、马到成功的人，一定要对自己的“新手的运气”有充分的意识，哪怕你旗开得胜了，也要意识到这种胜利并不具有普遍性。

第一，从空间上说，你使用的方法，占有的天时、地利、人和，对于其他的创业者来说并不是不存在的。所以，你的方法和路径有可能对那些在同一个行业、同一个品类里的创业者具有启示性，这种运气天生就带有快速稀释的特点。

第二，在时间上，运气就是一个时间概念。当一个人、一个企业陷入困境的时候，会抱怨时运不济。也就是说，在某一个时刻管用的东西，随着时间的流逝，会被稀释在时间中。

① 改编自“吴伯凡·每周商业评论”。

一个创业企业的领导者应该具备一种能力，能够抽身出来，把自己当成一个可以挑刺、可以嘲讽的对象，相对客观、冷静地来看待自己的成功。但是不幸的是，有很多的企业，尤其是那些“一招鲜吃遍天”的创业企业，往往没有这种意识，也不具备这样的能力。最重要的是，在企业里没有建立一种的对话和沟通机制。所以，就常常会把“新手的运气”当成是星光大道。那些导致最初成功的方法和路径，甚至会被当成所谓的核心竞争力，并加以神圣化。

有很多的企业恰恰就是被它们所谓的核心竞争力所绑架、遏制，最后从成功走向失败。可以说，瓜子二手车就具有这样一种特点。

本次分享的案例当中所涉及的三只松鼠这家企业，也是一个不能正确地对待“新手的运气”、没有对“新手的运气”进行反讽的意愿和能力的企业。

三只松鼠可以说是一家典型的网红企业。一般来说，网红企业红的时间是很短的，但是它红的时间还真不算短。2012 年 2 月以章燎原为首的五位创始人在安徽省芜湖市正式注册创立了三只松鼠，最开始主营业务为坚果类零食。同年 6 月 19 日，三只松鼠登录淘宝试运行。上线仅 7 天便售出 1 000 单，上线 65 天完成了天猫坚果日销量排名第一的成就。2013 年三只松鼠就在网上迅速地蹿红。

三只松鼠赶上的时间非常好。当时淘宝商城从淘宝当中独立出来，改名为“天猫”，于是就有强烈的动机去扶植一批淘品牌。三只松鼠就被选中，作为初代淘品牌的代表。

这家刚刚成立不久的企业在 2012 年的“双十一”中创造了日销售额 766 万元的好成绩。紧接着，2013 年的 1 月，月销售额超过了 2 200 万元。因为当时与它同类的企业不多，这家企业很快就被公认为全网食品销售第一店。接下来在 2014 年，全年的销售额就突破了 10 亿元。看得出来，这个增长速度是很快的。



它在 2017 年启动上市，2019 年成功上市，发行价是 14.68 元。在 2020 年 5 月，它的每股价格曾经高达 90 元，也就是说在发行价的基础上涨了近 5 倍。三只松鼠的发展历程如图 2-3 所示。

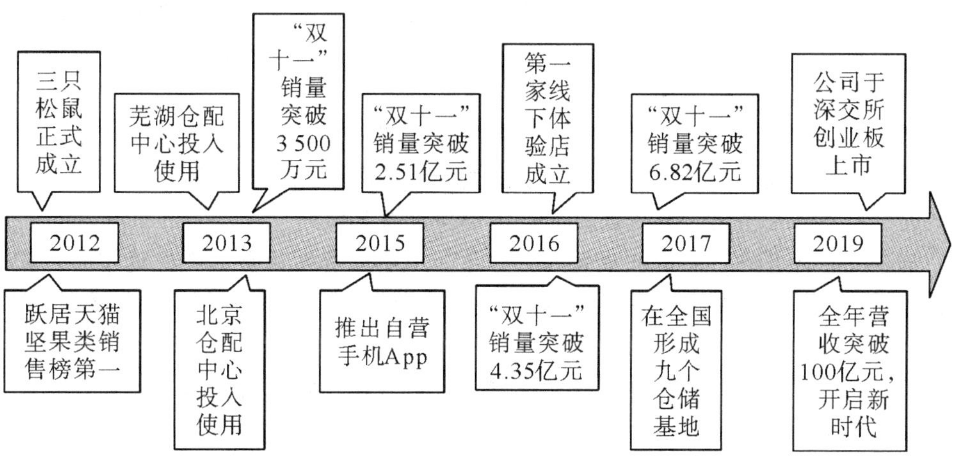


**图 2-3　三只松鼠的发展历程**

很有戏剧性，大概在半年之后，也就是在2020年11月、12月时，三只松鼠的股价开始迅速地回落，跌至40元。这当然是坏消息，但坏消息里还包含着一个更坏的消息，那就是三只松鼠的大股东IDG已经离场。

这些大股东在三只松鼠刚开始创业时就投资了它，在它股份创了新高不久之后离场，这就意味着这些大股东以“用脚投票”的方式表明他们不再看好三只松鼠的未来发展。

“三只松鼠”这个品牌名称最初也源自其创始人章燎原。按“松鼠老爹”的说法：“小松鼠既可爱名字又很好记，而且最初我们也就是通过卖坚果起家的。至于为什么是三只，那是因为三生万物……”这个名字的由来充分体现了其营销智慧：“三”代表三生万物、积少成多，松鼠是坚果的代名词，二者合起来很容易吸引消费者并让消费者记住，不仅让品牌得以快速推广，还能大大降低营销费用。应该说三只松鼠这个品牌名称还是很有意思。

第一，如果叫松鼠牌，那就平淡无奇。用之前提过的概念来说，“三只松鼠”这个IP不是一个无性格、无故事的IP，它能让你想到童话里的三只小猪、三只小熊之类的。有不少品牌名称，它们像海绵一样，会把以前潜藏在受众当中的印象快速地吸纳过来，在相当大程度上既具备了性格，又内含故事。

第二，识别度高。因为人们一说到松鼠就会想起坚果，一个好的品牌就是能让人瞬间认知、瞬间联想。在这一点上，“三只松鼠”的确是一个好的品牌名称。

除此之外，三只松鼠在它成长的过程中也做了一些值得称道的动作，而这些动作对于丰富其品牌内涵、凸显其品牌特色大有裨益。

比如说在其产品刚刚上市不久，三只松鼠就在其产品中用了三招。

第一招是封口夹。因为有时候一袋坚果一次可能吃不完，但是如果敞开的话就会受潮，影响坚果的口感和品质。消费者在购买三只松鼠的坚果产品时，会发现里面附有封口夹。不少产品和服务的功能都具有这个特点，就是超越功能，增强消费者体验。消费者在使用这一功能时，即可感受到厂家的用心和关怀。

第二招是与封口夹一起附送的果壳袋。消费者吃完坚果以后，果壳洒得到处都是，显得杂乱且不卫生。因此，消费者在享用坚果的时候可以将果壳顺手放入果壳袋，这样收拾起来就很方便。

第三招是湿纸巾。三只松鼠注意到消费者吃完坚果之后，手上会有碎末，这个时候消费者就会发现包装袋中还附送了湿纸巾，方便他们清洁双手。

这三样东西着实对三只松鼠的品牌体验加了很多分。

当然，仅仅凭这一点是很难做大的。三只松鼠之所以能够实现快速增长、成为网红产品，除了提供独到的消费者体验之外，还有一些其他的因素。比如流量红利。由于是初代的淘品牌，天猫对三只松鼠在流量上有格外的照顾，这种流量红利对于三只松鼠成为网红产品起到了直接的推动作用。天猫流量倾斜为三只松鼠带来的线上渠道优势如图2-4所示。

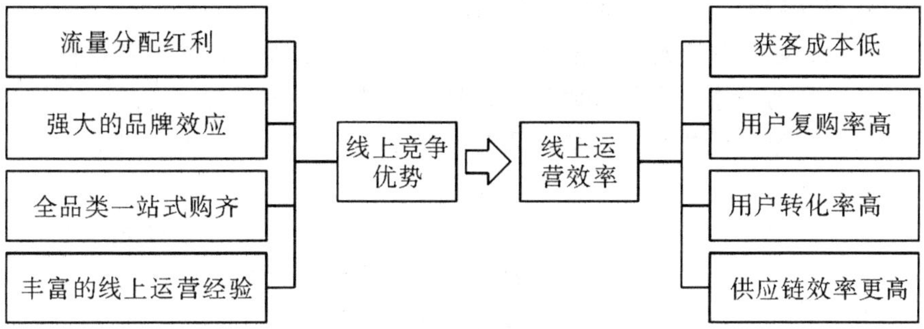


图 2-4　三只松鼠的线上渠道优势

还有就是它的资本优势，由于三只松鼠品牌的独特性和高增长，在创业之初就得到了 IDG 的投资，很快又得到了另外的一些投资，而其他同类的线下企业以及后来在线上卖零食的网店都不具备它的这种资本优势。当这些优势汇集在一起的时候，三只松鼠的成功显得顺理成章。

以上为三只松鼠的幸运故事。正所谓福兮祸所伏，幸运女神同时就是复仇女神。她在成就你的时候，也悄悄地在给你挖坑。

**2. 故事的转折**

在三只松鼠的幸运故事发生的同时，另一个故事已经展开了。

2019 年，三只松鼠的平台成本和推广费是 6.6 亿元。大家对这个数字可能没有什么概念，环比一下，我们就知道这个数字意味着什么。2018 年这个数字只有 3.9 亿元，也就是说它的品牌成本和推广费用一年就增加了 69%。

有超过 2/3 的互联网企业赚钱的秘密就是两个曲线的分叉，即成本曲线和收益曲线。刚开始两条线几乎是平行的，成本增加，收益增加；或者反过来，收益增加，成本也增加。但是到了一定时候就不是这样了，一家企业是不是互联网企业就要看是不是出现了临界点（见图 2-5）。

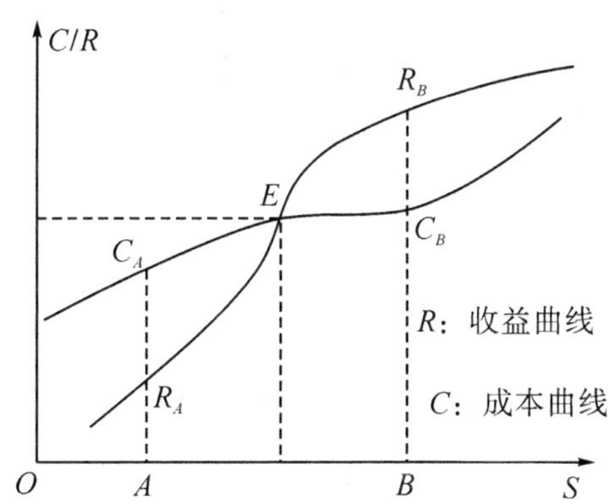


图 2-5　成本曲线与收益曲线

在此临界点之后，企业的收益持续增加，但是企业的成本增长开始放缓，甚至可能出现成本下滑。这里有规模效应、品牌效应、数据资本等原因。而企业的收益曲线会继续保持陡峭，甚至会越来越陡峭。

三只松鼠所在的这个行业，潜在和既有的市场是很大的，它不可能被垄断。尤其是三只松鼠作为一家线上起家的企业，更不可能垄断线下的市场。渐渐地，在三只松鼠的成功故事展开的过程当中，又有一些跟它并行的成功故事出现了。其中有两家企业最为著名，一家叫洽洽食品，另一家叫良品铺子。

与三只松鼠相比，这两家企业有一个明显的不同，就是它们都是从线下逐渐延伸到线上的，也就是说线下店是它们的主体。用我们今天的话说，它们不是互联网企业，而是从一个传统企业逐渐地转型为具有互联网特征的企业。

2019 年，洽洽食品的净利润是 6 亿元人民币，良品铺子是 3. 4 亿元人民币，而三只松鼠的利润只有 2. 4 亿元。

有意思的是，三只松鼠总的销售额是大于这两家企业的。这就是说三只松鼠的坏消息虽然是近期才出现的，但是它的问题已经在一年多以前就显现出来了，最明显的一个问题就是增收不增利，它的股价现在也不再是国民零食第一股了。

大家在看一些商业报道的时候，都有这么一个印象，好像一个公司前面发展得都很好，突然有一天就开始反转，福无双至，祸不单行，股价下跌，大股东撤离，产品质量一次又一次地出现问题。

其实这只是一种现象。如果你有过在电脑上调色的经验就会知道，任何一种颜色都是由三种颜色以不同的比例调配而成的。你甚至在这种颜色里根本辨别不出其中的某一种颜色，但是如果你将其中某一种颜色的比例增加或减少，你所看到的这个调配后的颜色就会发生明显的变化。

你会很吃惊，在红色里，我看不出有蓝色，也看不出有黄色。但是，你只要改变黄色和蓝色的比例，颜色就会发生变化，甚至你将因此再也看不到红色。

也就是说，一个特别成功、特别有竞争力的企业，它的问题可能早就存在，只不过在某一个时间的节点上，某一个值突然加大，它的“颜色”就会骤变。

那么，接下来一个很自然的问题就是，一家网红企业的“红”是如何褪去的。如果我们现在去追溯的话，已经明显地看到了变化。这个变化不是发生在一两个月之内，也不是发生在一两年之内，甚至我们可以说从一开始，这个变化就已经在启动了。

(1) 方便法门

第一个关键词叫“方便法门”。这是佛学里的一个概念，就是说要想领悟什么东西，每个人都可以从跟自己密切相关的、自己使用起来很方便的入口进入。所谓万法归宗，各个法门你都可以进入，就像一座大厦，它有很多的门，你可以从一个你觉得方便的门进入。

首先，绝不要以为这个门是唯一的，更不能认为进门以后看到的东西就是终极的。大家在日常沟通和写文章的时候都会用到比喻，比喻其实就是一个“方便法门”。把姑娘比作花儿，让你能够对姑娘有一个直接快速的感知。

但是德国有一句谚语：“一切比喻都是拙劣的。”也就是说绝对不能把二者等同起来。这个“方便法门”，就是刚才说的你的最初的路径，你接下来要走的路径可能是完全不同的，甚至是完全相反的。

瓜子二手车通过舆论造势快速地在消费市场上获得了影响力，在资本市场上也产生了巨大的吸引力，这是一个“方便法门”。但是，每一个“方便法门”上都应该写上一行字，“此地不可久留”。

如果继续滞留在这个地方，很可能就会遭遇到祸事。认得当下真，但绝不能够长时间地认它为真。俗话说：“当真，你就输了。”对于“方便法门”来说，同样适用。

（2）过河舍筏

第二个关键词跟“方便法门”具有相关性，而且也是佛学中的一个比喻，叫“过河舍筏”，意思是如果要过河，就需要使用木筏。当你从此岸到了彼岸的时候，渡河时所使用的这个工具，不管它之前多么有用，其使命已完成，你要继续往前走，就不能继续再扛着木筏，而需要放下，所以叫“过河舍筏”。

对于三只松鼠来说，电商红利、流量红利，是让它爆红的非常重要的因素。但是，受惠于斯，也可能受困于斯。

不管是做企业还是做人，一定要搞清楚，你在别人心中的真实位置是什么。如果你搞不清楚，不仅会误会别人，也会误会自己。

天猫之所以对三只松鼠给予巨大的流量倾斜，是因为成长的规模越大，使用的流量就会越多，也就是说三只松鼠是它的一个具有增长潜力的流量用户。你用 2 000 万元购买天猫的流量，那么天猫相信你的规模有一天会大到每年需要用 2 亿、4 亿甚至 6 亿元来购买它的流量。



所以，有人说三只松鼠是一个资深的电商打工人，就像一头奶牛，养牛的人喂你，给你种种照顾，饲养员其实并不是为了你好，而是为了从你身上挤更多的奶。而且，最好是通过不断地对你好，让你产生特化。所谓特化就是说只适应这个环境，对别的环境缺乏适应力。那么，你就会对这个环境形成一种成瘾性依赖，你离开了它，只有死路一条。所以，它用一种无形的、柔软的锁链把你锁在那儿，让你永远来为它打工。

你应该意识到，电商平台对你很好，并不是真的对你好，其所作所为都是为了电商平台自身的发展。

有人说，既然它是为了利用我，我就跟它断绝关系。这不是商业的思维，商业的思维是商量着来，是在对方获得其价值的时候，你要谋求你自己的价值，即共赢。最重要的是，你不能把你所有的价值都寄托在对方身上。过河是要用木筏的，但是你要意识到木筏不是你的家，也不是你可以持续使用的交通工具。

我们看到一个数字，至今为止，在三只松鼠的销售额当中，电商渠道的贡献率占了 97%。等你想独辟蹊径、再找第二条渠道的时候，可能已经丧失了开辟新渠道的能力。

这里除了你的能力之外，还有时间的成本、机会的成本，你的竞争对手可能在你沉溺于这种路径的时候，把其他的可选路径占据了。

在生理学上有一个概念叫外源性抑制，就是外面的资源会对你内在的机制产生一种自然的抑制作用，甚至可以说是一种无痛截肢。面对任何成功的路径，你都要有一种过河舍筏的心态。

随着互联网发展进入新阶段，拼多多、抖音、快手等新电商纷纷快速崛起，在电商市场中占据越来越多的市场份额（见图2-6、图2-7），这给三只松鼠造成了巨大冲击：流量红利退去、市场份额被瓜分、增长备受压力。三只松鼠也曾试图在这些新型平台继续寻求流量增长，但因其对新电商布局滞后，早已错过红利期。此时良品铺子、百草味等竞争对手已率先夺取市场，洽洽食品、来伊份等也纷纷开拓线上渠道。

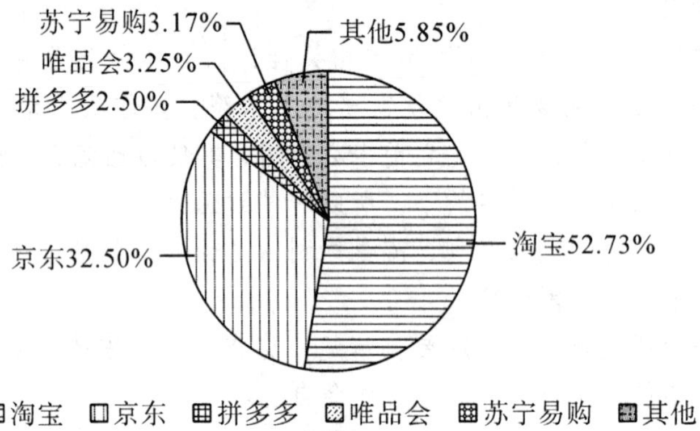


图 2-6　2017 年电商市场份额

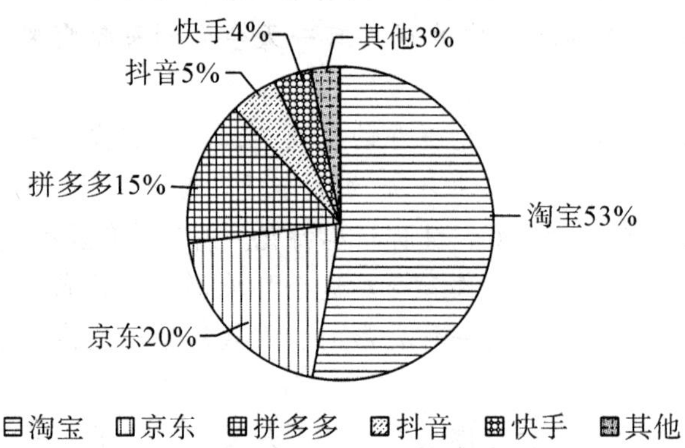


图 2-7　2021 年电商市场份额

（3）得月忘指

第三个关键词，其实跟“方便法门”“过河舍筏”也是相通的，这个关键词叫作“得月忘指”。

你问别人月亮在哪，别人用手指指向月亮。当你看到月亮的时候，就要把这个手指忘掉。这就避免了没有他的手指时你看不到月亮。

如果你一直盯着他的手指，这就叫着相。我们前面表扬了三只松鼠这个品牌名称。但其实这个品牌名称也有它的缺陷，这个缺陷刚开始给它带来的都是优势，但从长时段来看，任何的界定都是一种画地为牢。

说到三只松鼠，你想到的就是坚果。说到坚果，你可能也会马上想到三只松鼠。这个品牌名称能够让消费者瞬间产生联想，这的确能够产生品牌认知的优势，但也会导致品牌认知上的局限。

问题还不在于它在消费者的品牌认知上有局限，而是那些用来影响消费者的话术，最终却影响了自己。正如德鲁克说的，每个企业都要问自己：我的这门生意到底是什么？当你思考这个问题的时候，你就可能把自己的品牌和业务内涵自然地往外延伸。

坚果是零食，但零食不全是坚果。在整个零食行业，坚果占的份额只有10.3%。除此之外还有烘焙点心、膨化食品、糖果等。整个零食市场的蛋糕是很大的，但是如果你把自己的品牌内涵和业务内涵都固化在坚果上，那就是一种画地为牢了。

刚开始的时候，你没有意识到。但是当你意识到画地为牢的时候，你的这个品牌以及相应的业务能力很可能已经被锁定在你现有的领域了。

在整个零食市场当中，坚果的利润率一直是低于很多其他品类的。当你把自己的业务内涵都放在坚果上面的时候，也就意味着你的这一块土地是比较贫瘠的。

而其竞争对手，比如说良品铺子，其果干果脯类产品的利润率是远远高于坚果炒货类产品的。而且有很多人在吃零食的时候，坚果只是其中的一个选项，或者是在某一段时间的一个选项，过一段时间，当他再去选择零食的时候，很可能就把坚果忘了。

马上就有人会说，你说的这些话都是事后诸葛亮。而且我们前面的这些判断，三只松鼠可能在很久以前就意识到了。这样的商业评论对商业事件是没有指导性的。



应该说很多的评论都是事后诸葛亮，在一个故事已经接近尾声，或者到了某一个阶段结束的时候，你才能做出一个相对完整的判断。

（4）业障

但即使是“事前诸葛亮”，你可以设想你今天刚刚开始创业，有人把你所在的这个行业的各种坑都提前告诉你。他的这些认知是以他十几年甚至几十年的实践作为背书的，但是你可能会听不进去，也就是说“事前诸葛亮”可能也不管用。

为什么不管用？这就是第四个关键词，“业障”。这也是佛教的一个概念。所谓“业”，就是你在此之前业已做的所有事情，必会留下痕迹。你不要以为你说的话、做过的事情过去了就过去了，它们都会成为影响你的当下和以后行为的“底层代码”。

业障不是商业和管理的语言。如果我们用商业和管理的语言来说，这种业障叫“RPV”，也就是资源、流程、价值观，它们是一个企业赖以运行的三样最重要的东西。当你切换到另外一个赛道或者你只是切换一种方法的时候，这三样东西就会成为一种“看不见的手”，牢牢地抓住你，使得你难以脱身。

企业拥有的资源，比如企业借助电商红利，在坚果行业大有作为，也就意味着该企业在别的行业可能就无所作为。企业资源有限，不可能在多线同时投入，否则可能一无所成。最重要的是，企业通过电商红利而红的时候，就很可能已经把自己牢牢地锁定为一家电商企业，或者说锁定为一家贸易企业。

贸易企业就是作为生产者和消费者之间的一个平台，企业的掌控力更多体现在下游，而往往对上游的掌控力偏弱。而且，很多时候如果企业缺乏了对上游的掌控力，企业就没法掌控下游。

以三只松鼠为例，由于它是通过电商快速成长的，它已经自觉或不自觉地把自己打造成为一个电商企业。而食品行业里，你卖的东西好不好并不是取决于你卖的问题，而是取决于在生产领域的那些核心环节，你有没有掌控力量。如果你对于上游生产的核心环节缺乏掌控，很可能就对产品的品质和体验缺乏掌控力。

还有，如果企业的市场渠道一直是依托电商平台，除了对其出售的产品的品质缺乏掌控力之外，还对成本缺乏掌控力。就像电商渠道已经成了企业的固定成本，而且只要企业的销售量增加，其成本就会增加，企业永远没办法实现成本和收益曲线的分叉。所以，企业拥有的这些资源，反而会在相当大程度上限制企业自身。

三只松鼠频繁地出现产品的质量事故，有一个很重要的原因是它既缺乏对成本真正的控制力，同时又必须要以最大的力度去压缩成本，最后的情况很可能是压榨上游的供应商。

但是有些真正有实力的供应商不会受企业摆布，就会不给企业供货，那么企业就会去找那些弱势的供应商。它们好像很听你的话，但实际上它们之所以听你的话，仅仅是因为它们弱势。一个企业毕竟是要生存的，于是就会在别的地方动脑筋。如果你对那些隐秘又很关键的环节缺乏掌控力，你的产品很可能就会出大问题，尤其会体现在产品质量方面。

还有，价值观也会成为你的业障。三只松鼠的创始人章燎原有一句名言："与其花钱研究公司治理，不如请公司团队吃饭喝酒。"有很多的创业企业，尤其是那些从事流通行业的企业，有意无意地把喝酒作为一种核心竞争力。

而且最有意思的是，有些时候喝酒的确能够给你带来竞争力。你能喝酒，别人不能喝酒，就能把某些别人觉得棘手的问题搞定。对外的喝酒文化和对内的喝酒文化的确能够解决某些问题，尤其是那些表面的、应激性的、紧迫性的问题。

但是就在你用喝酒文化来解决某些问题的时候，那些真正关键的、重要的问题不仅没有解决，还会变得越来越严重，比如公司的组织结构、信息传递方式、激励机制，还有对上下游的掌控，等等。

从本质上说，你并没有解决问题，只是在掩盖问题，甚至悄悄地恶化问题。而这些问题都会成为你的"业障"。当你突然有一天想要克服这些"业障"时，你会发现这是很难的，因为这些"业障"是跟你的资源、流程、价值观，跟你过去所做的一切连接在一起的。这个时候，你想克服这些"业障"，就如同揪着自己的头发离开地面一样，是不可能的。

**4. 总结**

也许三只松鼠在三年前、五年前就已经意识到了自己的资源、流程、价值观是"方便法门"，需要"过河舍筏""得月忘指"。但是，它很难切换路径，因为"业障"的力量是巨大的。

英特尔的前 CEO 安迪·格鲁夫说，作为一个领导者，最重要的事情就是要发现战略转折点（turning point），就像你在高速公路上开车的时候，你要明白出口在哪儿，但是在高速公路上是可以绕回来的，而在商业世界里是没有这个机会的。

安迪·格鲁夫当年不是用脑袋，而是用皮肤感受其所在行业正在发生的变化。所以，当他的同行们都不知道行业已经在变化的时候，他已经知道了，自己的企业不变就会死掉。但是他扪心自问，发现最初的这一套东西是很难舍弃的，干着干着就又回到老路上去了。正如后来的管理理论家指出的，发现战略转折点不是一个智力的问题，而是一个情感的问题。

最后他能拐过弯来，是在一种非常真切的情境下，以董事会的名义给自己写了一封措辞严厉的辞退信：你该怎么样，而你没有怎么样。与此同时，他还很当真地写了一份申诉状：现在我一定要怎么样。他还设想：如果这个事情我不变，可能少则一年，多则三年，就会被扫地出门。我被扫地出门以后，董事会会请新的 CEO，新的 CEO 对我过去的资源、流程、价值观有没有迷恋之情？肯定没有。与其这样，我还不如今天就把自己当成是董事会请来的那个对这个企业的老路没有任何感情的、只要求实现业绩的 CEO。

所以，最后他能够发现战略转折点，而且在那个转折点上的确实现了转折，是因为他用了这种真切的想象，让自己置身于危机。这样就避免自己将来在危机发生的时候想转变却已经没有转变的机会了。

综上所述，“事前诸葛亮”其实也是不管用的，因为真正导致人的认知改变的，是在特定情境下的欲望和恐惧。如果没有这些，哪怕很早就明白其中的道理，我们也没办法实现真正的转变。

最后，所谓“迭代”，有一个通俗的说法叫“早失败、快失败”，即以非致命的失败不断地修正自己的认知，并且快速地将认知体现于新的产品，不断地跟市场对话。

关于迭代的另一种认识是：对于给予了你巨大优势、让你迅速蹿红而且在相当长的时间内仍然让你受益的那些资源、流程和价值观，要保持充分的警醒，对那些你很熟悉也很信赖甚至迷信的方法、路径，一定要尽早逃离、尽快逃离，把当下仍然管用的路径和方法有计划、有步骤地边缘化。同时，把那些在你看来边缘化的路径和方法逐渐地主流化。

## 案例思考题：

1. 三只松鼠在市场中的定位是否清晰？它是如何根据市场变化调整其品牌定位的？

2. 三只松鼠在产品创新方面有哪些举措？它如何确保产品多样性以满足不同消费者的需求？

3. 三只松鼠如何管理其供应链以确保产品质量和及时配送？它面临着哪些供应链管理上的挑战？

4. 三只松鼠在互联网营销方面采取了哪些策略？这些策略是否有效，它是如何评估营销效果的？

5. 三只松鼠的主要竞争对手是谁？它是如何分析并应对这些竞争对手的？

6. 三只松鼠如何研究和理解消费者行为？它是如何利用这些研究结果来优化产

品和服务的？

7. 三只松鼠在技术投入方面有哪些重点？它是如何利用技术提升用户体验和运营效率的？

8. 三只松鼠在可持续发展和社会责任方面有哪些计划和行动？它是如何平衡商业利益和社会责任的？

# 第三章
# 商业模式理论

本章主要介绍商业模式的构成，以及工业化经济背景、网络化经济背景和智能化经济背景下商业模式的特征与逻辑以及集成方式。商业模式是指为实现客户价值最大化和实现企业长期可持续盈利的目标，企业整合内外部生产要素、搭建业务体系、推动建立合作伙伴关系形成的具有独特核心竞争力的业务运行系统。数字化技术将深刻改变我们的经济和社会，也会颠覆我们对企业经营管理的认知。

本章以新希望集团应用现代技术改造养殖业，百果园利用微信生态导入一系列数字化措施进一步打通“全域数字化经营”，以及现代农业技术服务平台（modern agriculture platform，MAP）的广泛推广应用促进农业发展的事例，分析数字化发展给各行各业带来的变化。



## 一、商业模式的构成

商业模式是一种包含了一系列要素及其关系的概念性工具，用以阐明某个特定实体的商业逻辑。它描述了公司能为客户提供的价值以及公司的内部结构、合作伙伴网络和关系资本等用以实现（创造、推销和交付）这一价值并产生可持续盈利的要素。

商业模式是由各个参与者的价值主张所构成的价值网络，各个参与者共同为最终客户做出贡献，同时在这个过程中满足每个参与者的价值要求。企业所在的网络的整体协调配合能力决定了网络整体以及企业的绩效。对供应商、互补产品提供商、渠道商以及客户等的价值活动的分析与再组合，是发现潜在价值、设计参与者价值主张、优化外部价值网络的重要活动。

企业的价值创造活动由众多企业以及客户共同完成这一基本特征，决定了商业模式的分析框架必须包含一系列要素及其相互关系。这些要素包括价值主张、客户细分、成本结构和收入来源等。

奥斯特瓦德（Alexander Osterwalder）和皮尼厄（Yves Pigneur）一起开发的设计创新商业模式的实用方法已经被广泛应用到全世界各行各业的公司中，如3M、爱立信（Ericsson）、凯捷咨询（Capgemini）、德勤（Deloitte）、挪威电信（Telenor）等。该方法作为一种共同语言，可方便描述和使用商业模式来构建新的战略性替代方案。同时，用以描述和思考任何企业的商业模式。

奥斯特瓦德和皮尼厄提出的九要素模型如图 3-1 所示：

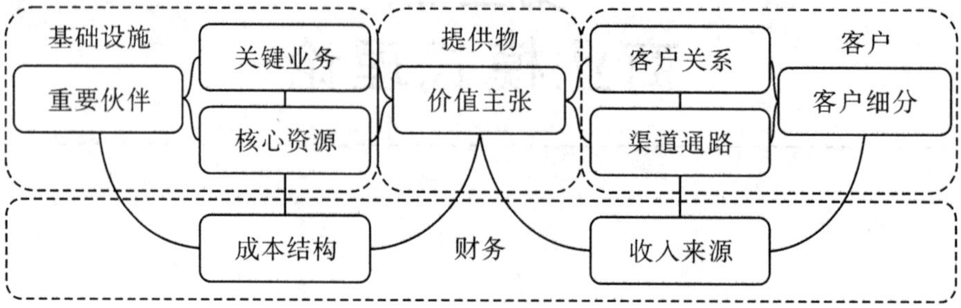


**图 3-1　奥斯特瓦德和皮尼厄的九要素模型**

资料来源：奥斯特瓦德，皮尼厄. 商业模式新生代［M］. 北京：机械工业出版社，2016.

“不存在单一的商业模式……实际上只存在多种机会和可选项，而我们要做的事情就是把它找出来。”奥斯特瓦德和皮尼厄主要从商业的四个主要方面“客户、产品、基础设施、财务生存能力”阐述商业模式的九个基本要素：

价值主张（value proposition）：企业向客户提供的产品或服务的独特价值，以解决客户的问题或满足客户的需求。

客户细分（customer segments）：企业服务的不同客户群体，每个群体都有其特定的需求和特征。

渠道通路（channels）：企业用来接触和沟通其客户细分的途径，包括销售和分销产品的方式。

客户关系（customer relationships）：企业与其客户群体建立和维护关系的方式，如个性化服务、自助服务、社区等。

关键业务（key activities）：企业必须执行的核心活动，以确保其商业模式能够运作。

核心资源（core capabilities）：企业为了提供和交付其价值主张、维持客户关系和渠道所必须具备的关键资源和能力。

重要伙伴（partner networks）：企业与供应商和合作伙伴之间的关系，这些关系对企业商业模式的成功至关重要。

成本结构（cost structure）：企业运营商业模式所产生的主要成本类型，包括固定成本和变动成本。

收入来源（revenue streams）：企业从每个客户细分中获取收入的方式，如产品销售、服务费用、订阅费用等。

奥斯特瓦德和皮尼厄在《商业模式新生代》中对商业模式的九个构成要素或组成部分做了更为清晰的描述。而且，为了能运用这些要素或组成部分描述、分析、设计商业模式，他们引入了一种可视化的工具——商业模式画布（business model canvas）以及一系列的工具和方法（包括客户洞察、创意构思、可视思考、原型制作、故事讲述、情境推测），并且与企业战略、流程再造等联系和整合。尤其是将文字和图形有机结合，使得所引入的方法与工具都具备可操作性，深受实践者和咨询公司的好评。

切斯布鲁和罗森布鲁姆（Chesbrough & Rosenbloom，2002）认为，商业模式是反映企业商业活动的价值创造、价值提供和价值分配等活动的一种架构。他们对商业模式的分析也基于类似的思路，但他们提出的组成商业模式的要素数目有所不同，具体见表 3-1。

**表 3-1　切斯布鲁和罗森布鲁姆关于一般性企业的商业模式分析**

| 商业模式构成要素 | 定义 |
| --- | --- |
| 价值主张 | 基于技术的产品或服务为客户创造的价值 |
| 目标市场 | 那些能够认识到并利用某项技术价值的客户群体，以及他们使用该技术的具体应用场景或目的 |
| 内部价值链 | 企业价值链结构，用于创造和传递企业的产出，支持企业在价值链定位的互补资产 |
| 价值网络 | 描述企业在供应商和客户连接成的网络中的位置，包括识别潜在的互补型企业和竞争型企业 |
| 成本和目标利润（收入产生机制） | 在既定的价值主张和价值链下，确定企业的收入产生机制，估计产出的成本结构和目标利润 |
| 竞争战略 | 形成可以获得竞争优势的战略 |

资料来源：陈春花，廖建文. 数字化时代企业生存之道［J］. 哈佛商业评论（中文版）. 2017（11）：154-158.



其他研究者从经营管理、交易结构和战略定位等不同的视角研究商业模式，认为商业模式包含更多的要素。例如，有学者还提出包括价值提供、经济模式、客户关系、伙伴关系、内部结构、相关活动、目标市场、资源、能力、产品、收入来源等 24 个要素。虽然这可能有助于揭示商业模式背后的价值逻辑，能够更加清晰地揭示价值创造的内在机理和竞争优势的形成，但商业模式模型并非大而全就好，因为过多的要素容易让人忽略商业模式本身的整体性，尤其不利于对商业模式的演示和探讨。

商业模式是一个完整的体系，要求企业必须将自己的生产运营与供应商、配套厂商协同，也就是协调内外部资源共同创造价值，并将价值传递到目标客户。

## 二、商业模式的特征与逻辑

商业模式的本质是企业的价值创造逻辑。但是由于商业模式的“虚拟”特性，在工业化经济、网络化经济和智能化经济的时代背景下，商业模式所呈现出的特征和价值创造逻辑也存在较大差异。

### （一）工业化经济背景下商业模式的特征与逻辑

在工业化经济背景下，商业模式是企业基于自身的关键资源和能力，与产业价值链中部分参与者为实现价值创造、传递、获取及分配而形成的交易结构（契约关系）。在这种情形下，商业模式描述的是企业与客户、合作伙伴之间的一种“线性”商业关系，而商业模式的本质就是企业价值活动的关系和状态，是所有商业模式参与者价值活动的方式和逻辑。

在有关商业模式的众多研究中，由于学界和实业界所采用的研究视角不同、研究目的不同，相应地，对商业模式的定义也各不相同。总的来说，工业化经济背景下商业模式的本质特征与核心逻辑具体包括以下四个方面：

（1）商业模式把为客户和合作伙伴创造价值作为最终目标。因此，商业模式是以价值创造为核心，基于企业核心资源和能力，通过识别和挖掘客户的价值需求，调整利益相关者的交易结构，提升交易效率，通过将作为价值载体的产品或服务送达客户，完成价值传递与价值获取，并通过价值分配机制，使客户获取价值，各利益相关方（参与者）获取利润。

（2）商业模式是对企业全部经营活动的结构化、整体性和逻辑性的概括。Magretta（2002）认为，商业模式创新是产业价值链的改进或创新，包括生产制造环节和渠道销售环节。由此可知，商业模式与企业管理理论之间联系紧密，如价值链理论、运营管理理论、市场营销理论，以及战略管理理论等。商业模式作为一种概括性描述，比企业战略所覆盖的范围更广、含义更宽，因而高于企业战略。

（3）商业模式是一整套商业活动的有机组合，不能用任何局部活动或内容进行概括。商业模式作为一套整体的方法和程序，其各种活动相互关联、有机组合，是商业活动过程中所有利益相关者的商业关系和交易方式的总和。尽管战略决策与管理、客户识别与定位、市场策划与推广、技术支持与改进都是商业模式的重要组成部分、不可或缺，但它们都不能代表商业模式的整体性概念。

（4）商业模式是焦点企业构建并主导的交易结构、盈利模式或收支方式。任何商业模式都需要以焦点企业的核心资源和能力作为支撑，其他利益相关方则围绕焦点企业，通过特定的交易结构参与其中。任何企业，无论规模大小、实力强弱，都会有自身的核心资源和能力，否则企业无法在竞争中生存。因此，任何一个企业在不同的商业模式中兼具两种身份：一是作为某些商业模式的主导者，即焦点企业；二是作为某些商业模式的参与者，即合作伙伴。但根据目前商业模式的研究成果，人们更加关注焦点企业在商业模式中的作用，对参与者的角色和作用关注较少。

工业化经济背景下商业模式在产业链内部所表现出来的线性特征，在网络化经济时代和智能化经济时代逐步演化为跨产业链边界的网络和集成特征。

### （二）网络化经济背景下商业模式的特征与逻辑

随着互联网技术的发展和广泛应用，工业化经济演化升级为网络化经济，商业模式也随之发生巨大变化。互联网加快了交易主体之间的信息传递速度与频率，减少了中间环节，消除了时空约束，从而极大地降低了交易成本。互联网技术由此塑造了大批知名企业，如国外的 Amazon、Apple、Facebook、Google 等，国内的阿里巴巴、百度、腾讯、京东、小米等。这些企业正是借助互联网平台创造了商业奇迹，也催生并助推了顺丰和“四通一达”等快递巨头的爆炸式增长。

网络化经济背景下的商业模式是让客户参与生产和价值创造，让厂商与客户连接，厂商与客户共创价值、分享价值，是在不确定性且边界模糊的互联网环境中，让供需双方形成社群平台，以实现其隔离机制来维护组织稳定和实现连接红利的模式群。

互联网技术的发展与应用，使传统的工业化经济向网络化经济转型，企业的商业模式呈现出以下鲜明特征：

（1）厂商的生产和经营边界趋于消失，使得传统的产业分工和商业模式失灵。比如小米，从“硬件+新零售+互联网服务”的“铁人三项”商业模式，发展到拥有 90 多家企业的生态链集群，围绕手机构建了手机配件、智能硬件、生活消费产品三层产品矩阵。美团外卖和滴滴打车两家公司为了争夺本地生活入口而相互渗透核心业务……“互联网公司的边界在哪里”可能已经变成了一个最难以回答的问题。行业边界模糊了。

（2）互联网的不确定性，使得商业模式呈现出随机性和不稳定性，而传统企业失去其一直以来依托资源和能力所形成的竞争优势。同时，企业自身的资源和能力也变得越来越不“可靠”。一方面，资源和能力在不同企业之间的流动变得越来越频繁，依靠资源和能力在企业间的不可流动或难以复制来获得竞争优势的传统商业模式，受到了极大挑战。例如，开源模式和共享经济的出现，代表了资源和能力从所有观到使用观的转变，如 2014 年特斯拉免费开放了所有的知识产权，以推动清洁能源汽车的发展。另一方面，曾经的核心竞争力可能会成为核心刚性，阻碍企业的创新和发展。路径依赖往往始于成功产品或者模式，企业一旦发现某种方法或者流程特别有效，就希望把它固定下来，最终反而导致效率的低下和核心能力的退化。今天的优势被明天的趋势取代。



（3）互联网实现了媒介的“去中心化”（decentralization）。网络化经济背景下，当今时代已经不再是由少数人组织、控制和更新内容的中心化媒体时代，而是由大众创造、大众参与、大众传播、大众共享的自媒体时代，这使得媒体的内容和声音更为多元化，微博、微信、人人网等社群商业模式能够更好地迎合大众需求和体验，因而得以迅速发展。

（4）网络化经济背景下，企业的核心竞争力从企业内部向企业外部拓展，包括外部资源整合能力、合作伙伴关系、客户关系等。企业和客户之间的触点越来越多：客户论坛、社交网络、网页浏览记录、智能硬件交互等。这些触点留下了客户的蛛丝马迹，帮助企业更好地把握客户的需求，提高产品的定制化水平。企业间的合作又可以进一步放大数据的可用性。例如：优步（Uber）获得的行车记录不仅可以用于优化派单算法，还可以提供给保险公司，以基于个人的驾驶习惯进行个性化的车险定制。最终，企业对客户的洞察会越来越精准。

互联网颠覆了传统意义上的商业模式，使得整个世界越来越透明，地理上的距离和人为的区分都趋于无效。这种跨时空集聚使人们的信息沟通、知识生产与扩散毫不费力。这也反过来加速了商业模式创新与升级的速度和频率。

### （三）智能化经济背景下商业模式的特征与逻辑

德国于 2013 年在汉诺威工业博览会上正式提出工业 4.0 的概念，即利用信息化技术促进产业变革。随着工业 4.0 概念的提出与实施，智能技术得以推广和应用，网络化经济也相应地向智能化经济升级。智能化（工业 4.0）的核心是信息系统与物理系统的深度融合，包括企业内部的纵向集成、产业链之间的横向集成以及端对端集成。随着数字化、网络化、智能化与制造业的深度融合，以智能化为核心的新型商业模式大量涌现，如国外的优步（Uber）和国内的滴滴打车等智能“机器人”应用。商业模式对制造业来说至关重要。那么，在工业 4.0 时代，未来制造业的商业模式是什么？就是以解决客户问题为主。所以，未来制造企业不仅要制造和销售硬件，而且要通过提供售后服务和其他后续服务，来获取更多的附加价值，这就是软性制造。而带有信息功能的系统成为硬件产品新的核心，这意味着个性化需求、小批量定制制造将成为潮流。制造业企业需要在制造过程中尽可能多地增加产品附加价值，提供更优质、更丰富的服务，提出更好、更完善的解决方案，满足客户的个性化需求，走“软性制造+个性化定制”道路。

智能化时代，制造企业基于物理信息交互系统（CPS），利用先进智能技术，通过纵向集成、横向集成和智能平台这三个层面的集成，形成自学习、自适应和自改进能力，提升企业价值链中设计研发、生产制造、渠道销售、物流配送、售后服务等环节的效率，彻底颠覆传统制造企业产品或服务全生命周期的运营模式，塑造全新的智能化商业模式。例如，服装品牌 SHEIN 借助其强大的数据获取和挖掘能力，成功建立数字化神经系统和数字化反射弧，每天推出几百款服装，以产品的形式跟消费者对话，通过这些动态、实时更新的数据，SHEIN 更能精确地把握消费者的真正需求，刷新对市场的认知，迅速将获得的认知变现，再以更新优化后的产品与市场对话。传统服装企业的认知周转率是以年和季度进行计算的，SHEIN 的认知周转率则是以天计算的。这样，SHEIN 因其对市场的认知周转率远远高于传统服装企业而形成极大的竞争优势。

## 三、商业模式的集成方式

商业模式的本质是企业的价值创造。但是由于商业模式的“虚拟”特性，在工业化经济时代、网络化经济时代和智能化经济时代，商业模式所呈现出的特征和价值创造逻辑也存在较大差异。

### （一）纵向集成

从纵向集成即企业内部信息集成的角度看，由于信息向上集成到集团与行业业务层面，企业的生产模式、设备的物理布局和运行状态、员工的工作方式都将发生巨大变化，商业模式也随之发生变化，以满足终端客户的个性化定制需求。

企业以工业互联网和CPS系统为基础，将原有企业价值链中的市场调研、设计研发、生产制造、售后服务等环节进行信息集成，分别形成远程定制平台、全球设计与研发平台、智能制造与分散生产平台以及智能服务平台等四大信息平台。

### （二）横向集成

从横向集成即产业链信息集成的角度看，企业信息从内部集成向外部供应商、经销商、客户集成延伸，打破传统企业和产业的边界，实现“互联互通”，形成以企业所在产业链为基本单位的智能化网络系统。基于产业价值链的生产制造、资源共享、资产形成、创新平台打造等都将发生新的变化。未来以产业链为主体的商业模式将包括价值链层、产业层和生态层三个层面。

### （三）智能平台

从智能平台即多产业链信息集成的角度看，智能化时代的平台商业模式为企业提供了一种新的资源整合可能性，可以形成以终端平台为支点，左右分别连接厂商（智能制造平台）和客户的厂商—终端—客户三维模式。其中，终端平台分为三大类：①互联工厂，众包、众设研发平台，客户通过该平台获得个性化定制的产品或服务，也可以通过该平台承接产品研发与设计的任务和工作，这也是当下流行的“零工经济”的一种主要工作。②移动商城、智能商店。客户可以通过该平台，随时随地自主搜索、浏览、选购已有的商品。例如客户可以用手机在京东网上商城选购商品，也可以通过该平台的智能推送技术做出购买决策。③智能服务平台。厂商可以通过该平台跟踪产品或服务的相关数据，并为客户提供产品全生命周期线上和线下的服务支持。

随着数据能力的不断增强，当厂商和终端平台形成足够的数据能力优势时，就会产生“能力溢出”，参与其他产业（尤其是落后的传统产业）价值链中的高利润环节或低效率环节，实现传统产业的数字化改造和升级，或直接通过并购、新建等方式进行跨界经营。例如，BAT（百度、阿里巴巴、腾讯）等科技型大企业基于其大数据能力跨界进入传统产业，改造传统产业链中的落后环节或增加新环节，颠覆原有产业的利润分配方式，实现产业化升级。

当我们从发展是硬道理走到高质量发展是硬道理，“数字中国”的建设，也恰好从过去的“云化”走到了“智能化”。“云化”让数字化的运营方式渗透到了生产、销售、服务各个环节：数据的精确度量让精益生产成为企业精细管理、降本增效的利器；直达客户的数字连接让品牌主前所未有地了解自己的客户，上下游企业的数字连接让各环节紧密相连，下游企业的一个拉链采购订单，可以被快速分解为上游企业的布料、染色剂供应订单。

进入智能化时代，数字化发展给产业带来的变化，不仅是效率提升的量变，更有解决痛点的全新的思路。

腾讯集团高级执行副总裁、云与智慧产业事业群 CEO 汤道生认为，以大模型生成技术为核心，人工智能正在成为下一轮数字化发展的关键动力。大语言模型让人机交互体验变得更简单，人工智能理解意图与操控系统的能力也更强大，大幅度提升了数字化在产业中的可用性、易用性。企业的核心中枢也从由人驱动走向由人和机器协同驱动，大大提升了决策的质量、响应的速度与执行的效率。

例如在 2023 年举办的腾讯全球数字生态大会的智能制造分论坛上，腾讯云推出了智能制造解决方案 WeMake2.0，在平台层增加了工业智能基础——数字孪生平台与人工智能平台。基于这些平台，腾讯云与某新能源行业头部企业密切合作，在生产线引入人工智能的视觉识别等技术，帮客户实现高质量规模化发展。

在营销领域，智能让数字化分析变得无处不在，数据驱动成为每一位销售人员的得力助手。腾讯的企点分析 · AI 助手基于行业模型，销售人员用自然语言提问就可以获取准确的商业分析报告，几秒钟就可以制作一份 PPT，不再需要花费大量的时间去学习复杂的软件，制作看板。

在客服领域，智能化让服务的温度和效率双双提升。腾讯与上海仁济医院合作，将数智人与医疗大模型结合，开发了“数智人医疗智能客服”，通过这个虚拟护士，患者可以用语音实现无障碍咨询，看哪个科室，找哪个医生，做什么检查，系统的回复也更准确，更人性化。既保障了患者高效就医，也避免了三甲医院专家资源被简单的咨询占用。未来结合数智人的手语能力，聋哑人也可以独立完成医疗咨询。



腾讯智慧已经帮助 600 家头部零售企业与数亿客户连接，提高了销售业绩，其中有 60 家企业的销售额突破十亿元，甚至达百亿元以上。

大环境风雨交加，中国产业界风雨兼程。数字化、智能化是产业升级与企业创新的关键驱动力。尤其在制造领域，企业都希望通过大数据、人工智能和大模型技术提高效率，强化韧性，创新突围。大数据已广泛应用于互联网、政府、金融等产业行业（见图 3-2。）

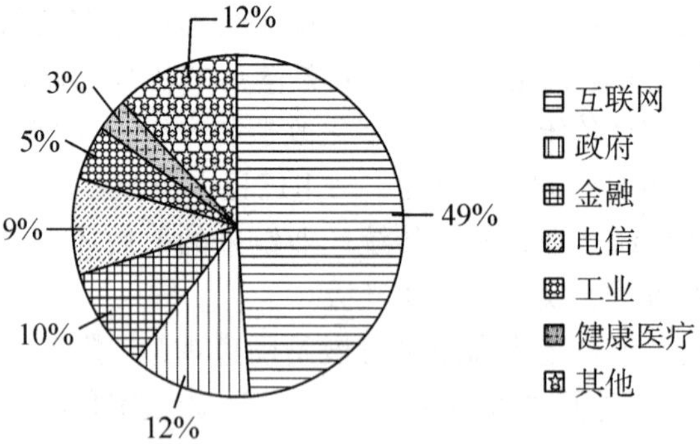


**图 3-2 2021 年中国大数据产业行业应用结构**

资料来源：2023 年中国大数据行业产业链上中下游市场分析。

腾讯云发布的《2023 数字经济高质量发展报告》，提出中国“云化”已经基本实现之后，一个全新的“智能化”时代即将来临。

【案例 1】新希望的数字化

新希望是创立于 1982 年的企业“常青树”，而新希望创始人刘永好对数字化的热情一点不亚于年轻人。他认为，数字化转型不是锦上添花的备选题，而是关乎企业生存发展的必选题。以数字化养猪为例，新希望将数字化和智能技术用于空气过滤、恒温控制、自动化喂食喂料、检测防御、清洗消毒、环境保护等方面，用数以万台的高清晰摄像头、传感器和物联网体系，在云上对生猪饲养进行管控，养猪所需人力、用地、用水以及污染程度和病死率都比传统方式大幅减少（如图 3-3 所示）。

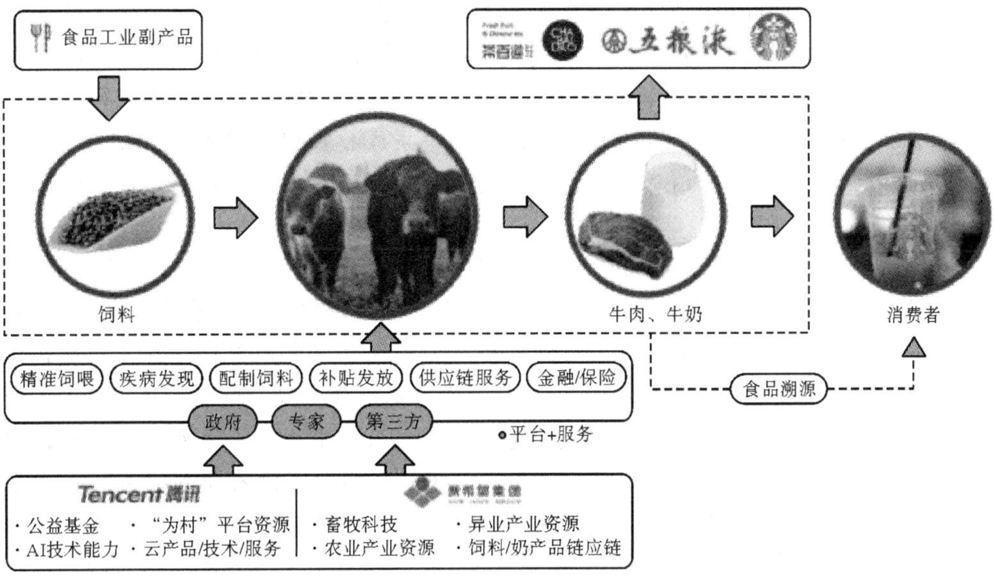


**图 3-3　新希望数字化转型全景**

资料来源：2023 年“秦朔朋友圈”文章：命运无常也有常‖大视野

最传统的农业，也有可能成为新兴科技产业。以新希望为代表的龙头企业，正在基于数字技术推进创新，并发挥“链长”带头作用，带动产业上下游在数字化方面“对齐”。

【案例 2】百果园的数字化

如何精准定位消费者？如何扩大品牌影响力？如何提升上下游管理效率？这些是国内水果零售行业都要面临的问题。百果园选择与腾讯云建立合作，借助腾讯云、腾讯智慧零售的力量实现全产业链的数字化体系搭建，利用大数据指导经营决策的数智化能力建设。在销售端，通过小程序、微信、企业微信搭建起了超过 1 290 万人的私域社群，以门店为引流点、以社群为私域运营阵地搭建消费者服务网络，打通门店、供应链、种植端，让线上线下体验一体化、供需匹配更高效，为消费者提供精细化服务，提升销量。

在腾讯智慧零售的助力下，百果园利用微信生态，利用一系列数字化措施，向私域及公域、线上及线下进一步打通的“全域数字化经营”靠拢——这也是腾讯智慧零售 2022 年洞察到的行业趋势。

为了助力企业实现这一目标，腾讯除了在战略和工具层面提供牵引和陪跑，还用云技术在营销、交易、安全、数据等层面助力企业更加数智化。2022 年，百果园成功上市，营收接近 150 亿元。目前百果园的智慧零售已经可以做到针对每一种水果，同一城市的每个门店向附近几公里生活圈推送的营销内容都因人（人群特征）而异。

【案例 3】现代农业技术服务平台①

现代农业技术服务平台（modern agriculture platform，MAP）是一个农业价值链共创和共享平台，拥有全球领先的农业科技，为广大种植者和食品价值链合作伙伴提供线上线下相结合的全产业链服务。截至 2022 年年底，MAP 已在全国 500 多个县落地运营了 565 个 MAP 技术服务中心，招募培养了 2 000 多名基层农艺师，开放各类别技术课程 167 项，开展高素质农民培训，集成推广以“良种+良法”为核心的全程种植解决方案“为消费者种出好品质，为种植者卖出好价钱，为产业链集好大数据”。

MAP 所到之地，很多不想种田的农民重新恢复了种田热情。以河北魏县为例，和 MAP 对接的农民平均每亩能增收 180 元。MAP“做给农户看、带着农户干”，从品种筛选、肥料实验到植保、农艺农机结合、品质提升、高产创建，有一整套科技化解决方案。在 MAP 示范区，实现了卫星遥感、无人机巡田、精准气象、病虫害预警等。比如基于 GIS（地理信息系统）遥感技术，只需下载一个免费智能 App，即可实现远程手机巡田，看叶面缺不缺氮肥，该不该浇水，有没有受到病虫害或者杂草的侵扰。一旦田里出现问题，农户就能看到红色的异常提醒。

有了 MAP 服务后，农民才知道过去对农药、化肥的使用方法都是不对的。选对农药、化肥且减量使用后，人工节约了，产量提高了，品质更好了，卖价更高了。第一个“吃螃蟹的人”赚到钱，就会把 MAP 介绍给别的农户，由 MAP 做全程服务。

大别山集中连片特困地区阜南县有 120 万亩田地种植小麦，过去其品种多达 160 个。MAP 优选了 5 个优质小麦品种在全县集中推广，围绕小麦防倒伏、精准施氮、病虫害绿色防治等关键技术，开发全程定制化技术方案，助力农民摆脱传统的生产方式，实现了产量质量双丰收。

在内蒙古阿鲁科尔沁旗的草场，苜蓿草在打捆收获期最怕遇到雨水。MAP 依靠多源数据，融合天气预报，加上天气实况数据的订正技术，可以实现 1 平方千米内未来 2 小时到 15 天天气的精准预测。小区域的 5 天预测准确率可达 82.7%，大大降低了苜蓿草种植户的受灾风险。

MAP 一端对接农户，另一端对接商家，如五粮液、中粮集团、盒马鲜生、今麦郎、五得利等，优质农产品通过 MAP 不仅不愁卖，还能卖出好价钱。很多农产品包装上都印有“MAP beside”标识，用手机扫一下二维码，就能看到农产品的品质戳、

① 资料来源：“秦朔朋友圈”文章“创心破万‘卷’——‘如果这就是命运’之三‖大视野”。

地理戳、时间戳、绿色指数等，实现全程品控溯源。银行、保险机构也可以依据相关数据，对农户进行信用评估，并给予金融支持。

农业在中国有几千年历史，但基本形态还是大国小农。而先正达集团在国外服务的一个特大型农场，面积127 000亩，种玉米、小麦、大豆、向日葵等，只要14个人来运营。这背后的关键是农场装了土壤、气候等传感器，可以“空天地”一体地采集农场的种植数据和信息，进行分析和管理。整地、播种、施肥、打药、收割、入库等全过程都使用智能化的农业机械。产前、产中、产后所有数据都被搜集、整合，为农场运营提供决策参谋，为下一季的种植提供建议。这就从靠天吃饭走向了知天而作。

在中国的现实国情下，要像发达国家那样建设规模化的智慧无人农场，难度很大但充满潜力。MAP的成功应用说明：一块土地的命运并不是恒定的，如果注入现代化、数字化、智能化等科技，其价值可得以极大提升。

## 本章案例

### 石头开花：小金县夹金山清多香野生资源开发有限责任公司的乡村振兴之路①

阿坝藏族羌族自治州的农村贫困问题呈现出面广、人多、程度深、因灾因病致贫返贫、贫困代际传递等特点，区位劣势明显，群众增收渠道单一，富民产业培育进展缓慢，产业化经营严重滞后，而发展乡村产业是促进乡村振兴的关键所在。

位于夹金山下的小金县达维镇冒水村，是一个长期贫困、生产力落后的村子。2010年，新上任的村委会主任陈望慧日思夜想带领群众致富，当她偶然有一次视察被野猪拱坏的土地时，萌生了带领村民种植玫瑰花的想法。与此同时，陈望慧在冒水村组织成立了小金县夹金山清多香野生资源开发有限责任公司（以下简称“夹金山清多香公司”）。之后，又于2012年成立了该村第一个合作社——小金县清多香玫瑰种植合作社，鼓励村民改种食用玫瑰，带领大家走向致富的康庄大道。过去很多年，整个中国在以习近平同志为核心的党中央的引领下，已经发生了巨大的变化，冒水村这样的成功案例可以像星星之火一样，让更多渴望实现乡村振兴的人们学习到相关的经验，为全中国的乡村振兴事业添砖加瓦。夹金山清多香公司走过了一段艰辛的创业道路，才逐渐发展成长，有了今天的成就，未来还将走上国际化道路，提供更丰富的经验供大家参考借鉴。

**1. 柳暗花明又一村**

许多年以后，面对漫山遍野的玫瑰种植园的时候，陈望慧一定会想起去村民地里查看粮食的那个遥远的下午。1995年，二十多岁的藏族妹子陈望慧嫁到小金县达维镇冒水村。冒水村地处红军长征中翻越的第一座大雪山——夹金山脚下，该村土地贫瘠，资源匮乏，野猪肆虐，村民们几乎一贫如洗，当地也没有任何较大的产业，群众增收渠道很单一，这也使得当地农村地区生产条件进一步恶化。当地的干部也

① 本案例由西南财经大学国际商学院熊立老师、研究生邬雨航和西南财经大学工商管理学院徐乾老师撰写，作者拥有著作权中的署名权、修改权、改编权。

对前进的道路踌躇不定，一切似乎都是百废待兴。

陈望慧吃苦耐劳，她先后经营过小面馆、饭店等，成为冒水村先富起来的一批人。她的聪明勤奋被乡亲们看在眼里，以高票当选村民委员会主任。陈望慧发誓不辜负村民信任，一定要带领大家早日脱贫。一天，冒水村村民王忠种的土豆和豌豆被野猪破坏了，陈望慧了解情况后，立马赶到农田里，发现农作物已经被野猪拱得一干二净。无意间，她瞥过地边上的一小束花：奇怪，它竟然躲过了浩劫？原来是一些小刺玫瑰，因为身上长满了刺，又没有粮食的味道，野猪不感兴趣。

真是柳暗花明又一村，这个关键的洞察令陈望慧豁然开朗，种植玫瑰的想法在她脑海里形成。她把这个大胆的想法告诉了冒水村的所有群众，果不其然，大家的反应都是祖祖辈辈从来没种过玫瑰，都觉得不现实。为了做通家人的工作，赢得家庭的支持，陈望慧开始广泛收集关于国内玫瑰种植和玫瑰产业的信息。她了解到，玫瑰产品在时下各类人群中都深受青睐，受众多，市场前景好，更加坚定了自己的想法。发展玫瑰产业成为她带领群众转型创业、致富奔小康的又一个人生梦想。她的坚持和执着使得家人最终做了妥协——全力支持她种植玫瑰。

但是，在小金种植玫瑰，仅仅靠自己的坚持和执着、家人的支持是远远不够的。冒水村的自然环境究竟适不适合种植玫瑰，能不能大量种植？玫瑰的成品质量如何，能不能获得市场认可？受到市场认可能不能让村民稳定地赚到钱？对于陈望慧来说，她心里其实也没有数。为了获得这些问题的答案，她自费包了一辆车去甘肃兰州考察苦水玫瑰，在这之后又去了云南、贵州、山东等 7 个省份，考察各地玫瑰产业发展情况。她亲自请来了一些农业专家，在和专家经过实地勘测后，得出结论：小金县地理位置偏南，海拔较高，气温温差变化大，气候比较干燥，土壤的酸度强于碱度，特别是冬天气温低，玫瑰树叶脱落，进入冬眠，第二年的花开得更大，分叉更多，能够提高玫瑰的产量，是世界上少有的几个适合种植大马士革玫瑰的地方。获知此消息后的陈望慧欣喜若狂，便下定决心：一定要在冒水村种植玫瑰这一新的作物，发展玫瑰产业，带领村民致富！但是，面对满怀热情与信心的陈望慧，刚刚才脱贫不久的村民们，会放弃自己原先的作物、听从陈望慧的建议、转而种植一种从未尝试过的作物吗？对于村民来说，世世代代都没有种植过玫瑰花这种作物，改种一种从没接触过的作物本身就需要巨大的勇气。他们会相信陈望慧、听她的建议吗？同时，他们对于玫瑰种植技术基本上是一无所知，需要从头学起，而他们的文化程度本身就不高，其中的困难可想而知。最后，就算种出了玫瑰，如果遇到玫瑰价格下降甚至玫瑰卖不出去，村民们的辛苦劳作没有收入，又该怎么办？一切都充满了未知数。

**2. 明知不可为而为之**

明知成功的概率极低，依然慨然而行，民众对这种行为有很多称呼，比如愚蠢、不自量力、飞蛾扑火等。而在中国古人的观念里，有一个恰当的句子来形容：明知不可为而为之。而从现代人的视角来看，这正是当代创业精神。创业想要成功，首要任务便是建立创业团队。

陈望慧为了让村民们相信自己，自掏腰包 3 万多元从兰州买回 7 个品种的玫瑰种苗，免费分发给一小部分敢于尝试的村民先进行试种，看看种植的效果到底如何。她自己也种了 1 亩地。第一次种植很顺利，正如专家所言，小金县确实很适合玫瑰的生长，玫瑰的花期甚至长达三四个月！在这里，一株大马士革玫瑰可开出 30 朵花，而在其他地方只能开出六七朵花，花期也很短，只有 20 天。同时，陈望慧还将山东平阴玫瑰与当地野玫瑰嫁接，培育出新品种“金山玫瑰”。在初期获得了种植成功的喜悦后，陆陆续续有村民加入了她的计划。紧接着面临的就是团队的技术培训问题。

为了解决村民完全不懂种植玫瑰技术的问题，陈望慧亲力亲为，先是自己去请教多位农业专家，自己到处查找相关资料，然后总结出适合的经验、方法，再手把手地将玫瑰种植技术教给每位村民。面对学习能力较弱的村民，陈望慧没有半点不耐烦，而是用尽全力保证每一位参与种植的村民都能掌握这项种植技术。正是由于陈望慧的耐心与认真，这一批村民都学会了如何种植玫瑰。而这一批村民成了最初始的创业团队。

然而，拥有了创业团队和核心技术后，仍然会遇到一些重大挫折。在 2014 年到 2015 年玫瑰价格下跌时，陈望慧为了稳住团队的良好势头，怕村民们吃亏，以高于市场 40%的价格收购玫瑰。“亏再多，也要兑现承诺，让村民们得到实惠。”陈望慧说。冒水村的种植户当年共收入 8 万多元，初尝甜头，他们服气了。村民大会上，陈望慧将成沓的现金亲自送到村民的手里。她说：许多年轻的村民都已外出打工，留守的老人往往是种植玫瑰的主力。这些老人并不识字，如果将钱打到储蓄卡里，老人往往还要依靠其他人帮忙代取钱。家人孝顺还好说，如果遇上别有用心的家人，这笔钱是否能顺利到老人手里，实在不好说。为了避免增加老人的麻烦，陈望慧决定亲自把现金送到老人的手里。每一次村民心怀感激地从陈望慧手里接过钱，她都很开心。

这样一来，陈望慧便切实确保了每一个村民的劳作收益，让整个团队实现了正常运营，让大家相信：跟着陈望慧干，有好日子过！陈望慧的一举一动，村民们都看在眼里，记在心上。也正因如此，越来越多的冒水村居民都选择加入陈望慧的事业，走上了种植玫瑰的康庄大道。金山玫瑰的产量也越来越高。但是，新的问题也接踵而至，玫瑰的保存时间很短，怎样才能把这么多的玫瑰销售出去呢？

**3. 功夫不负有心人**

2015 年，在陈望慧的带动下，当地许多靠领低保度日的贫困户开始尝试种植玫瑰。高原早晚温差大、日照时间长，植物为了抵御高寒，会自动产生变化，金山玫瑰因此油脂高、香气浓郁。高原的艰苦增加了培育金山玫瑰的难度。陈望慧将培训高原玫瑰的技巧毫无保留地分享给乡亲，并发动村民制作农家肥，倡导使用自然肥。

但是团队中难免会有破坏规则的人。其间，有村民私自使用化肥，陈望慧知道后，当天就停止了对该村的玫瑰采收，严格要求对玫瑰使用自然肥。下午该村的村干部率领村民来请求陈望慧的谅解，并保证今后全村村民相互监督，杜绝使用化肥。从此村民们便严格按照她的要求一步一步地种植玫瑰。

陈望慧相信，正是在这样严苛的生产流程下，金山玫瑰系列产品才能在玫瑰市场上站稳脚跟，赢得更多经销商和消费者的肯定。万物逢春，玫瑰开花了。冬天喝雪水、春天喝山泉水的玫瑰从发芽到开花，陈望慧几乎每天都盯着。千挑万选后的大马士革玫瑰，终于绽放在这片高山上。采摘季，她和丈夫驾车两天两夜，将400余斤玫瑰运到兰州进行精油提炼。“玫瑰花要蒸馏5个小时才能出精油，那是我一生中最煎熬的时刻。”当老师傅和专家告诉她这些玫瑰出油率高、香气纯正时，陈望慧哽咽得一句话都说不出来。千辛万苦带去的这批玫瑰，最终提取出10毫升精油，出油率万分之三。陈望慧顿时信心十足，她知道，一条能够带领村民脱贫致富的康庄大道就在脚下。村民们的态度也变得更加积极起来。

**4. 进军深加工领域**

陈望慧发现，如果仅仅售卖最初级的玫瑰花、玫瑰花瓣、玫瑰花蕾等，尽管产量迅速提高，但很快就会遇到销售瓶颈，并且玫瑰价格会受气候、市场、经济等多方面的影响而出现较大波动。前几次玫瑰价格下跌时，陈望慧用自己的钱来补贴村民，但是这毕竟不是长久之计。如果多次出现这种情况，夹金山清多香公司便走不长远。同时，只种植金山玫瑰难以形成品牌效应。那么，如何才能提高利润率，减少玫瑰价格波动的影响，进一步提升金山玫瑰的品牌知名度？

经过一段时间的观察和学习之后，陈望慧发现玫瑰花价格下跌的时候，玫瑰深加工产品的价格却没有下降。这个观察启发了陈望慧，使得陈望慧决定进入处于产业链高附加值部分的玫瑰深加工行业，自主研制高附加值的深加工产品如玫瑰花酱、玫瑰浸膏、玫瑰精油等，以占据更大的市场并获得更多利润，降低原材料价格波动对利润的影响，为后来扩大品牌知名度打下基础。深加工是玫瑰产业盈利的关键，一朵玫瑰花的价格不到1分钱，但经过深加工提炼出的玫瑰精油，每千克在国际上可以卖到十几万元，在国内也能卖3至9万元。此外，玫瑰花还可入药，有理气、解毒的功效，甚至还可食用。陈望慧发现玫瑰深加工产品比玫瑰初制品有更大、更广阔的市场。找到了新发展方向的陈望慧在亲自学习玫瑰深加工的各项技术并了解相关厂房的建设要求后，终于下定决心进军玫瑰深加工行业。

于是，在2017年年底的时候，4 000多平方米的玫瑰精深加工厂在冒水村建成投产，玫瑰精油、玫瑰花冠茶、玫瑰露、玫瑰酱等产品实现就地加工，远销全国各地和日本、韩国等国家。小金县的玫瑰精油“油质好，香味浓，无农药残留”，经过多方努力，在业界获得了较高的口碑。

**5. 胸怀乡亲，不忘初心**

2016年陈望慧担任冒水村党支部书记后，时常告诫自己：“当一天书记，就要为民办一天事。只有你把群众的事当成自己的事，群众才会尊重你；一人富不算富，大家富才算富。我是乡亲们选出来的村干部，有责任和义务带领大家共同致富。”“为群众服务，不能光挂在嘴上，要落实在行动上。”她是这样说也是这样做的。陈望慧不忘初心，她的初心便是带领每一个勤劳却找不到出路的冒水村村民走上用自己的双手脱贫奔康、乡村振兴的道路，她也时刻都在提醒自己这一点。

那么，在夹金山清多香公司不断壮大后，如何才能更好地和当地农村的具体形式相结合，使得公司的发展与村民的致富更加联系紧密、相得益彰呢？

陈望慧在仔细研究了小金县的情况后，因地制宜，研发并设计建立了“公司+合作社+农户+基地”的模式：每亩地以一个约定价格入股夹金山清多香公司并参与分红，获得保底保本+收益分红的“双收入”，并且在玫瑰基地里参与种植和加工的村民还把自己的土地流转出来种植玫瑰，这样他们可以同时获得务工酬金和土地流转金，而土地流转的费用都按市场价格来定，此外也会按照每年夹金山清多香公司的总体利润进行项目分红。

对于拥有土地较少的贫困户，依托合作社，将他们聚集在玫瑰园区基地中，园区长期为所有贫困户和农户提供几百个就业岗位。这样一来，贫困户也就有了稳定、固定的收入。当地政府和信用社又一起为贫困户提供小额扶贫信用贷款，让他们将信贷资金入股合作社，使得贫困户每年每户还可以获得一笔固定分红。而夹金山清多香公司则提供规模化运作。如此一来，冒水村无论是贫困户还是普通农户，还是有自己生意的商户，都可以加入玫瑰产业。这个过程也有配套的利润激励制度，大大调动了群众参与的积极性。

冒水村村民张成英以前靠种菜贴补家用，一家几口人日子过得很拮据。自从开始种植玫瑰，就有了稳定收入，一年仅卖玫瑰的收入就有 1.5 万元，生活开始逐渐富裕起来。“一到花季，我还要到玫瑰基地务工，每个月 3 000 元，又是一笔额外的收入。相比从前，我家的生活改善太大了。”张成英感慨地说。

玫瑰已漫山遍野，但陈望慧却不想止步于此，她又去各地走访学习，继续扩展玫瑰种植的业态，又开发了文创旅游基地。2018 年，陈望慧决定在小金县开始打造高原玫瑰博览园。2019 年，小金县高原玫瑰体验中心开始动工，中心占地 111 亩，种植了 150 多种各种玫瑰、月季、蔷薇。陈望慧仍然不想止步于此，她还要建设集玫瑰欣赏、玫瑰 DIY 教学、玫瑰系列精油 SPA 体验为一体的大型休闲娱乐园。位于大型停车场旁边的停机坪，也将规划直升机空中游览服务，为高端旅游创造有利的条件。

**6. 铿锵玫瑰**

玫瑰是一种世界级名花，拥有很高的观赏价值，同时在工业、日化、食品、医药等领域也有很高的应用价值，也是珍贵的中药材，还在城市的绿化与保持水土方面起到了很大的作用。玫瑰具有改善内分泌失调、通经活血、防皱养颜等多种功效，被广泛应用于饮料、食品、洗涤品、香烟、茶叶、洗浴等行业。

目前，我国玫瑰产业行业集中度并不高，发展空间很广阔。而国外的一些玫瑰主要生产地区相对来说劳动力成本较高，并且扩大产量也更困难。此外，我国还有两种较为出名的本土玫瑰——丰花玫瑰和苦水玫瑰，其生产地主要在平阴县。以惠农玫瑰精油公司等企业为代表，我国的玫瑰产业蒸蒸日上。但玫瑰制品的生产基本都以中小企业为主。它们也较少注重品牌的建立，往往都以价格战的方式切入市场，导致恶性竞争。因此我国玫瑰制品的品牌较多，但是依然没有龙头企业出现。

夹金山清多香公司生产的金山玫瑰从玫瑰深加工产品切入，同时利用新技术提高金山玫瑰的规模化、产业化、品牌化程度，形成新的地区性玫瑰产业龙头，带动周边地区玫瑰产业的发展。而在政策方面，相比于欧洲等几大玫瑰主要生产地，我国的劳动力成本偏低，产能释放不仅不会受到制约，还会被乡村振兴等政策所推动。

**7. 生死攸关，化险为夷**

2020 年本是一个美好的年份，但是一场突如其来的席卷全球的新冠病毒感染疫情让陈望慧的夹金山清多香公司前进的脚步慢了下来。金山玫瑰系列产品的下游制造商均受到了疫情较大的影响，而需求端的影响也传导到了夹金山清多香公司，其利润受到了较大的冲击，而新规划的高端旅游项目更是由于旅游业的受损而无法启动。一时间，村民们辛苦劳作一年的成果没有了换成钱的出路，大家面临血本无归的风险。陈望慧也是看在眼里，急在心里。

于是陈望慧开始为金山玫瑰的销售寻找新的出路，当时恰逢直播带货这一新业态大火，陈望慧也参与搭建线上线下销售平台，为夹金山清多香公司建立了自己的官方网店，与各种高流量的带货主播合作，通过各大平台来宣发和带货，以及通过天猫、京东等电商平台开拓国内市场，建立零售渠道。令人欣喜的是，在陈望慧的努力下，夹金山清多香公司硬是在疫情的冲击下开辟出了一条新的销售渠道，同时陈望慧也和当地的政府、快递公司合作，为夹金山清多香公司争取到了更加低廉的物流费用，进一步降低了运输成本，未来夹金山清多香公司在销售渠道上可以线下线上两开花，村民们的乡村振兴之路又走得更宽了。

2021 年 7 月 1 日，陈望慧被评为全国优秀共产党员。

回望一路走来时的艰难坎坷，陈望慧动情地说："我一路走来，得到党和政府的支持和关心，以及社会各界的帮助。我是党培养出来的，我将全身心奉献社会，以此报答党的恩情，为家乡的建设贡献力量、发挥价值，在努力奋斗中成长。"

## 案例思考题：

1. 基于 PEST 分析，分析陈望慧所面临的创业环境是什么样的。陈望慧带领冒水村的村民从 0 到 1，在这片土地上完成了脱贫致富、乡村振兴的原因是什么？

2. 陈望慧是如何通过社会创业机会识别将这些社会问题转化为发展机遇的？

3. 在识别到社会创业机会以后，应用 SWOT 工具分析如何形成创业战略。

4. 陈望慧是通过怎样的社会创业商业模式使得夹金山清多香公司发展，并为社会创造双重价值的？是哪些驱动因素促使了陈望慧这样设计商业模式？

# 第四章
# 商业模式创新、演进与重构

本章主要探讨商业模式的创新与演进，商业模式重构的背景和时机、要素和方法以及商业模式重构在理念和能力方面的障碍及对策。商业模式创新是指企业通过改变现有的商业模式或者引入新商业模式，创造新的价值和收益。创新的商业模式可以帮助企业在市场竞争中获得优势，开拓新的市场和机会。商业模式演进是指企业的商业模式在长期的经营中逐步发展优化。演进的商业模式可以帮助企业更好地适应市场变化和客户需求，从而保持竞争力。商业模式重构是指企业通过对现有的商业模式进行重新设计和调整，创造新的价值和收益。商业模式重构可以帮助企业应对市场变化和业务需求的变化，重新塑造企业的竞争优势。

商业模式创新、演进和重构的目的都是提高企业的竞争力和使企业适应市场环境的变化。在商业模式创新、演进和重构的过程中，企业需要重视市场和客户需求，不断探索和试验新的商业模式，同时注重风险控制和资金投入的效益。



## 一、商业模式创新与演进

商业模式创新是一种极富创造性的活动，它要求企业以符合商业逻辑的方式来构建新的商业模式。为了成功进行商业模式创新，企业需要具备全景式的视角和工具，以便更好地理解和应对商业环境的变化。

商业模式的演进与创新是密不可分的，它们构成了商业模式发展的历史进程。从企业个体到行业的商业模式创新，不仅是企业个体的发展需要，也是商业环境的变迁所要求的。商业模式演进的某个时期和阶段，会出现环境支撑和条件约束，这些因素将影响商业模式的创新方向和方式。同时，商业生态系统的演进阶段也会对商业模式的创新与演进产生影响。

随着商业生态系统的发展和完善，商业模式创新的复杂程度也会提高。因此，我们需要对这些变化具有共性的特点进行深入研究，以更好地理解商业模式演进的顺序和规律。商业生态系统日趋发展、完善、复杂，商业模式创新与演进的环境也会相应发生变化。这些变化具有共性，影响着商业模式演进的顺序。

第一阶段，商业生态系统的复杂程度不断提高，随着交易角色的不断分化与融合，交易角色、价值创造环节、价值转换层次越来越多，而对应的价值获取逻辑也会发生变化。如早期电商的交易角色——买家、卖家、平台、支付、物流等，阿里巴巴选择平台和支付，京东选择卖家、平台和物流。

第二阶段，商业生态系统的价值空间从不饱和状态趋向饱和状态，生态系统可产生的增量价值空间变小，生态系统中各类交易角色占满所有价值点，生态系统趋于稳定。如伴随电商的发展，价值空间逐步被增加的角色占据，金融、保险等衍生产品的交易空间被逐步释放。

第三阶段，整个生态系统趋向稳定成熟，价值创造的效率较高，生态系统边界会发生结构性变化，交易关系和企业商业模式的要素会发生调整，其中的一些会导致价值创造效率优化，而另一些则会产生变革性影响。如阿里巴巴通过菜鸟平台介入物流环节，试图提升物流环节的价值效率，顺丰则一度试图开展卖家业务。

第四阶段，商业生态系统的空间逐步向外拓展，突破现有边界，开始跨界拓展，不同商业生态系统在空间上存在竞争。如各大电商纷纷布局传统电商之外的商业生态，包括餐饮、出行等各领域，以及面向企业客户的云和大数据行业，并形成了新的竞争格局。

### （一）商业模式创新

#### 1. 商业模式创新的方法

创新商业模式的方法主要包括设界、补缺、再造和觅新。



设界是指设定企业边界并选择交易角色，以实现价值提升。设界的主要路径包括将市场交易转化为非市场交易，将非市场交易转化为市场交易，以及在市场不变的情况下改变角色的归属。通过设界，企业可以在自身关键资源能力的基础上，更好地定位和发挥自己的优势，实现价值的最大化。

补缺是指增加业务活动以提高生态系统交易效率的方法。补缺的主要路径包括补充与拓展业务活动的边界和范围，提高在位企业的交易价值，以及创造新的交易角色，以改善整个商业生态系统的交易价值。例如，支付宝的补缺带来了第三方支付的角色，为客户提供了更便捷的支付方式。

再造是指改变交易结构要素以获取价值增量的方法。再造的主要路径包括深度认知商业逻辑，设计新的商业模式，以多元交易结构扩大生态价值，以及借助技术创新改善或改变某环节。例如，拼多多将常用的分成模式、价差模式改为团购模式，将“搜索”变成“社交”方式，从而创造了新的商业模式。



觅新是指寻觅新的外部利益相关者或新的资源能力。觅新需要保持开放与好奇，放眼全局，其主要路径包括保持展开全新合作，跨界。通过发掘并交易生态系统内未被交易的资源能力，以及引入其他生态系统的资源能力，企业可以获取新的外部资源能力，实现创新和增长。

综上所述，商业模式的创新方法涵盖了设界、补缺、再造和觅新，通过这些方法，企业可以更好地适应和应对商业环境的变化，实现持续发展和保持竞争优势。

#### 2. 商业模式创新的路径

商业模式创新是基于对商业模式构成要素（维度）进行调整实现的，商业模式创新既可以针对商业模式的某一构成要素，也可以是针对多个要素的全面创新。

从企业价值管理的视角可以将商业模式创新归纳为价值主张创新、价值创造创新、价值传递创新和价值获取创新四个维度，其中价值主张创新处于核心地位，价值主张的创新将可能带来其他三个价值要素相应的改变。

（1）价值主张创新。价值主张描述了企业的业务是什么，企业的业务对象是谁、需要满足他们何种需求。针对价值主张的商业模式创新可以从目标市场创新以及产品或服务定位创新开始。在目标市场扩展、聚焦或者改变的过程中，首先要明确企业为谁服务，针对客户的什么需求，进而明确企业提供什么产品或服务能更好地满足客户的这些需求。

（2）价值创造创新。价值创造回答了企业如何制造或提供上述的产品或服务。针对价值创造的商业模式创新，可以通过企业内部价值链创新和外部价值网络创新来实现。针对企业内部价值链，企业需要提升产品或服务相关的技术和商业竞争力，不断调整自身资源能力，进而确定在价值链环节具有优势的定位和实现业务流程优化，实现企业内部价值链创新。同时，企业可以在全球范围寻求合作伙伴，打造价值网络，以此来更好地实现企业的价值创造，完成外部价值网络创新。

（3）价值传递创新。价值传递回答的是企业如何把创造的产品或服务传递给客户。价值传递主要考虑如何营销和谁来开展营销，即营销主体和分销渠道两个方面。商业模式在价值传递方面的创新需要重点考虑谁来传递价值以及如何用更方便、快捷、安全、高效的方式将企业的产品或服务的价值提供给客户。由此，针对价值传递的商业模式创新可以从传递主体和传递渠道两方面进行。

（4）价值获取创新。价值获取回答的是企业如何获得收益与盈利。从产品和服务中产生收益的能力对企业非常重要。不能实现价值获取的商业模式往往导致新投资的失败。价值获取依赖于成本结构和收入方式。因此，基于价值获取的商业模式创新可以从降低成本和变革盈利来源入手，即通过成本构成创新和收入来源创新两个途径实现价值获取创新。

**3. 商业模式创新与企业价值**

商业模式的特征在于它的价值性，要为客户、合作伙伴以及企业创造价值。也因此，商业模式创新具有价值创造功能、价值获取功能和价值实现功能，通过客户价值主张、伙伴关系网络、关键业务与流程、关键资源、盈利模式等各要素的相互作用，同时对企业的价值创造能力、价值获取能力和价值实现能力产生影响，从而实现商业模式对企业价值的驱动。商业模式创新对企业价值的驱动可以分解成两个方面：一是作用于客户价值创造过程，实现客户价值以及伙伴网络价值；二是对企业自身价值的影响，帮助企业实现价值最大化。基于价值的商业模式结构模型见图 4-1。

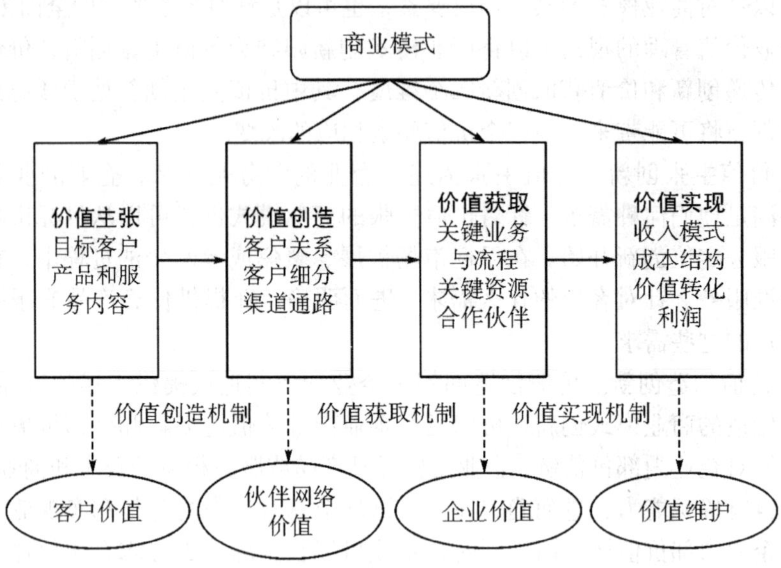


**图 4-1 基于价值的商业模式结构模型**

### （二）商业模式演进

**1. 商业模式演进的驱动因素**



商业模式演进是改变企业价值创造的基本逻辑，以提升客户价值和企业竞争力的活动。它既可能包括多个商业模式构成要素的变化，也可能包括要素间关系或者动力机制的变化。商业模式创新会同时受到内部因素和外部因素的影响。

（1）内部因素

①企业领导者对外部环境的认知能力影响着企业对外部机会或威胁的感知以及对外部机会或威胁所做出的反应，它对于商业模式演进具有驱动作用。企业领导者是商业模式的设计者，他们的提前预判能够使得企业在前景未明时判断下一个技术范式所需要的商业模式，从而通过商业模式演进抢占先机。

②企业内部的资源能力对于商业模式创新至关重要，商业模式创新从本质上来讲是技术、市场、商业模式相关知识的系统性设计和整合。新的资源、资产、能力能够帮助企业拓展交易的边界，从而为企业商业模式演进提供可能。

③企业内部的组织活动影响着商业模式的创新。从战略角度来看，商业模式创新是企业不断决策的过程。企业目标驱动着企业朝着某个特定方向进行商业模式演进；企业通过组织学习吸收借鉴成功商业模式的经验，规避风险，不断在实践中改进自身的治理结构、吸纳专业人才、构建无形资产，从而实现自身的商业模式演进。

（4）企业商业模式原型中盈利模式的变化驱动着企业价值创造和价值获取模式的改变。一旦原有商业模式的边际利润下滑，不足以支撑企业持续的现金流，企业就会更新其利润模型，从而实现商业模式演进。

（2）外部因素

①技术创新和商业模式演进之间存在着相互促进的关系。技术创新创造了把技

术推向市场的需求以及满足客户潜在需求的机会，技术本身的特点还会影响后续商业模式演进以及商业模式的成本结构，同时新技术的商业化必须有合适的商业模式来配合。

②制度环境的变化会影响商业模式原型的有效性。制度层面的不确定性、政策的模糊性、环境的动荡性、市场的竞争性与商业模式原型发生冲突时，企业为了实现可持续发展，在市场上继续存活，必须进行商业模式演进来应对可能的不一致冲突。

③企业所在市场的市场环境驱动着企业进行商业模式演进。客户的消费习惯和需求水平影响着企业不断地革新自身的商业模式，企业需要思考如何将自己创造的价值传递到客户的手上，更要思考如何针对客户创造出需求。

④企业的商业模式会受到其价值网络中其他参与者的影响。上游供应商、互补者的商业模式可以使企业从价值网络中获得经验、互补资产等不同资源，当互补资产的价值主张发生变化，企业自身的价值创造模式和价值主张也会随之改变。当竞争对手的商业模式发生改变时，企业会对竞争对手的成功商业模式进行学习和模仿。根据价值网络中其他参与者商业模式的变化以及其他参与者相互间关系的变化，企业会做出相应调整，以适应整个价值创造网络，改变其价值创造和价值传递的方式，从而实现商业模式演进。

**2. 商业模式演进的方式**

Osiyevskyy 和 Dewald 认为，企业可以在两个方面对商业模式演进做出选择：一个是探索并建立新的商业模式，另一个是调整并强化既有商业模式。

基于这一框架，企业商业模式演进的方式可以分为四种：

（1）探索（仅探索新商业模式）。它包括提供不同的产品或服务，并重新设计现有的业务流程，重新思考企业创造和分配价值的方式。

（2）利用（仅强化既有商业模式）。企业保持现有商业活动，相信它们所提供给客户的产品或服务是增值的。当商业模式演进是由不连续的技术变革驱动时，强化既有商业模式可能是一个理性的选择。

（3）整合（同时探索新商业模式和强化既有商业模式）。企业希望从探索和强化这两种方式中获益，在探索的同时为现有商业模式中的其他机会敞开大门，产生协同作用。

（4）固守（维持现状，不做任何改变）。在破坏性创新出现的早期，企业维持现有商业模式是一种保护方式。Osiyevskyy 和 Dewald 的研究结果表明：如果企业高管团队将技术和环境等外部因素对商业模式的冲击视为机遇，那么企业会大胆探索新的商业模式；即使他们把它视为业绩下滑的威胁，也会强化探索新的商业模式的倾向性；如果他们将冲击视为釜底抽薪式的威胁，那么企业会选择维持现状、不做任何改变。

## 二、商业模式重构的背景和时机

### （一）商业模式重构的背景

第一，人口结构和居民收入对商业模式的重构有着重要的影响。随着人口结构的变化，消费理念和消费行为也在发生改变。不同年龄段和收入水平的客户对产品和服务的需求有所不同，因此企业需要根据客户的需求进行相应的调整和创新。

第二，外部环境因素如交通、通信和技术的发展也对商业模式的重构有着重要的影响。随着交通和通信的便利化，客户可以更加方便地购买产品和服务，这对企业来说是一个重要的机遇和挑战。同时，技术的发展也为企业提供了新的商业机会，例如互联网信息技术的应用可以帮助企业更好地进行市场营销和服务。金融系统也对商业模式的重构起着重要的作用。金融工具和金融市场的发展可以为企业提供更多的资金支持和风险管理工具，这有助于企业进行创新和扩张。

第三，企业自身的资源和能力也对商业模式的重构起到关键的作用。企业包括研发、制造、物流、营销和服务等方面的能力都需要与外部环境相匹配，以满足客户的需求，并提供竞争优势。

第四，企业竞争战略的调整也可以促使商业模式的重构。在激烈竞争的市场环境中，企业需要不断调整自己的竞争战略以获得竞争优势，这可能需要对商业模式进行重新设计和优化。

第五，经济总量和经济发展模式也是商业模式重构的重要背景。中国作为世界上最大的经济体之一，其经济总量和发展模式对企业的发展和商业模式的重构有着重要的影响。

### （二）商业模式重构的时机

商业模式重构的时机通常与企业的生命周期有关（见图4-2）。在企业的起步阶段，商业模式的优化和调整可以帮助企业更好地适应市场需求并实现增长。在规模收益递增阶段，企业需要考虑如何进一步扩大规模和提高效率，可能需要对商业模式进行调整。在规模收益递减阶段，企业可能需要寻找新的增长点，重新定义商业模式。在并购整合阶段，企业可能需要整合资源，重新设计商业模式以实现更大的协同效应。在垄断收益递增阶段，企业需要考虑如何保持竞争优势并持续创新。在垄断收益递减阶段，企业需要寻找新的增长点，重新定义商业模式以适应市场的变化。起步阶段、规模收益递减阶段、垄断收益递减阶段是企业重构商业模式的三个时机。

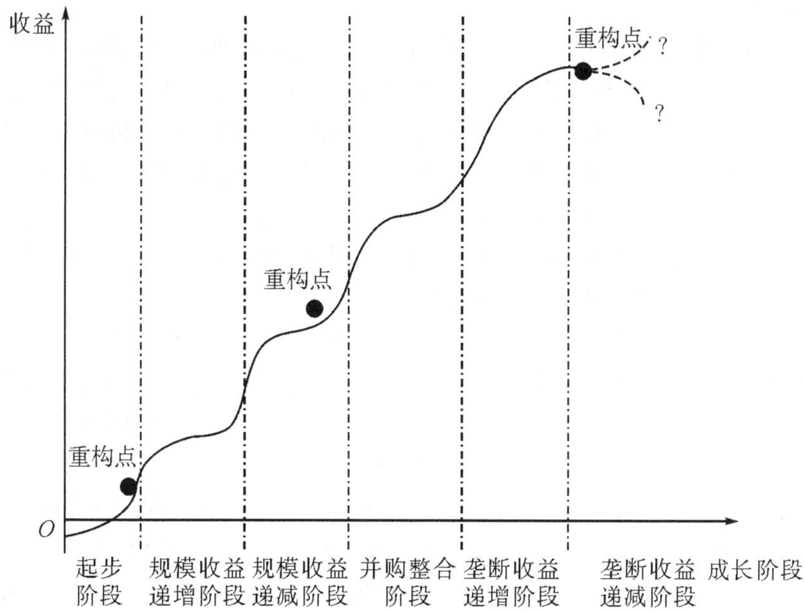


**图 4-2　企业生命周期的成长阶段与商业模式重构点**

资料来源：第 12 问：商业模式如何重构？知乎 https://zhuanlan.zhihu.com/p/367854607。



**1. 起步阶段**

在起步阶段，创新和实验是至关重要的。创新是指寻找新的商业机会和创造独特的价值主张。这涉及对市场需求和趋势的深入研究，以及对竞争对手和行业动态的了解。通过创新，企业可以提供独特的产品或服务，满足市场需求并赢得竞争优势。

实验是指在商业模式重构过程中进行试错和学习的过程。企业可以通过小规模试点项目考察新的商业模式的可行性和有效性。通过实验，企业可以获得有关客户需求和商业模式的宝贵信息。这些信息可以帮助企业不断优化和改进商业模式。

在创新和实验过程中，企业需要保持敏锐的市场洞察力和灵活的反应能力。它们应该密切关注市场趋势和竞争动态，及时调整和适应变化。同时，企业应该鼓励员工提出创新想法，并为他们提供必要的支持和资源。创新和实验可能会有失败的风险，但企业应该鼓励员工从失败中学习，并快速调整和改进。

总之，在起步阶段，创新和实验是商业模式重构的关键。通过创新，企业可以发现新的商业机会和创造独特的价值主张，为市场带来新的解决方案。通过实验，企业可以检验商业模式的可行性，并不断优化和改进。只有在不断创新和实验的基础上，企业才能成功地重构商业模式，并在竞争激烈的市场中取得成功。

**2. 规模收益递减阶段**

在规模收益递减阶段，市场的增量需求开始下降。企业的资产规模和负债水平显著增加，固定成本也递增且趋于刚性。同时，内部运营的成本也上升，人工成本增加，管理边际效益下降。在这个阶段，企业重构商业模式，可以采取加法或减法的方式来调整。

（1）加法调整。加法调整是指在现有商业模式的基础上增加新的元素和业务。企业可以通过增加新的产品或服务线来拓展市场份额，吸引更多的客户。此外，还可以通过增加销售渠道、合作伙伴来扩大业务范围。例如，一家传统的实体零售商可以开设网上商城，以满足消费者对线上购物的需求。这样的加法调整可以帮助企业重新获得市场增长，并开辟新的利润来源。

（2）减法调整。减法调整是指通过精简和优化现有业务降低成本并提高效率。企业可以通过减少不必要的环节、优化供应链、降低人力资源成本等方式来实现减法调整。此外，还可以考虑将一些非核心业务外包或转让给专业机构，以减少内部的运营负担。例如，一家快递公司可以与物流公司合作，将最后一公里配送的任务外包给专业的配送服务提供商，从而降低自身的运营成本。减法调整可以帮助企业降低成本压力，提高利润率，并集中精力在核心业务上。

无论是加法调整还是减法调整，企业在规模收益递减阶段都需要重构商业模式，以适应市场变化和提高竞争力。同时，还需要密切关注市场趋势和客户需求的变化，及时调整和改进商业模式，以保持原有市场地位。在调整过程中，企业需要审慎评估各种风险和机遇，并制定相应的实施计划。

**3. 垄断收益递减阶段**

当企业进入垄断收益递减阶段时，企业的资产和人员规模庞大，管理变得复杂，管制和规范要求也越来越高。其刚性成本持续上升，产品线和业务的增长缓慢。在这种情况下，可以重构已有的资源，例如 IBM 采取不相关的多元化经营战略。同时，企业也可以尝试做内部的企业风险投资，寻求裂变式创业。

总之，在不同阶段，企业都需要不断调整和改进商业模式，以适应市场的变化和发展。重构商业模式是创业过程中的关键，可以帮助企业保持竞争力并实现可持续发展。

## 三、商业模式重构的要素和方法

### （一）商业模式重构要素

**1. 重构定位**

定位是企业满足客户需求的方式。企业选择与客户交易的方式的决定因素是交易成本。重构定位就是寻找和选择交易成本更低的需求满足方式。

在重构定位的过程中，企业需要充分了解客户需求和市场状况。通过市场调研和分析，企业可以确定目标客户群体以及他们的需求特点。同时，企业还需要考虑竞争对手的定位和策略，以便找到差异化的定位。

重构定位的关键在于寻找和选择交易成本更低的需求满足方式。交易成本包括多个方面，如交通成本、信息获取成本、时间成本等。企业可以通过降低交易成本来提高市场竞争力。例如，建立线上销售渠道，可以减少客户购物的时间和交通成本。此外，企业还可以通过提供更便捷的售后服务和解决方案，帮助客户降低维护和运营的成本。

在重构定位过程中，企业还需要考虑自身的资源和能力。企业应该根据自身的优势和特点，选择与之匹配的定位策略。例如，如果企业在技术研发方面具有优势，可以选择以技术创新为核心的定位，提供高品质的产品和服务。

此外，重构定位也需要与企业的商业模式相匹配。企业的商业模式是实现利润和可持续发展的关键。通过与之匹配的定位，可以更好地实现商业模式的目标，提高企业的竞争力和市场地位。

**2. 重构业务系统**

企业的利益相关者包括产业价值链上的合作伙伴和竞争对手，如研发机构、制造厂商、供应商、渠道商等，还包括内部员工和金融机构等。企业需要设计和这些利益相关者的交易内容和交易方式，重构业务系统，改变原有的交易结构，提升竞争力。

重构业务系统是指企业对内部的业务流程和组织架构进行调整和优化，以适应变化的市场需求和利益相关者的要求。通过重构业务系统，企业可以加强与利益相关者之间的合作与协同，提高业务效率和创造力，从而提升竞争力。

在重构业务系统的过程中，企业需要与利益相关者密切合作，共同制定交易内容和交易方式。这需要建立良好的合作关系和沟通机制，以确保各方的利益得到平衡和满足。企业还需要根据市场需求和竞争对手的活动，及时调整自己的业务系统，提升竞争力。

重构业务系统的关键在于改变原有的交易结构。企业需要识别和解决现有业务系统中存在的问题和瓶颈，重塑交易流程和组织架构，以提高效率和灵活性。例如，企业可以引入先进的信息技术和数字化工具，优化业务流程，减少人工操作和错误，提高生产效率和质量。

此外，重构业务系统还需要关注内部员工和金融机构等利益相关者。企业应该关注员工的培训和发展，提高他们的专业能力和创新能力，激发他们的工作动力。同时，企业还应与金融机构建立良好的合作关系，获得更好的融资支持，为业务发展提供保障。

**3. 重构盈利模式**

盈利模式包括盈利来源和计价方式。计价方式可以是以量计价、以时间计价、以收益的固定和剩余价值计价等。盈利模式的重构就是在众多盈利可能性中选择最适合的选项和组合。

在重构盈利模式的过程中，企业需要考虑多个因素。

首先，企业需要明确自身的核心竞争优势，并将其转化为盈利来源。这可以包括通过产品创新、服务升级和差异化市场定位等方式来吸引客户，增加销售额和市场份额。同时，企业还可以考虑通过与合作伙伴的合作来扩大盈利来源，例如与供应商合作推出定制化产品，与渠道商合作提供增值服务等。

其次，企业需要选择适合自身业务的计价方式。以量计价适用于销售实体产品的企业，如制造厂商和零售商。以时间计价适用于提供时间和劳务的企业，如咨询公司和法律事务所。以收益的固定和剩余价值计价适用于提供基础设施和平台的企业，如互联网平台和交通运输公司。

在选择计价方式时，企业还需要考虑市场需求和竞争对手的活动。例如，在价格竞争激烈的行业中，企业可以选择以量计价的方式，通过扩大销售量来降低成本和提高利润。在高附加值的行业中，企业可以选择以时间计价的方式，根据提供的时间和劳务来确定价格，以提高利润率。

在重构盈利模式的过程中，企业还需要考虑持续创新和改进。市场需求和竞争环境不断变化，企业需要不断调整和优化自身的盈利模式，以适应新的市场要求和利益相关者的需求。通过持续创新和改进，企业可以不断提高盈利水平，增强竞争力。

**4. 重构关键资源能力**

关键资源能力是商业模式运转所需的重要资源和能力，可以是有形或无形的。企业应该系统审视其关键资源能力是否适应新商业模式发展的要求，并有意识地培养新商业模式下必需的关键资源能力。

首先，企业需要识别并评估当前的关键资源能力。这些关键资源能力可能包括专利技术、独特的产品或服务、品牌声誉、供应链和物流网络、销售渠道、人才等。企业需要明确这些资源在新商业模式中的价值和作用，以及它们是否足以支持新商业模式的实施和运营。



其次，企业应该确定新商业模式下必需的关键资源能力。新商业模式可能会要求企业具备新的技术能力、创新能力、市场拓展能力等。企业需要通过市场调研和竞争分析来确定新模式所需的关键资源能力，并与现有资源能力进行对比和评估。在评估差距后，企业需要制定发展新关键资源能力的策略和计划。这可能包括通过内部培训和教育来提升员工的技术和创新能力，通过合作伙伴关系来获取新的技术和专业知识，或者通过并购和收购来获取新的关键资源能力。企业还可以考虑外包和租赁等方式来满足新商业模式的资源能力需求。

再次，重构关键资源能力还需要企业建立相应的组织结构和流程。这包括建立跨部门协作和沟通机制，激励和奖励员工的创新和学习行为，以及建立灵活的决策和执行机制。这些措施可以帮助企业更好地利用和整合关键资源能力，提高运营效率和创新能力。

最后，企业还应该持续监测和评估关键资源能力的演化和发展。市场和竞争环境不断变化，新的商业模式可能会要求企业拥有不同的关键资源能力。因此，企业需要不断调整和优化其关键资源能力，以适应新的商业模式需求。

**5. 重构现金流结构**

现金流是企业生存和发展的重要指标，因此，在重构关键资源能力的同时，企业也需要重构现金流结构，以应对新商业模式带来的资金压力。

首先，企业应该考虑和评估不同现金流结构对企业的影响。现金流结构包括销售收入、成本支出、资本支出、运营资金、债务和股东权益等方面。企业需要分析不同的商业模式对这些现金流结构的影响，以确定新商业模式下可能出现的现金流压力点和风险。

其次，企业可以考虑引入新的利益主体如金融机构，来化解现金流压力。金融机构可以提供不同的金融工具，如贷款、融资租赁、信用担保等，帮助企业解决短期资金周转不畅的问题。企业可以与金融机构建立合作关系，共同探讨合适的金融解决方案，并制订相应的还款计划。

再次，企业还可以通过优化现金流管理来改善现金流结构。这包括加强对应收账款和存货的管理，减少资本支出和运营资金的占用，提高现金流的回收速度等。通过有效的现金流管理，企业可以提升现金流的稳定性和可持续性，减轻资金压力。

此外，企业还可以考虑多元化的筹资方式，以降低资金压力。这包括发行债券、发起股权融资、寻找投资者等。企业可以根据自身情况选择合适的筹资方式，并与金融机构合作，以获取更多的融资渠道。

最后，企业应该建立健全的现金流预测和监控机制以及灵活的财务规划。这可以帮助企业及时发现现金流问题，并采取相应的措施进行调整和应对。企业应该定期进行现金流预测，并与金融机构和利益相关方进行沟通和协商，以确保现金流的稳定性和可持续性。

以上是商业模式重构的要素。在进行商业模式重构时，企业需要综合考虑这些要素，并根据自身情况做出相应的调整和改进，以适应市场变化和实现可持续发展。



### （二）商业模式重构方法

#### 1. 从重资产向轻资产转换

在商业模式重构中，从重资产向轻资产转换是一种常见的策略。重资产指的是企业拥有的实物资产，如设备、房产等，而轻资产则是指无形资产，如品牌、技术、知识产权等。转向轻资产模式可以降低企业的固定成本和风险，提高其灵活性和创新能力。

从商业模式的角度看，轻重资产的转换实际上是为了重构交易模式，而不是单纯追求资产的轻重。企业应该根据自身情况和目标市场需求，综合考虑资源能力和交易结构的匹配程度，以及交易价值是否能最大化。关键在于找到最适合企业的商业模式，实现资源的最优配置。

评价轻重资产转换的最终依据是企业关键资源能力与交易结构的匹配程度。企业需要评估自身的核心竞争力和关键资源，然后寻找与之相匹配的交易结构。例如，如果企业的核心竞争力在于技术研发和创新，那么应将重点放在轻资产的建设上，以便更好地保护和利用知识产权。另外，企业还需要考虑交易价值是否能够最大化，即转向轻资产模式是否能够提高收入和利润。

综上所述，从重资产向轻资产转换是商业模式重构的一种选择，其目的是优化交易模式和资源配置。企业应充分评估自身的关键资源能力和交易结构的匹配程度，以及转向轻资产模式是否能最大化交易价值。通过合理的资产转换，企业可以更好地适应市场需求，提高竞争力并实现可持续发展。

### 2. 盈利模式多样化

在商业模式的重构过程中，企业需要从盈利模式多样化的角度来思考和实施改变，以扩展盈利模式。通过专业化经营和多样化的盈利方式，企业可以实现净资产收益率和投资价值的持续递增。

首先，企业应该实施专业化经营，将资源和能力集中在核心竞争力上。通过专注于核心业务领域，企业可以提高运营效率和产品质量，获得更大的竞争优势。专业化经营也可以帮助企业降低成本，从而增加盈利能力。

其次，企业应该寻找多样化的盈利模式。在探索和拓展新的盈利模式时，企业可以考虑以下几个方面：

（1）产品和服务创新：通过开发新产品或提供新的服务，企业可以满足市场不断变化的需求，并创造新的盈利机会。创新可以来自内部研发，也可以通过合作伙伴关系或并购来获得。

（2）拓展新的市场：通过进入新市场或扩大现有市场份额，企业可以增加销售额和盈利。这可以通过在新地区开设门店、扩大分销网络、进军国际市场等方式来实现。

（3）服务增值：企业可以通过增加服务的附加值来提高盈利能力。例如提供增值服务、售后服务和定制化解决方案等，以满足客户的个性化需求，并在市场中获得更高的利润率。

（4）跨界合作：与其他行业或企业进行跨界合作可以找到新的盈利机会。通过与相关行业的合作伙伴共享资源和技术，企业可以创造出更多的价值，实现盈利模式的多元化。

最后，企业需要持续监测和评估盈利模式的效果，并根据市场变化和客户需求进行调整和优化。随着时间的推移，企业应该寻找新的盈利机会，并适时调整战略以适应市场的变化。

### 3. 利益相关者角色的多元化

在商业模式重构的过程中，企业还应该关注利益相关者角色的多元化。利益相关者是指与企业有直接或间接利益关系的各方，包括股东、员工、客户、供应商、社会公众等。通过考虑不同利益相关者的需求和利益，企业可以建立更加稳固和可持续的盈利模式。

第一，企业应该关注股东的利益。股东是企业的所有者，他们希望通过投资获得收益。因此，企业需要设计盈利模式以保证股东的投资价值和净资产收益率持续递增。此外，企业还应该提供透明的财务信息和有效的治理机制，以增加股东对企业的信任和忠诚度。

第二，企业应该关注员工的利益。员工是企业的重要资源，他们的工作贡献直接影响企业的盈利能力和竞争力。因此，企业应该提供具有竞争力的薪酬和福利待遇，创造良好的工作环境和发展机会，以吸引和留住人才。同时，企业还应该重视员工的声音和参与度，与员工建立良好的关系和沟通渠道，以增加员工的归属感和工作满意度。

第三，企业还应该关注客户的利益。客户是企业的收入来源，他们的需求和满意度直接影响企业的销售额和市场份额。因此，企业应该提供优质的产品和服务，满足客户的需求，并建立持久的客户关系。此外，企业还应该关注客户的反馈和意见，及时改进产品和服务，以改善客户的体验和提高其忠诚度。

第四，企业还应该关注供应商的利益。供应商是企业供应链的重要组成部分，它们的供应能力直接影响企业的生产和运营效率。因此，企业应该建立良好的供应商关系，遵守合同和承诺，及时付款，并提供公平的交易条件。通过与供应商的合作和共赢，企业可以降低成本并提高产品质量，增强竞争力。

第五，企业应该关注社会公众的利益。作为社会的一员，企业应该承担社会责任，关注环境保护等社会公益。通过积极参与社会活动和履行企业公民责任，企业可以获得社会的支持和认可，建立良好的企业形象，为长期的可持续发展打下基础。

**4. 从刚性到柔性**

企业规模的扩大，往往会伴随着资源的固化和约束的增加，如预算、资产和成本的刚性。这种刚性可能会限制企业的灵活性和降低其抵御风险的能力，因此，需要重构商业模式，化解过高的刚性，并从内部管理的角度提高运营效率和降低经营风险。

首先，企业可以采取灵活的预算管理方法，以应对不确定的市场环境和变化的需求。传统的预算管理往往是刚性的，企业需按照预先设定的指标和目标执行，而缺乏灵活性和适应性。因此，企业可以采用滚动预算或活动预算等灵活的预算管理方法，根据实际情况进行动态调整和优化，以更好地适应市场变化和提高资源利用效率。

其次，企业可以通过合理的资产配置和管理，降低固化资产的风险。企业随着规模的扩大，往往会增加固定资产如厂房、设备等的投资。这些固化资产一旦投入，很难灵活调整或变现，会增加企业面临的经营风险。因此，企业可以采取灵活的资产配置策略，如租赁、共享等，降低固化资产的风险，并提高运营的灵活性和效率。

再次，企业还可以通过精细化的成本管理来提高运营效率和降低经营风险。传统的成本管理往往是刚性的，企业需要按照固定的成本预算执行，缺乏对成本的深入分析和优化。企业可以采用活动成本管理、目标成本管理等灵活的成本管理方法，以实现成本的精细化管理和优化，提高运营效率和降低经营风险。

最后，企业可以通过技术创新和数字化转型来提高运营效率和降低经营风险。随着科技的不断发展，企业可以利用云计算、大数据分析、人工智能等技术来改进内部管理流程。例如，通过智能化的生产设备和物流系统，可以实现生产和物流的高效协同，减少资源浪费和成本支出。同时，数字化转型也可以提高企业对市场变化和风险的敏感度和应对能力，从而降低经营风险。

## 四、商业模式重构的挑战及有效性

商业模式重构是一项复杂而具有挑战性的任务，企业在进行商业模式重构时必须面对一系列的挑战。这些挑战来自理念障碍和能力障碍。理念障碍是指企业的管理层和员工对于商业模式重构理念的认知和接受程度不同，存在思维定式和习惯性思维的问题。能力障碍是指企业在商业模式重构过程中可能面临的能力不足和资源缺乏的问题。这两方面障碍的具体体现如下：

### （一）理念障碍

**1. 对企业本质和行业的认知**

对企业本质的认知所形成的理念障碍是指企业在认知自身价值及定位方面存在缺陷，从而导致企业的战略和经营理念不清晰或失误。这具体表现为：

（1）模糊的企业定位：企业对自身的定位不清晰，缺乏明确的目标和战略，容易出现盲目跟风、盲目扩张和战略失误的情况。

（2）狭隘的经营理念：企业对经营理念的认知存在狭隘和片面的情况，容易出现过度追求短期效益、忽视品牌建设和长远发展的情况。

（3）对行业和市场的认知偏差：企业对行业和市场的认知存在偏差，容易出现对市场趋势和变化的误判，甚至对市场进行错误的定位和战略规划，导致竞争力下降。

（4）缺乏管理创新意识：企业缺乏管理创新意识，依赖传统的管理方式和经验，难以适应新的管理模式和方法，形成管理上的能力障碍。

对企业本质的认知所形成的理念障碍，会对企业的发展带来负面影响。因此，企业需要深入了解行业和市场趋势，制定明确的目标和战略，同时加强品牌建设和长远发展规划。同时，企业也需要注重管理创新，不断尝试新的管理模式和方法，提高管理效率和水平，以克服理念障碍，保持企业的竞争力和发展潜力。

**2. 企业价值理念**

关于企业的价值理念的理念障碍是指企业价值观或信念体系的缺陷或错误。这具体表现为：

（1）价值观不清晰：企业的价值观不清晰，缺乏明确的使命和愿景，导致企业缺乏方向和动力。

（2）缺乏社会责任感：企业缺乏社会责任感，只关注自身利益，忽视对社会和环境的影响，导致企业声誉和形象受损。

（3）对员工的忽视：企业对员工的关注和保护不够，忽视员工的职业发展和生活质量，只重视短期利益和成果，导致员工流失和团队士气下降。

（4）盲目追求利润：企业为了追求利润不择手段，违反商业道德和法律法规，导致声誉受损和失去市场信任。

以上种种表现都会导致企业的理念障碍，阻碍其发展和成功。解决这些问题，需要企业树立正确的价值观和信念体系，激励员工积极进取，同时承担起社会责任。企业还应该为员工提供更多的培训和发展机会，建立强大的团队文化和凝聚力。此外，企业也应该尊重商业道德和法律法规，建立良好的信誉，树立公信力和品牌形象，以实现长期的可持续发展。

**3. 管理控制理念**

（1）原有的管理控制理念无法适应新的市场环境和竞争态势。随着市场的变化和竞争的加剧，原有的管理控制理念可能变得陈旧和不适应，无法有效地应对新的挑战和变化。

（2）管理控制理念的僵化和守旧。某些企业在长期发展过程中形成了僵化和守旧的管理控制理念，过于注重规章制度和层级管理，缺乏灵活性和创新性，导致企业无法及时应对市场变化和发展。

（3）管理控制理念的过度依赖和过度集中。有些企业过度依赖于特定的管理控制理念，将所有的决策和权力集中于一人或一小部分人，导致企业整体的决策效率和反应能力下降，无法适应快速变化的市场环境。

（4）管理控制理念的局限性和单一性。某些企业的管理控制理念过于局限和单一，只注重某一方面的控制和管理，忽视了其他重要的因素和变量，导致企业在商业模式上的创新和重构受阻。

（5）管理控制理念的理论偏差和实践误差。有些企业在实践中对管理控制理念的理解和应用存在错误和偏差，导致企业在商业模式重构上遭遇困难和挑战。

以上的原因都可能导致企业商业模式重构面临挑战，因此企业需要审视和调整管理控制理念，以适应新的市场环境和发展需求。

**4. 企业生态理念**

（1）理念转变的困难：企业生态理念要求企业放弃传统的竞争思维，转向合作共赢和生态系统建设，这对企业来说可能是一个巨大的转变和挑战。企业需要摆脱传统的个体利益导向，转向寻求整个生态系统的利益最大化，这可能需要企业进行大规模的组织重构和文化转变。

（2）跨界合作的障碍：企业生态理念强调企业与其他企业、组织和个人之间的合作，以构建一个共同的生态系统。然而，跨界合作面临着合作伙伴的选择、合作模式的建立以及利益分配等方面的挑战。企业需要克服合作中的不信任、信息不对称等问题，建立稳定的合作关系。

（3）传统商业模式的制约：企业生态理念要求企业从传统的产品销售和以利润为中心的商业模式转向以价值创造和生态系统建设为中心的商业模式。这可能需要企业放弃一些短期利益，投入更多的资源和精力来构建生态系统和为生态系统中的各方创造价值。企业需要克服传统商业模式的制约和惯性思维，积极探索适应生态理念的新的商业模式。

（4）政策和法律环境的不确定性：企业生态理念可能涉及政策和法律层面的调整和适应。政府可能会对企业生态系统的建设出台相关的政策和法规，但这些政策和法规的制定和实施过程可能存在不确定性，这会对企业的商业模式重构带来挑战。

（5）文化差异和认知障碍：企业生态理念的推行需要企业与不同背景和文化的伙伴进行合作。企业需要克服不同文化之间的差异和理解上的障碍，建立共同的价值观和形成合作意识，才能实现生态系统的有效运作。

### （二）能力障碍

#### 1. 习惯于路径依赖

路径依赖是指企业在发展过程中，由于先前的决策和选择产生了不可逆的影响，难以改变现有的商业模式以及缺乏推动商业模式创新的能力。这具体表现为：

（1）技术惯性：企业在使用一种技术或生产方式时，由于对该技术或生产方式的依赖过大，难以接受和采用新的技术或生产方式，难以实现创新和发展。

（2）专业惯性：企业在特定领域内的专业经验和知识可能成为一种路径依赖，从而使企业难以跨越这一领域，进入新的领域进行创新和发展。

（3）利益惯性：企业在经营过程中形成了一定的利益格局，难以改变现有的商业模式和经营方式。

对于企业来说，避免路径依赖形成商业模式创新的能力障碍，需要注重以下几点：

（1）保持敏感：企业需要时刻保持敏感，关注市场变化和新出现的商业模式，以便及时调整和改变现有的商业模式和经营方式。



（2）多元化：企业需要采用多元化的经营策略，进入不同的领域和市场，以避免在某一领域形成过大的路径依赖。

（3）突破固有模式：企业需要不断尝试和创新，突破固有模式和方法，以适应市场的需求和变化。

（4）建立灵活的运营机制：企业需要建立灵活的运营机制，允许不同岗位和部门之间的协作和合作，以更好地适应市场的变化和需求。

#### 2. 不敢打破惯例

不敢打破惯例形成商业模式重构的能力障碍是指企业在长期的发展过程中，过于依赖已有的商业模式、管理方法和经验，难以适应市场的变化和创新需求，导致发展瓶颈和竞争力下降的现象。这具体表现为：

（1）重视传统和常规：企业过于重视传统和常规，难以接受和采纳新的商业模式和经营方式。

（2）官僚化和层级化：企业内部结构官僚化、层级化，决策效率低下，难以快速响应市场变化和创新需求。

（3）文化和习惯：企业内部文化和习惯成为一种路径依赖，企业难以跳出现有的思维模式和行为习惯，影响企业的创新和发展能力。

（4）员工技能和知识水平的局限性：企业员工技能和知识水平的局限性也会成为一种路径依赖，使企业难以适应新的技术和市场需求，影响企业的创新和发展能力。

不敢打破惯例形成的能力障碍对企业的影响很大，会导致企业的商业模式无法适应外部环境的变化，企业的竞争力下降、市场份额减少、利润率下降等问题。因此，企业需要不断创新和尝试，加强学习和知识更新，建立灵活的管理机制和文化，以适应市场的变化和发展需求，保持企业的创新能力和竞争力。具体方法包括：

（1）寻求外部帮助：企业可以寻求外部专业机构或顾问的帮助，获取新的思路和经验，帮助企业打破固有模式和惯例。

（2）增加创新投入：企业可以增加创新投入，加大对新技术、新产品和新市场的研发和推广力度，从而创造新的商业机会和实现颠覆性创新。

（3）建立创新文化：企业需要建立鼓励创新、勇于尝试和不怕失败的文化，鼓励员工提出新的想法和方案，从而不断推动企业的创新和发展。

（4）关注市场需求：企业需要关注市场需求和变化，及时调整和改变现有的商业模式和经营方式，不断推陈出新，以适应市场的变化和需求。

（5）建立灵活运营机制：企业需要建立灵活的运营机制，允许不同岗位和部门之间的协作和合作，以更好地适应市场的变化和需求。

总之，企业要不断创新和尝试，并建立适应市场变化的灵活机制和文化。只有不断推陈出新，才能在市场竞争中获得优势，保持企业的竞争力。

**3. 惧怕从熟悉到陌生**

惧怕从熟悉到陌生，是指企业在面对新的商业模式、市场环境、管理方法等时，由于缺乏经验和知识，或者对变化持有抵触情绪，难以适应新的情况。这具体表现为：

（1）缺乏自信心和决策能力：企业领导缺乏自信心和决策能力，对新的商业模式和市场环境缺乏信心，容易出现犹豫不决、拖延和错失机会的情况。

（2）缺乏知识和经验：企业员工疏于学习，缺乏新的知识和经验，难以理解外部市场环境变化以及如何根据变化创新或演进其商业模式，因而容易出现无所适从的情况。

（3）对变化持有抵触情绪：企业员工对变化持有抵触情绪，认为变化会带来不确定性和风险，容易出现消极抵抗的情况。

（4）避免冒险和失败：企业担心冒险和失败，宁愿保持现状，不愿尝试新的商业模式和市场，容易出现保守和缺乏创新的情况。

惧怕从熟悉到陌生，容易形成商业模式重构的能力障碍，对企业的发展带来负面影响。因此，企业需要加强学习和知识更新，提高对新的商业模式和市场环境的认识，同时加强自信心和决策能力，勇于尝试和创新，以适应市场的变化和发展需求。同时，企业也需要建立积极的心态和文化，鼓励员工勇于创新和尝试，以避免因恐惧而形成能力障碍。

除此之外，商业模式重构还可能面临市场变化快、竞争激烈、风险高等挑战。快速的市场变化意味着企业需要具备敏锐的市场洞察力和快速响应能力，在商业模式重构过程中及时调整和适应市场需求。竞争激烈则要求企业进行差异化创新和持续优化，以保持竞争优势。同时，商业模式重构的风险较高，可能会带来投资风险、市场接受度不高等问题，企业需要具备风险管理和控制的能力，以降低商业模式重构的风险。

### （三）商业模式重构的有效性

商业模式重构的有效性亦是商业模式创新的有效性。评估商业模式是否有效可以从四个方面着手：是否有效果，是否有效益，是否有效率，是否有效能。

一个有效的商业模式，必须保证其实施既有效果，又有效益，并在保证运营效率的基础上，保证整体的效能。有效果通常是指做正确的事情，即在企业的运营过程中能帮助企业实现目标；有效益是指企业遵循某种逻辑经营一段时间后能产生实际经营成果和利益，包括经济效益和社会效益；有效率则主要关注投入与产出的关系，即企业用尽可能少的投入能获得尽可能多的收益来实现企业的经营目标，尽量减少资源的浪费；有效能是指整体活动的可持续发展性，在有效果、有效益、有效率的基础上，保证企业的持续稳定发展。

简而言之，商业模式重构的有效性是指：制定正确的战略决策，实现企业的价值创造，在整个产业链的高效率运行中给企业带来相关经济效益和社会效益，并保持企业长期持续稳定发展。从价值管理的视角，可以将商业模式的九要素从价值主张、价值创造、价值传递、价值获取四个方面对商业模式重构的有效性进行分析。首先，企业商业模式的价值主张主要通过选择目标客户、明确客户价值、满足客户需求来实现。企业发现客户需求、明确要向客户提供的产品或服务，是其获取竞争优势以及实现持续发展的关键之一，因此价值主张是评估商业模式重构的有效性的第一个因素。价值创造指企业如何制造或提供价值主张中的产品或服务，这一环节涉及客户让渡价值的创造，直接关乎客户的需求在多大程度上得到满足，进而影响到商业模式的有效性。企业需要在价值创造后将价值传递给客户，并给客户带来良好的消费体验。企业可以从中获得客户满意度和良好的品牌形象；反之，若企业无法有效传递客户价值，则商业模式无法形成有效盈利，进而影响到价值获取。因此价值传递和价值获取也是影响商业模式有效性的重要因素。





## 本章案例

### 宁德时代[①]的发展转型之路[②]

本案例详细介绍了宁德时代自2011年成立以来的发展转型之路。宁德时代作为动力电池行业的领军企业，在全球市场上以巨大的动力电池装机量领先。其成功应归功于紧跟政策导向、专注技术研发、扩展重要合作以及实施数字化转型战略。案例从宁德时代的创业背景、技术研发、市场扩展、国际合作、数字化转型实践、智

---

① 宁德时代的全称为宁德时代新能源科技股份有限公司。

② 改编自董保宝，孙溪梓，陈颖，等. 风口亟转，一“转”更比一“转”强：宁德时代数字化转型之路（中国管理案例共享中心），王家宝，蒋铭霁，盛洁. 从制造到智造：宁德时代的数字化转型之路（清华管理评论. 2022年9月刊）。

能制造以及面临的挑战与未来展望等方面进行了全面分析。

宁德时代成立于2011年12月，总部位于中国福建省宁德市。2021年，在全球市场中，宁德时代的动力电池装机量以32.6%的占有率遥遥领先于LG化学的20.3%。作为动力电池行业的新生力量，在动力电池赛道上一路飞速发展，从一家初创企业，逐渐超越松下电器、LG化学和比亚迪等老牌企业，成长为行业中全球排名第一的绝对领跑者。

### 一、因势利导：乘政策东风创业发展

#### （一）政策"强心剂"

随着燃油汽车尾气污染问题日益严峻以及石油资源的逐渐枯竭，出于环境保护与可持续发展的目的，人们开始考虑用新的能源代替燃油作为汽车燃料，新能源凭借其节约、节能、无污染的天生优势成为清洁能源和绿色交通的终极"药方"。新能源汽车包括纯电动汽车、混合动力汽车、燃料电池汽车、氢能源动力汽车和太阳能汽车等类型，又以混合动力汽车和纯电动汽车为主。其搭载的动力电池占据总成本的40%以上。动力电池俨然成为新能源汽车的"心脏"，与新能源汽车血脉相关、休戚与共。

新能源汽车及其关键零部件发展一直极受国家重视与支持。国家共出台近100项相关政策，主要通过建立研发专项基金、进行财政补贴和税收减免、建设基础设施、明确法规标准、简化上牌手续、鼓励产学研结合等方式助推新能源汽车产业发展。2001年，科技部启动"电动汽车重大科技专项"确立了"三纵三横"的整车及关键技术研发战略格局。2010年，《国务院关于加快培育和发展战略性新兴产业的决定》将新能源汽车确立为重点发展的战略性新兴产业。2017年，工业和信息化部、国家发展改革委、科技部、财政部联合印发《促进汽车动力电池产业发展行动方案》，提出分三个阶段推进我国动力电池发展：2018年前，提升现有产品性价比，保障高品质动力电池供应。2020年，基于现有技术改进的新一代锂离子动力电池实现大规模应用。2025年，采用新化学原理的新体系动力电池力争实现技术变革和开发测试。国家从新能源汽车和动力电池两个方向发力助推新产业、新动能，带动传统汽车产业转型升级。值得注意的是，为保护国产动力电池行业，国家在2016年发布了动力电池企业"白名单"，将日韩等众多外资动力电池企业挡在了补贴的门外，为国内动力电池企业争取到宝贵的成长时间（如表4-1所示）。

**表4-1 电动汽车及动力电池国家有关政策及实践**

| 典型政策及实践 | 要点 |
|---|---|
| 2001年电动汽车重大科技专项 | 确立了"三纵三横"的整车及关键技术研发战略格局 |
| 2009年开始在新能源汽车推广试点城市推行新能源汽车补贴政策 | 设立试点示范城市，在公共服务领域推广，对私人购买实施补贴等 |
| 2010年发布《国务院关于加快培育和发展战略性新兴产业的决定》 | 将新能源汽车确立为重点发展的战略性新兴产业 |

| 典型政策及实践 | 要点 |
|---|---|
| 2015 年发布《中国制造 2025》 | 明确定义节能与新能源汽车为 10 大重点领域之一，并提出到 2020 年我国动力电池要达到能量密度 300 Wh/kg，2025 年达到 400 Wh/kg，到 2030 年达到 500 Wh/kg |
| 2016 年发布动力电池企业“白名单” | 外资电池企业被挡在了补贴的门外 |
| 2017 年工业和信息化部、国家发展改革委、科技部、财政部联合印发《促进汽车动力电池产业发展行动方案》 | 提出分三个阶段推进我国动力电池发展 |
| 2018 年发布《打赢蓝天保卫战三年行动计划》 | 加快新能源汽车推广，并争取使新能源动力电池关键技术——锂离子动力电池智能制造的生产工艺和智能化程度达到国际先进水平 |

资料来源：笔者收集整理。

（二）前景广阔

经济发展带来可支配收入增长，这决定了大众对生活质量的追求不会逆转，保障健康和有意识地选择环境友好型产品将成为常态，新能源汽车动力电池前景广阔，市场潜力巨大。虽然受到一定的技术和设施制约，新能源汽车全面推广仍需时日，但在国家政策、制度、配套的财政补贴的支持下，新能源汽车产业从 2014 年开始爆炸式增长。2012—2018 年中国动力电池出货量如图 4-3 所示。我国已发展成为全球最大的新能源汽车市场，保有量已突破 261 万辆，占全球新能源汽车保有量的约 50%。国内企业在全球动力电池企业排名前十名中占半数以上席位，市场占有率近半。发展新能源汽车成为我国汽车工业发展的重要标志，发展动力电池自然成为此段征程的重中之重。未来随着支持政策持续推动、技术进步、消费者习惯和观念改变、配套设施普及等的持续作用，全球新能源汽车及动力电池的市场潜力有望加速释放。

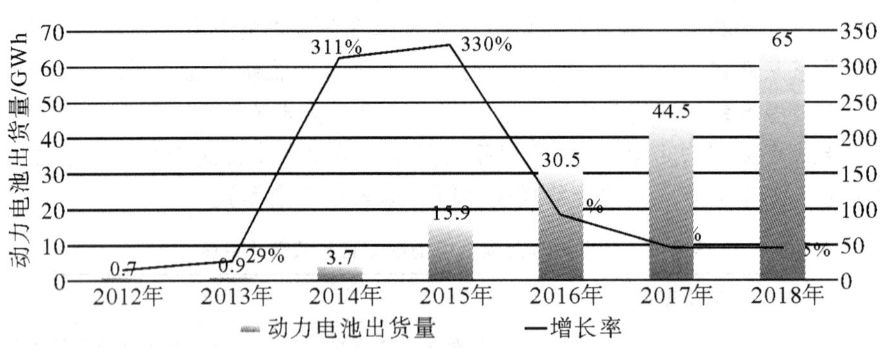


**图 4-3　2012—2018 年我国动力电池出货量及同比增长率**

数据来源：根据公开资料整理。

## 二、修炼内功：专注技术研发

（一）夯实技术基础

宁德时代的创立是个攻坚克难的过程。董事长曾毓群在回忆当初时说，前有松下、比亚迪等市场先进入者，它们占据了顾客信息、营销组合、技术资源等方面的优势，后有大批新企业陆续加入，行业竞争将日趋激烈。可喜的是，全球动力电池技术发展空间仍旧很大，先进入企业在一定程度上出现了技术不连续，这给后进入企业提供了新的赶超机会，聚焦产品，研发自己领先的核心技术势在必行。董事长曾毓群在员工大会上反复强调："我们的工作重心第一是技术，第二还是技术，第三还是技术。"曾毓群对技术的强调，在动力电池的精细化战略上落了地。目前新能源电动汽车对续航里程的需求逐年提高，动力电池技术更新换代速度很快，无法满足终端用户需求的产品必然会被市场淘汰，因此公司以技术领先于同行为目标，在能量密度、功率密度、使用寿命、充电速度、安全性能和可靠性能等方面深入开展技术研发。宁德时代继续推进高镍三元材料体系产品的开发，在长寿命磷酸铁锂、高能量密度三元锂电池、快充技术方面加大研发投入，以高能量密度纯电动产品为主要方向，保证产品能量密度和成本持续领先，在续航里程和成本方面追赶传统燃油汽车，加速电动化进程。通过持续加大基础研发投入，密切关注市场需求和前沿技术的发展，多梯次、多路径地驱动新技术商用化，宁德时代已大幅提高了技术和产品的综合竞争力，在动力电池的研发生产技术、能量密度及成本控制等方面看齐全球领先水平，抢占技术制高点。

2017 年至今，宁德时代累计投入的研发费用达到 30 亿元。截至 2018 年年底，公司及其子公司共拥有 1 618 项境内专利及 38 项境外专利，正在申请的境内和境外专利合计 2 110 项，并承担了 7 个国家级科研项目。此外，宁德时代还设立了福建省院士专家工作站、博士后科研工作站，拥有电化学储能技术国家工程研究中心、锂离子电池企业省级重点实验室、中国合格评定国家认可委员会（CNAS）认证的测试验证中心。宁德时代整体研发团队的规模和实力在行业内领先，完善的研发体系、强大的研发团队推动公司产品研发水平持续提升。



（二）立足市场，服务客户

不仅要直面市场，努力达到市场对新能源汽车动力电池的要求，还要努力攻克行业难题，形成有竞争力的产品，吸引更多客户。这是曾毓群在公司大小会议上反复强调的事。宁德时代以满足客户需求、超越客户期待为运营理念，从客户需求出发进行研发、设计、生产，提供满足客户需求的产品方案，致力于为全球新能源应用提供一流解决方案。

秉承立足中华文化，包容全球文化，做世界一流的创新科技公司的宗旨，宁德时代专注于电池材料、电芯、电池组的生产制造，电池的回收与梯次利用等全产业链研发与制造，业务领域包括新能源动力电池、储能电池以及锂电池回收，其中核心产品动力电池的收入占公司总收入比重超过 75%。宁德时代的车用动力电池可用于乘用车、电动大巴车、电动物流车等多种专用车型，可以满足启停、快充、长寿命、高能量密度、防尘防水等多种功能需求。作为研发导向的公司，针对不同车型，宁德时代的电池产品也有较大差异。乘用车主要配套三元电池，其规格较为丰富，单体容量为 10~153 Ah，并且拥有 4C 充放电的快充技术，可以满足不同车型需求。而客车电芯品种也十分丰富，单体容量为 50~240 Ah，快充种类也更多（如图 4-4 所示）。

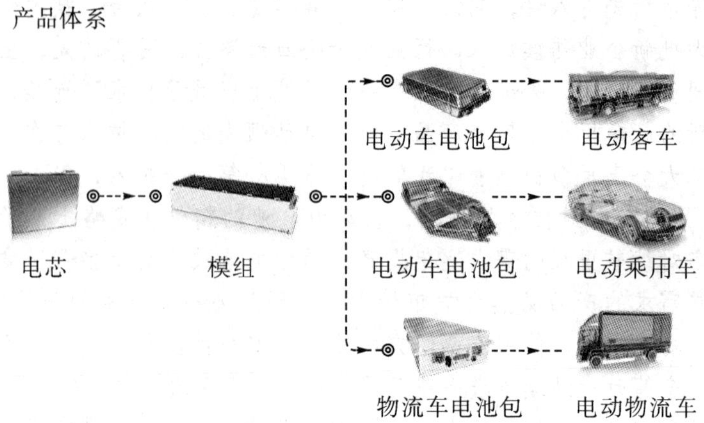


**图 4-4　宁德时代产品体系**

资料来源：宁德时代官方网站。

### 三、开疆拓土：扩展重要合作

（一）接到宝马订单，提高知名度

优质客户有时能引领企业创造辉煌。在宁德时代的成长道路上，少不了华晨宝马这一伯乐。宁德时代与华晨宝马的合作始于 2012 年，当时，华晨宝马正准备推出其首款纯电动汽车“之诺 1E”，经过对众多动力电池企业的综合考察，最终选择向知名度并不高的宁德时代抛出橄榄枝。根据协议，动力电池系统由宁德时代与宝马共同开发，并由宁德时代负责制造，华晨宝马同时派出德国的技术人员进行监督和指导。众所周知，德国人对精细技术有着近乎痴迷的执着，这次合作无疑是宁德时代自创立以来遇到的最大挑战，但所谓“危处机所伏”，这同时也是宁德时代向市场证明自身实力的绝佳时机。

“我对我们的技术和产品保持信心，这次合作将是宁德时代成长过程中的重要一步。”董事长曾毓群决定赢下这笔订单。敲定合作后，德方向中方发送了多达八百页 A4 纸的技术要求，其要求之细致、标准之高让人惊叹。经过日夜兼程地奋斗，宁德时代最终不负众望地完成了这笔“大单”，走完了动力电池研发—设计—开发—认证—测试这一全流程，不仅实现了技术水平的质的飞跃，还成为跨国豪华品牌供应体系的动力电池供应商。宁德时代从此声名大振。

（二）结盟整车厂商巨头

1. 站稳国内市场

面对众多车企的合作意向，曾毓群面临重大抉择：要与客户建立何种关系？这是宁德时代必须解决的最现实和最急切的问题。比亚迪作为国内动力电池企业的龙头，一直坚持从上游矿产资源到下游的整车制造与运营甚至电池回收全链路把控，以自家动力电池配套自家新能源汽车，从而形成产业闭环。国轩高科与北汽新能源在产品、运营、产业、资本等多领域展开深度合作，达成了全面战略合作伙伴关系。银隆新能源则与董明珠、王健林、刘强东等为代表的资本合作，通过参股实现快速融资。沃特玛联合上下游企业组成联盟，在激烈的市场竞争中实现突围。

宁德时代作为行业新人，既没有比亚迪的提早布局拥有整车厂，也没有松下的财大气粗早早进入，想要在激烈的市场竞争中杀出重围，必须与整车厂商巨头形成紧密的战略伙伴关系。利用“强强联合”策略，宁德时代实现了与优势车企的利益互锁，确保动力电池市场份额稳定，在市场竞争中持续占优。宁德时代主要通过普通供货合作、战略合作、合资合作和权益合作方式，对内与国内整车厂商巨头合作以获得优质订单，占据高市场份额；对外积极进入国际车企供应链，向海外扩张产能。已有近30家国内外整车企业与宁德时代建立了合作关系。

2014年，吉利就与宁德时代有所接触。2016年，双方正式达成战略合作关系，由宁德时代为吉利帝豪系列新能源汽车供应动力电池。2016年12月，宁德时代与东风汽车正式签订战略框架协议，双方共同打造新能源汽车产业领域的合作平台。2018年7月，宁德时代与江铃集团签订战略合作协议，明确了双方将在多个重点车型开展战略合作，并就进一步深化长期战略合作达成意向。2018年9月，上汽通用汽车与宁德时代在上海签署战略合作协议，双方将携手在汽车动力电池技术领域开展积极探索，并就上汽通用汽车下一代新能源电池的研发进行深度合作。2019年2月，宁德时代与北汽新能源、普莱德签署了《中长期（2019—2023年）深化战略合作协议》，进一步发挥各自优势，实现互利共赢。宁德时代的普通供货合作伙伴还包括福汽和长安等国内行业内整车龙头企业。在客车领域，宁德时代更是成为宇通的独家供应商，并为金龙、中通、湖南中车等知名商用车企业供应动力电池。蔚来、爱驰、拜腾、电咖、云度、威马等一众新造车势力也展开了争抢宁德时代电池的行动。其中，拜腾已与宁德时代签订战略合作意向书。



宁德时代还积极与国内大型整车企业展开合资合作。2017年5月，宁德时代与上汽集团合资成立时代上汽与上汽时代两家合资公司，前者负责电芯，后者负责电池模块以及系统部分。2017年10月，东风汽车持股宁德时代。2018年7月，双方合资成立东风时代（武汉）电池系统有限公司。2018年7月，宁德时代宣布将与广汽集团共同出资设立时代广汽和广汽时代两家动力电池合资公司。时代广汽由宁德时代主导（持股51%），广汽时代由广汽主导（持股49%）。2018年12月，宁德时代与吉利汽车旗下浙江吉润宣布成立合资公司，宁德时代持股51%，浙江吉润持股49%。2019年2月，宁德时代与一汽成立合资公司——时代一汽动力电池有限公司。注册资本20亿元，宁德时代占股51%，一汽占股49%。

2. 走向国际，扩大合作

2018年，全球电动汽车销量达到201.8万辆，占全球汽车总销量的份额增至2.1%，而中国这一比例达到4.5%。海外地区的动力电池生产能力远远不到市场需求，这就提醒宁德时代等国内动力电池企业：大胆走出去，新的成长机会在海外。

德国时间2018年7月9日，在中德两国总理的共同见证下，宁德时代与德国图林根州州政府签署了一份价值超过10亿欧元的协议。根据协议，宁德时代将投资2.4亿欧元，在德国图林根州埃尔福特市建立首个海外电池生产基地及智能制造技术研发中心，主要从事锂离子电池的研发与生产，计划于2021年投产，2022年产能达到14 GWh。届时该中心制造的产品将向宝马等全球知名车企提供动力电池。

这次德国图林根州之旅不是宁德时代第一次出海，宁德时代的足迹已遍布德国慕尼黑、法国、芬兰、日本和美国。2014 年，德国时代在慕尼黑成立，除了承担销售职能，还充分利用本地资源进行技术研发。2017 年法国时代正式落地巴黎，同年宁德时代参股芬兰维美德，占 22%股权。2018 年 5 月，日本时代在日本横滨正式开幕。2018 年 12 月宁德时代美国子公司在底特律市正式成立，是其在美国本土的首个办事处。

曾毓群表示："我们希望将全球最领先的动力电池技术带到海外。通过形成本土化动力电池供应能力，我们可以进一步贴近海外整车车企客户，提供更为及时有效的产品解决方案，更好更快地响应客户需求。"

通过海外收购，成立海外生产基地、全球研发中心和海外分支机构等综合布局，宁德时代的全球化体系逐渐完善，与全球汽车制造商的联系不断加强。2017 年 3 月，宁德时代与国能电动汽车瑞典有限公司签署了战略合作协议，双方将开展深入的技术交流和研发合作，共建产业生态。同月，法国雪铁龙选定宁德时代为其混动车型提供动力电池。2018 年 3 月，大众选择宁德时代、LG 化学和三星 SDI 为合作伙伴。2018 年 4 月，在北京车展现场，宁德时代分别与捷豹、路虎签署战略合作意向书，捷豹、路虎和宁德时代将积极探索未来汽车动力电池技术领域的深度合作，共同研究与开发汽车动力电池技术。2018 年 5 月，戴姆勒集团与宁德时代签订了合同，宁德时代将为戴姆勒提供电动汽车动力电池。2018 年 7 月，宁德时代成为华晨宝马在锂离子电池领域的战略合作伙伴，将为华晨宝马全线新能源车型的下一代动力电池提供电芯。宁德时代的国际供货合作伙伴还包括现代、日产雷诺、丰田、本田等行业内整车龙头企业。宁德时代已进入宝马、大众等国际一流整车企业的供应体系，宝马甚至入股了宁德时代。宁德时代的主要整车企业合作伙伴关系如图 4-5 所示。

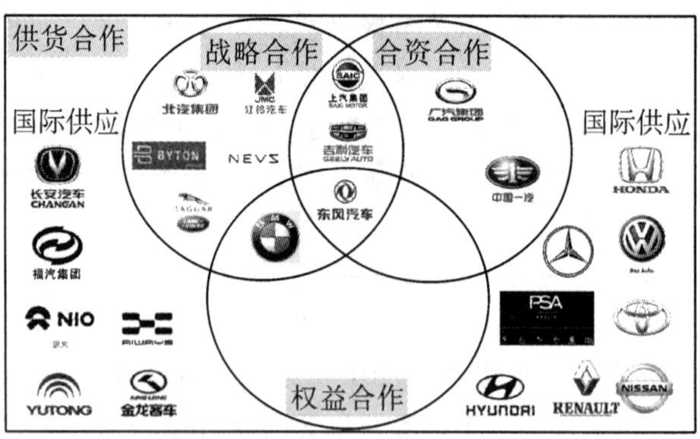


**图 4-5　宁德时代主要整车合作伙伴关系**

资料来源：整理自公开资料。

## 四、"自动化+系统化"：数据智能促发展

宁德时代通过自动化建设引入了相关机器设备，并尝试打造生产线、物流和仓储等方面的自动化流程。但动力电池制造对生产过程有着极高的质量一致性要求，

宁德时代亟需建立一个统一的生产制造管理平台，以协调大量自动化设备之间的交互和兼容。因此，宁德时代进入新的转型阶段——“自动化+系统化”。

（一）与时俱进，开启 SAP 应用元年

2014 年，为了谋求从传统制造向智能制造的转变，宁德时代开始对生产流程及供应链管理等进行数字化改造。宁德公司与全球领先的业务流程管理软件供应商 SAP 公司携手，正式踏上数字化转型之路。在此阶段，宁德时代开始对管理信息系统进行升级：企业资源计划系统（ERP）、供应链管理系统（SRM）和客户关系管理系统（CRM）相继引入，涵盖企业从端到端的流程，全面打通宁德时代的供应商、企业内部、企业客户的运营管理，实现了核心业务层、业务支持层和职能管理层三个层面的数据汇聚及系统集成。

（二）万物互联，加速系统化建设

2015 年，宁德时代超过三星和 SK，其动力电池装机量居全球第三，确立了其在动力电池行业的领先地位。德国提出的“工业 4.0”的概念开始在制造业中广泛传播，中国也提出了“中国制造 2025”制造强国战略。在工业 4.0 的背景下，数字化水平不平衡的问题仍然存在于中国制造业并且日趋严重。在此背景下，宁德时代相应地设立了其数字化转型的目标，致力于通过物联网技术做到生产全过程的可控，并实现对产品生命周期的全流程追溯，从而提升生产效率、降低制造成本。宁德时代制订了清晰的信息系统规划（如图 4-6 所示），开启了 CPS（CATL production system）系统建设，建立了大数据平台，并部署了私有云和公有云平台，实现了万物互联。利用系统化建设，宁德时代实现了以信息为中心的集中、高效、便利的管理和运营，其数据价值正在不断提升。



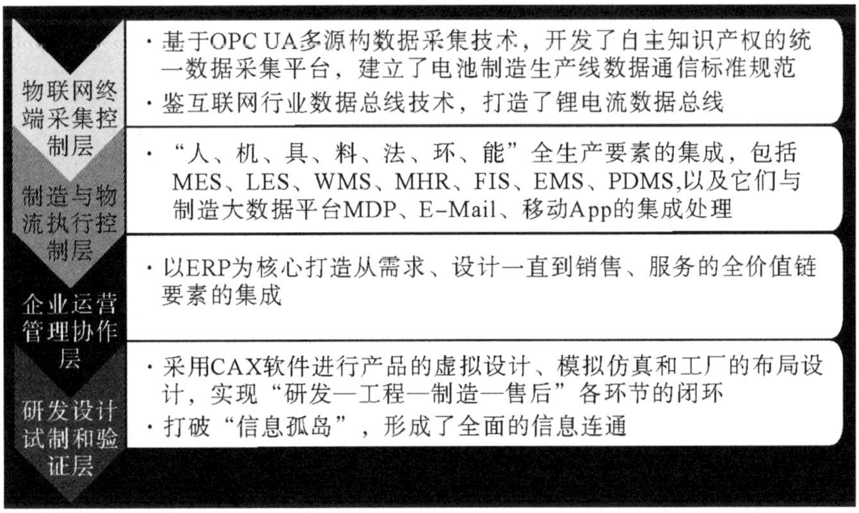


**图 4-6　宁德时代信息系统规划**

2015 年被认为是宁德时代的“物联网应用元年”，其物联网体系建设主要包括以下三个层面：①在终端控制层面，实现了数据采集和传递的准确完整。宁德时代从终端设备、数据采集平台、数据通信标准三个方面构建了物联网终端数据采集控制体系。宁德时代建立了庞大的物联网终端设备体系，打造了物联网神经末梢，实现对生产信息全面的采集和识别。据宁德时代首席制造官倪军介绍，目前建成的物联网系统支撑了上百万个不同设备，拥有 3 600 多个和质量相关的检测点。②在制造现场管理层面，实现了全生产要素的集成。建立了覆盖全生产要素的制造执行系统（MES 系统），这是宁德时代搭建物联网体系的重要举措。在 MES 系统的部署上，宁德时代选择与 SAP 深入合作，并成为中国第一个 SAP MES on HANA“灯塔客户”。宁德时代 CIO 陈凌表示：“在 SAP 的帮助下，宁德时代形成了以 MES 为核心的集成制造系统，内容涵盖过程管控、环境监控、能源管理等方面，驱动全价值链的集成与优化”。③在产品生命周期管理层面，实现了产品从研发到售后的一体化生产模式。宁德时代引入了产品生命周期管理（PLM）软件，加强了对产品制造全流程的一体化管理。

在这一阶段，宁德时代通过打造物联网终端采集平台、部署制造执行系统和引入生命周期管理软件等方式构建了物联网体系，实现了制造过程中人、设备、物联终端和信息系统的集成与交互，确保了生产过程的安全可控和精益高效。

（三）打通产业链，“落实”数字化转型

面对国内制造业数字化转型中“虚化”的困境，宁德时代“两手抓”，一方面通过自动化建设、系统化建设搭建了超前的网络，另一方面积极施策，布局上下游产业链，提升产业链整体智能制造水平，“落实”数字化转型。



针对上游产业链存在原材料价格高且供应不足的问题，宁德时代另辟蹊径，于 2015 年收购广东邦普循环科技有限公司，主攻动力电池回收业务，成功打通上游产业链（如图 4-7 所示）。通过布局动力电池回收业务，宁德时代将原材料使用由“消耗型”转变为“循环利用型”，解决了对电池原材料的依赖，强化了对上游原材料的议价权，从成本端提升了盈利空间。

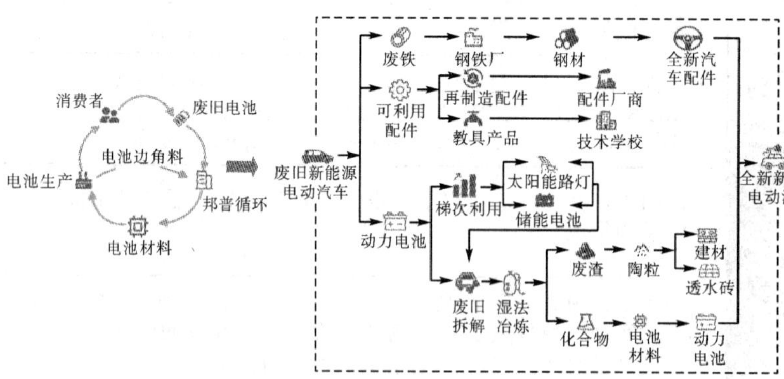


**图 4-7　电池回收循环再利用流程**

资料来源：https：//www. brunp. com. cn/news/29. html。

通过系统化建设，宁德时代建造了全自动化生产线，开发了内外部协同平台，对整个流程进行了信息化和系统化的管理，确保了生产过程的安全可控和精益高效。这是继自动化之后的又一“转”，宁德时代自此驶入发展的快车道。

（四）数据赋能：优化生产流程

2017 年，宁德时代超越了日本松下，凭借 11.84 GWh 的动力电池装机量夺得行业全球第一。得益于物联网技术的应用，此时宁德时代已有大量的数据产生。在此背景下，宁德时代成立了专门的大数据管理团队，进行数据资源的挖掘和应用工作，同时与天翼云和英特尔等企业合作，在大数据平台和数据应用等方面开展联合创新。2017 年是宁德时代的大数据应用元年，很多数据相关的技术已经运用于实际的生产线优化，并在生产过程中发挥了巨大作用。

一方面，宁德时代与天翼云共同搭建了物联网数据分析平台。宁德时代的信息参数平台最初托管在异地，这不仅有数据信息安全的隐患，同时还存在数据异地传输困难和访问低效的问题，导致大数据难以实现实时分析。基于此，2017 年宁德时代定下了自建电池信息采集与分析平台的目标。2018 年，宁德时代携手天翼云成功搭建物联网数据分析平台，该平台通过数据专线有效打通了异地与本地的数据中心，并对传输进行安全加固。

另一方面，宁德时代与英特尔合作，提升 MES 系统的数据计算和存储能力。在销量暴增的情况下，宁德时代又面临新的挑战——在短时间内要将产能提升 50%以满足当下市场需求。2018 年，宁德时代携手英特尔，在超高产能 MES 方面进行联合创新，成功打造了以英特尔至强可扩展处理器为核心并搭载英特尔傲腾 TM 持久内存的可扩展平台。该平台不仅具备可大幅提升计算性能的处理器，更搭载了颠覆传统内存的存储架构，如同给 MES 装上“动力引擎”；在海量的数据处理需求下，帮助 MES 的性能在计算和存储两大领域实现突破性的升级，推动宁德时代在数字化转型之路上“打怪升级”。

在这一阶段，宁德时代通过与天翼云和英特尔建立创新合作关系，大幅提升了数据管理、数据计算和数据存储等方面的能力，并充分挖掘数据的价值，为生产和决策提供了参考和指导。

**五、“数字化+智能化”：智造踏上新台阶**

2017 年，中国政府工作报告中首次出现“数字经济”一词①，这是新一轮的科技革命与产业变革的交汇时期，产业组织形态不断重塑，数字技术全方位、多角度地影响着经济社会格局。也正是在这一时期，宁德时代的智能制造踏上新台阶——“数字化+智能化”。之前宁德时代的数字技术应用尚停留在生产工艺上，2017 年后的这一“转”则开始涉及公司的方方面面。

（一）“智造”“灯塔工厂”

“练好基本功，发挥想象力”是曾毓群一次次强调的创新文化。客户对于动力电池最基本与最核心的要求是稳定与安全，宁德时代坚持“练好基本功”的初心，极大地保证了这一点。而将数字技术引入产品优化以及日常（生产）管理中，力图实现新的技术突破与管理创新，便是宁德时代“发挥想象力”的关键所在。以动力电池研发为例，在稳定与安全的基础上，续航和快充是新能源汽车的核心竞争力，

① 资料来源：http://theory.people.com.cn/n1/2018/0816/c40531-30232681.html。

终端消费者的首要诉求是让新能源汽车与燃油汽车的续航里程相近，而快速充电则是在提升续航之后另一个突破方向。宁德时代将这一需求抽丝剥茧，采用结构设计创新的方法于2022年发布麒麟电池，并迅速在2023年实现量产，其特性可以对标比亚迪刀片电池和特斯拉4680电池（如表4-2所示）。

**表4-2　动力电池特性对比**

| 电池名称 | 宁德时代麒麟电池 | 特斯拉4680电池 | 比亚迪刀片电池 |
|---|---|---|---|
| 电池形状 | 方形 | 大圆柱 | 长条形 |
| 电池组能量密度/（Wh/kg） | 255 | 217 | 140 |
| 快充（从电量10%充至80%）/分钟 | 10 | 15 | 30 |
| 体积利用率/% | 72 | 63 | 75.60 |

资料来源：宁德时代公众号、比亚迪官网。

从公司内部来看，数字化转型满足了企业的创新战略需求。宁德时代引入AI（人工智能）技术捕捉生产流程中的高清图像并进行实时分析以获取产品异常信息，打造了“云—边—端”平台，解决了产品生产过程中人工检测速度慢、准确率低的问题。另外在日常运营管理方面，宁德时代引入5G技术，打造了“云上数字工厂”，满足了移动化办公需求。在智慧物流方面，宁德时代接入超过200台5G-AGV9设备，实现了模组、物料、产品自动运输，不仅节省了人力开支，还提升了配送精准度与周转率。该阶段的部分技术应用如表4-3所示。

**表4-3　宁德时代数字技术应用情况**

| 应用场景 | 应用技术 | 应用结果 |
|---|---|---|
| 质量检测 | AI+AR | 实现控制系统的参数智能调整与远程操作指导，提升现场工作效率；实施捕捉并分析产品信息，及时发现异常 |
| 品控分析 | 大数据+AI | 实现产品生产检测过程中的大量数据无延误传输，数据快速交互 |
| 移动办公、日常运营管理 | 5G+AR | 覆盖设备点检、保养维修登记、电子工艺文件查看等业务场景，“云上数字工厂”使移动化办公需求得到充分满足 |
| 智慧物流 | 5GAGV | 实现物流终端控制、商品入库存储、搬运、分拣等作业全流程自动化；节省人力开支，提升配送精准度和库存周转率 |

资料来源：宁德时代官网。

如上所述，宁德时代将数字技术引入生产运营的方方面面。2021年9月28日，宁德工厂被世界经济论坛（WEF）评选为“灯塔工厂”①，是首个获此认可的动力

① 全球“灯塔工厂”致力于通过创新将生产效率和可持续发展提升至更高水平。获得“灯塔工厂”认证的企业都成功应用了如人工智能和大数据分析等方面的技术，在兼顾环境管理的同时，大幅提高了生产效率和竞争力，转变了业务模式并实现了盈利增长。目前全球锂电池行业仅有2座灯塔工厂，均来自宁德时代。

电池工厂。

（二）AI 助力：迈向智能制造

工业信息化部在 2019 世界智能制造大会上发布了全国第一批 8 家智能制造标杆企业，宁德时代作为唯一一家动力电池企业名列其中。工业信息化部经过评选认为，宁德时代通过算法模型的研发应用，为生产制造各环节的智能化决策提供了支撑。2019 年是宁德时代的 AI 应用元年，宁德时代将 AI 应用于企业生产运营，也意味着其在智能制造的道路上又前进了一步。宁德时代通过与英特尔、第四范式等企业的合作，尝试在生产线上推广机器学习、图像识别、智能物流、视频流智能监控等技术，将数字化转型的重点放在了如何基于导入的制造大数据实现智能生产和质量智能管控上。

在质量管控方面，宁德时代与英特尔深入合作，成功构建了一套横跨“云—边—端”，融合计算机视觉（CV）、深度学习（DL）、机器学习（ML）的 AI 电池缺陷检测方案，大幅提升产品质量控制水平。

2021 年 7 月，宁德时代与人工智能技术与服务提供商第四范式达成战略合作，建设人工智能平台，以推进人工智能技术在生产制造中的全面应用。宁德时代认识到智能化转型的必要性，前瞻性地提出以人工智能平台为核心的人工智能发展战略。依托第四范式 Sage AIOS 数据治理、模型学习等 AI 技术以及全流程的 AI 应用与管理能力，宁德时代成功打造了快速落地的人工智能平台，将 AI 技术融入动力电池生产线，实现了对生产制造各个环节的智能化管理。同时，宁德时代保障了人工智能平台与现有的 MES 系统、产品生命周期管理系统等生产系统的对接，实现了数据的实时获取与分析决策。宁德时代通过人工智能平台的建立，开启了 AI 在生产制造中的全面落地之路，进一步推动了自身从“制造”向“智造”的转型。

在这一阶段，通过与英特尔和第四范式等企业的合作，宁德时代推动了人工智能技术在动力电池生产制造领域的应用，并加速了智能制造体系的建设与完善。

（三）数字助力：推动绿色减碳

在“双碳战略”背景下，宁德时代作为动力电池龙头企业积极响应，将碳减排作为企业发展目标。此前，宁德时代上线了智慧厂房管理系统（CFMS），通过 5G 与大数据优化工厂运营，降低总能耗；通过 AI、先进分析、云计算等技术实现了生产每组电池仅有十亿分之一的缺陷率，同时劳动生产率提高 75%，每年能源消耗降低 10%。在 2023 年上海国际车展发布会上，宁德时代董事会秘书蒋理称：“在宁德时代的战略里，零碳是责任，是能力，更是机遇。”这表明了宁德时代未来实现运营碳中和与价值链碳中和的决心。

**六、迎接挑战：创新突围谋发展**

（一）行业暗流涌动

曾有业内人士直言：在实体制造业整体不被看好、人才纷纷往互联网与金融行业钻的当下，很难再找到宁德时代这样一家逆势而上的制造公司。毫无疑问，宁德时代赶上了风口，而且是比共享经济更大的风口——新能源汽车。当公司内一些人以为宁德时代已经是大公司时，掌门人曾毓群却认为公司目前的处境非常危险。数年前他曾在内部的群发邮件中发问：台风来了，猪真的会飞吗？但是，猪是在飞吗？台风走后猪的下场如何？过去几年，我国一直在提高对电动汽车的补贴门槛，对动力电池系统能量密度的最低要求也逐年提高。曾毓群表示，补贴门槛逐渐提高有助于引导动力电池向综合性能更优异的方向发展。此外，动力电池行业的保护也正在被逐步打破。国家发展改革委、商务部发布的《外商投资产业指导目录》（2017 年修订），解除了对能量型动力电池以及电池正负极材料两方面的外商投资和相应的技术以及股比的限制，并增加了燃料电池方面的外商鼓励投资。两年前被排除在补贴目录之外的日、韩电池企业厂集体回归中国大陆市场，SK、三星 SDI、松下都纷纷在中国建立电池工厂，扩大产能。2018 年 3 月，日本电池巨头松下投资 27 亿元的大连新能源专用方形锂电池工厂开始生产供货，目前产能约 5 GWh 。同时松下正在扩充苏州产能，并打算与特斯拉在上海再度合作建立超级电池工厂，生产供特斯拉使用的圆柱形电池。早在 2015 年全球动力电池巨头 LG 化学与三星 SDI 就分别在南京、西安等地建设了新能源汽车电池工厂，两家均有扩能的打算。

随着国家对新能源整车补贴的逐渐取消，那些没有技术、没有资金，仅仅依靠政策扶持的弱势动力电池企业恐怕都将面临被边缘化或死亡的局面。高工产研锂电研究所的一份研究报告指出，未来 3~5 年内，我国 90% 以上的锂电企业将被兼并、重组或者破产倒闭，真正能进入整车供应体系的数量不会超过 20 家，而且产能会高度集中到前几名企业。届时，要想在世界舞台上博弈，即使是强如宁德时代这样的“独角兽”，也必须加大投入研发创新电池技术——毕竟，只有攻克现有动力电池技术难题，抢先研发出下一代动力电池，才能在暗流中站稳脚跟，从而拥有话语权。2018 年全球新能源汽车动力电池出货量排名如图 4-8 所示。

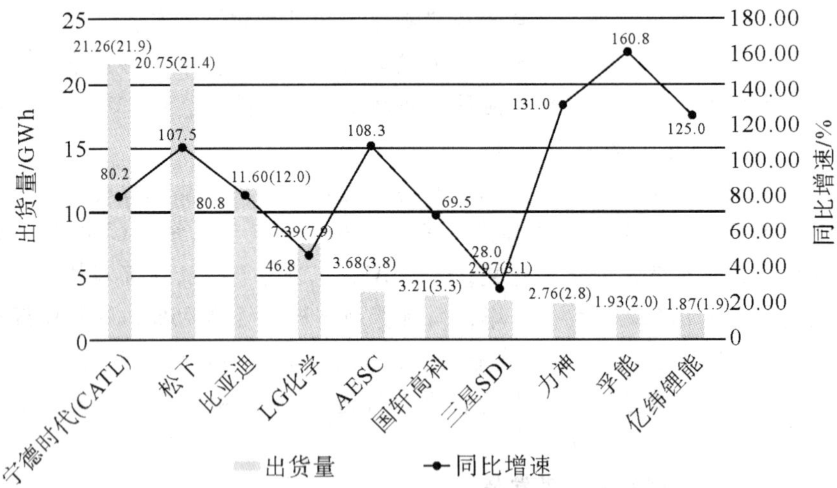


注：出货量后括号内的数据表示占总出货量的比例

**图 4-8　2018 年全球新能源汽车动力电池出货量前十名**

数据来源：2018 年全球汽车动力电池 TOP 10，七家中国企业，第一名宁德时代_ 懂车帝　https：//www. dongchedi. com/article/6737693530556203523。

（二）创新突围求发展

面对未来的挑战，曾毓群表示："要赢得马拉松冠军，唯有我们自己坚持不懈地奋斗、创新。"事实上，宁德时代也是这么做的。缺乏技术和资金任何一项，都将使动力电池企业面临危机。面对动力电池连年降价、毛利率下滑的现实，以及由车企合作方增多带来的产能不足及同质化明显的问题，宁德时代不能坐以待毙，必须自我提升、自我发展，在技术和市场上占据高地。

宁德时代坚持在技术上努力提升。电动汽车因续航里程短、配套电桩不足、成本较高等问题，使许多消费者望而却步。动力电池自身仍然存在未被攻克的技术难题。锂离子动力电池能量密度一直是产业瓶颈，美、日、韩等国都制定了相关产业政策，其目标均指向"2020 年能量密度达 300 Wh/kg"。2019 年 3 月，在国家重点专项支持下，宁德时代研发团队攻克了高镍三元材料及硅碳负极材料等关键核心技术，率先开发出能量密度达 304 Wh/kg 的电池样品。锂电池包括正极、负极、电解质等多个关键部分，宁德时代不仅在正极材料上实现了国产高镍材料的规模化生产及应用，还瞄准负极材料的硬伤，利用硅基负极材料代替石墨，同时开发出具有自主知识产权的新型人造电解质界面膜包覆的硅碳复合负极材料，其循环性能表现显著优于国外产品。

宁德时代坚持融资扩能。为满足公司及子公司日常生产经营及项目建设资金需要，2018 年 11 月，宁德时代审议通过了一份议案，拟向银行申请总计不超过人民币 1 100 亿元的综合授信额度，同时拟投入不超过 70 亿元新建锂电池项目。公司拟通过江苏时代新能源科技有限公司（以下简称"江苏时代"）投资建设江苏时代动力及储能锂电池研发与生产项目（三期），以进一步扩大产能、维持市场地位。与此同时，宁德时代还在继续进行产业链的深入合作，增强公司的整合优势，控制上游材料供应和成本。

**七、永远在路上**

2022 年 4 月，中国科学院《互联网周刊》发布了"2021 年中国智能制造 50 强企业排行榜"，宁德时代作为动力电池制造行业的领军企业在榜中排名第十。经过"系统升级—万物互联—数据赋能—AI 助力"四阶段数字化转型，宁德时代已建立起一套智能制造体系，实现了从"制造"到"智造"的升级跃迁，并稳步成长为全球动力电池行业的领跑者。但是，倪军认为，为打造世界领先的智能制造企业，宁德时代还需要在数字技术与智能装备上投入更多。在数字化转型和智能制造上，宁德时代还有很长的路要走。

值得注意的是，2021 年 10 月 25 日，宁德时代以 32 亿元人民币的注册资本全资控股成立了宁德时代润智软件科技有限公司，这是宁德时代加速数字化转型的新举措。实际上，很多制造业头部企业已投资布局工业软件和数字技术，如美的、三一重工、TCL 等。而在此之前，宁德时代便开始围绕数字化转型战略投资布局数字技术。如 2020 年 7 月，宁德时代控股 51%成立安脉时代智能制造（宁德）有限公司，致力于工业大数据和人工智能的应用；2021 年 2 月，宁德时代的子公司宁波梅山保税港区问鼎投资有限公司出资 5.48 亿元，投资布局智能制造、智能驾驶等领域。

2021 年 7 月，宁德时代出资 3 亿元，拟主要投资智能终端、智能驾驶、AI 技术等科技产业领域。

宁德时代的这些举措，一方面是为了满足自身数字化转型的需求，助力智能制造体系的建设；另一方面，则是借助自身的示范效应，服务于生态系统内的其他企业，赋能整个行业的发展。

作为动力电池行业的领跑者，宁德时代通过数字化转型，实现了智能制造的实践与创新。而如今，宁德时代正在尝试从数字化应用商向数字化赋能者转变。那么，宁德时代是否能够通过身份的转变，推广数字技术在行业内的应用，从而带动整个行业的转型升级呢？未来存在诸多不确定性，让我们拭目以待。

## 案例思考题：

1. 宁德时代进行数字化转型的原因是什么？请结合行业背景和公司战略进行分析。

2. 宁德时代的数字化转型经历了哪几个阶段，每个阶段的转型契机是什么？

3. 在系统化建设过程中，宁德时代选择与外部公司合作的原因是什么？这种合作模式对宁德时代的转型有何影响？

4. 宁德时代是如何通过逐级而上的转型战略实现智能化并最终获得“灯塔工厂”认证的？

5. 宁德时代的数字化转型有哪些成功因素？我国其他制造企业能从宁德时代的转型中获得哪些经验和启发？

6. 宁德时代在数字化转型的道路上还将面临哪些挑战？你认为宁德时代应如何应对这些挑战以保持其行业领跑地位？

7. 作为动力电池行业的领跑者，宁德时代在数字化转型中扮演了怎样的角色？它如何利用自身经验赋能整个行业的发展？

# 第五章 业务系统类型与典型商业模式

本章主要基于业务系统类型，对平台型、单边平台型、软一体化商业模式的定义和特性、优势以及挑战和风险进行分析。随着全球化和数字化的加速发展，商业环境不断变化，企业已经无法仅仅依靠传统的业务模式和系统来取得竞争优势。今天，企业不仅需要适应这些变化，而且需要寻找新的方式来运营和提升竞争优势。这就使得理解各种类型的业务系统和商业模式变得尤为重要。我们首先探讨业务系统的类型。业务系统是处理和管理企业日常业务活动的信息系统。通过理解不同的业务系统类型，包括事务处理系统、管理信息系统、决策支持系统、执行信息系统和知识管理系统，可以更好地理解这些系统在业务运营中的价值。其次是对平台型商业模式和单边平台型商业模式的介绍。在一个中心实体（平台）通过创建并维护一个市场或社区，来促使不同用户互动的模式下，如何创造并增强网络效应，进而成功运营，都将是我们讨论的焦点。在单边平台型商业模式中，我们将观察如何通过平台提供一个产品或服务来吸引和保持用户，而双边或多边平台则依赖于在平台上的不同用户组之间创造交互。再次，探讨软一体化商业模式。在这个部分，将展示如何将不同的产品或服务结合成一体，形成一个完整的解决方案，这将帮助企业获得竞争优势、提高收益。最后，介绍了新型商业模式发展的挑战和对策。

在全球竞争日益激烈的今天，理解这些业务系统类型和商业模式对于任何希望在市场中成功的企业来说都是至关重要的。无论你是企业决策者、创业者还是商业分析师，理解和利用这些模式将有助于你在这个充满挑战和机遇的环境中找到自己的立足点。

## 一、业务系统的分类

在企业中，业务系统通常被定义为帮助企业执行其日常运营、提供信息用于管理决策并协助进行战略规划的信息系统。为了更好地理解它们在企业中的应用，我们可以从企业的角度出发，对业务系统进行以下分类。

### （一）运营系统

运营系统（operational systems）处理企业日常的业务交易，包括销售、采购、库存管理、生产控制、财务会计等。这些系统通常需要处理大量数据，并且必须能够实时或近实时地进行处理以保证企业运营的流畅。例如，事务处理系统（TPS）就是一种典型的运营系统。

运营系统是企业业务系统的基础。在大多数企业中，运营系统具备了各种业务功能，其特性和重要性分别表现为：

**1. 特性**

（1）大数据量：运营系统需要处理大量的交易数据。这些数据通常包括订单、发货单、库存记录、发票等。

（2）实时或近实时处理：为了确保流畅的运营，这些系统需要能够实时或近实时地处理数据。例如，当一个订单被接受时，系统需要立即更新库存信息。

（3）标准化和自动化：运营系统通常高度标准化和自动化，以提高效率和准确性。例如，系统可能会自动生成发货单或发票。

**2. 重要性**

（1）支持日常运营：运营系统是企业日常运营的核心，它们处理和管理所有的商业交易，保证业务活动的正常进行。

（2）数据来源：运营系统是企业的主要数据来源。这些数据不仅对日常运营决策非常重要，而且为管理控制系统和战略规划系统提供了必要的信息。

（3）客户满意度：通过提供准时、准确的服务，运营系统直接影响到客户满意度。例如，一个有效的订单管理系统可以确保客户的订单准时、准确地被处理和发货。



在零售业，典型的运营系统可能包括点销售（POS）系统、库存管理系统、客户关系管理（CRM）系统等。例如，当客户在商店结账时，POS系统会记录销售交易，同时更新库存信息；CRM系统则会收集并管理客户的购买历史，以提供更个性化的服务。

### （二）管理控制系统

管理控制系统（management control system）旨在为管理层提供信息以监控企业的运营。管理控制系统通常从运营系统中收集数据，然后进行加工和汇总，提供报告和仪表板，这些输出有助于管理者理解企业的性能和操作情况，制定策略，以及进行决策。管理信息系统（MIS）和决策支持系统（DSS）就属于这一类。

管理控制系统在企业中发挥着至关重要的作用，其特性和重要性分别表现为：

**1. 特性**

（1）信息处理和汇总：管理控制系统通常从运营系统中收集数据，然后进行加工和汇总，以生成对管理者有用的信息。例如，管理控制系统可能会计算销售额、利润率等关键性能指标（KPI）。

（2）报告和仪表板：管理控制系统通常通过报告和仪表板来展示信息，使管理者能够快速理解组织的性能和运营状况。

（3）决策支持：管理控制系统还有一些决策支持工具，如预测、模拟、风险评估工具等，以帮助管理者做出更好的决策。

2. 重要性

（1）监控：通过提供实时的、准确的信息，管理控制系统使管理者能够监控企业的运营，及时发现和解决问题。

在制造业，常见的管理控制系统可能包括生产计划系统（PPS）、质量管理系统（QMS）、成本管理系统等。例如，生产计划系统可以帮助管理者优化生产计划，以满足订单需求并降低库存成本；质量管理系统则通过收集和分析质量数据，帮助管理者提高产品质量，减少质量问题。

（2）决策支持：管理控制系统提供了关键的信息，支持管理者做出各种运营决策，如定价、成本控制、库存管理等。

（3）战略规划：管理控制系统还为战略规划提供了数据支持。例如，通过分析销售趋势、市场份额等信息，管理者可以更好地理解市场环境，制定有效的战略。

### （三）战略规划系统

战略规划系统（strategic planning system）支持企业进行战略规划和决策。它们通常包括数据分析、预测、模拟等工具，以帮助企业评估不同战略选项的可能结果，支持长期规划和战略决策。执行信息系统（EIS）就是这种类型的一个例子。

战略规划系统在企业中扮演着关键的角色，它们支持长期规划和高层决策，帮助企业制定并实施战略。其特性和重要性分别表现为：

1. 特性

（1）数据分析和预测：战略规划系统通常包含强大的数据分析和预测工具，这些工具可以帮助企业评估不同战略选项的可能结果。

（2）模拟和决策支持：战略规划系统也可以进行模拟，例如，它们可能会模拟市场、竞争情况、公司资源变化的影响等，以支持战略决策。

（3）战略规划：战略规划系统通常包含工具和模板，以帮助管理者制定、执行和跟踪战略计划。

2. 重要性

（1）支持战略决策：战略规划系统提供了必要的工具和信息，以支持企业的战略决策。这些决策可能涉及市场定位、资源配置、新产品开发、合作伙伴关系等。

（2）提高竞争力：通过帮助企业更好地理解市场环境和自身的竞争地位，战略规划系统可以帮助企业提高其竞争力。

（3）降低风险：通过预测和模拟，战略规划系统可以帮助企业识别和评估潜在的风险，从而采取适当的预防措施。

在金融行业，战略规划系统可能包括风险管理系统、投资分析系统、市场研究系统等。例如，风险管理系统可以帮助银行评估和管理信贷风险，投资分析系统则可以帮助投资公司分析不同投资选项的预期收益和风险。

### （四）知识管理系统

以上这些系统都在不同程度上依赖知识管理系统（knowledge management

system)。知识管理系统帮助企业收集、管理、分发和复用其整体的知识资产，不仅包括来自内部系统的数据，也包括来自外部的市场信息，以及员工的经验和专业知识。

知识管理系统在企业中扮演着重要的角色，其特性和重要性分别表现为：

**1. 特性**

（1）知识收集和存储：知识管理系统通常包含工具和流程，用于收集和存储组织的知识，这可能包括文件、报告、白皮书以及员工的专业知识和经验。

（2）知识分享：知识管理系统也提供了工具和平台，以便员工之间可以分享和访问知识。这可能包括内部社交网络、论坛、博客和知识库。

（3）知识检索：为了方便员工找到和利用知识，知识管理系统通常包含强大的检索功能。

**2. 重要性**

（1）提高效率和效果：通过共享知识，知识管理系统可以帮助员工避免重复工作，更快地解决问题，更好地完成任务。

（2）促进创新：通过集合和共享不同的观点和想法，知识管理系统可以激发新的想法和解决方案，从而促进企业的创新。

（3）保留和传承知识：知识管理系统可以帮助企业保留关键的知识和专业技能，即使知识的拥有者离开了企业，这些知识也可以被其他员工继续利用。

在咨询行业，知识管理系统可能包括案例库、方法库、专家系统等。例如，案例库可能包括过去的项目报告和案例研究，以帮助咨询师理解和解决类似的问题；专家系统则可以存储并分享专家的知识和经验，以支持更复杂或专业的任务。

### （五）小结

在本节中，我们深入探讨了不同类型的业务系统，包括运营系统、管理控制系统、战略规划系统和知识管理系统。每种类型的系统都有其独特的功能和作用，它们共同构成了企业的信息基础设施，并对企业的运营和发展起到了关键的支持作用。

运营系统负责日常的业务活动，提供了企业运营的核心数据和信息。管理控制系统通过收集和处理数据，提供了对企业性能的实时监控，支持各级管理者的决策。战略规划系统支持企业的长期规划和高层决策，帮助企业制定和实施战略。知识管理系统则是集合、分享和利用企业的知识，促进了企业的学习和创新。

在实际应用中，不同类型的系统紧密地协同工作，形成了企业的信息系统网络。例如，运营系统产生的数据可能会被管理控制系统使用，为管理者提供报告和仪表板；战略规划系统可能会使用知识管理系统的知识，进行市场分析和预测。

通过理解这些系统的功能和作用，我们可以更好地理解企业的信息需求，以及如何通过信息系统来满足这些需求。在下一节中，我们将转向商业模式的讨论，深入探讨如何通过不同的业务系统和商业模式来创建和提升企业的价值。

## 二、平台型商业模式

平台型企业是提供渠道的媒介、提供机会的中间商，其核心利益是建立起一个完善的生态系统，让有利益相关性的诸多群体彼此交流互动，实现价值的飞跃，达到“1+1=10、2+2=100”的效果。平台型企业需要设定付费方与被补贴方，企业可以选择补贴被补贴方，促进客户数量的增长，进而吸引付费方支付更多的费用。平台商业模式的特点是利用群众关系来建立无限增值的可能性，这被称为网络效应。平台商业模式中的网络效应包括两大类：同边网络效应（指当某一边市场群体的用户规模增长时，将会影响同一边群体内的其他用户所得到的效用）和跨边网络效应（指一边用户的规模增长将影响另外一边市场群体的用户使用该平台所得到的效用）。网络效应可以在平台商业模式中发挥极大的作用，而平台商业模式也需要利用网络效应吸引用户、增强竞争力。

### （一）平台型商业模式的定义和特性

商业模式是一种框架或蓝图，描述了一个企业如何创建、提供和捕获价值。具体来说，它可以包括以下几个关键部分：价值主张、目标客户、销售和分发渠道、价值链结构、成本结构和盈利模式。商业模式是一个组织的战略选择，它反映了组织的核心逻辑和策略。以下为平台型商业模式的定义和特性。

**1. 定义**

平台型商业模式是一种以平台为核心，连接不同的用户群体，通过提供互动、交易或共享的机会，创造并分享价值的商业模式。

**2. 特征**

（1）多元化的参与者：平台型商业模式通常会有多种不同的参与者，例如买家、卖家、开发者、服务提供者等。这些参与者通过平台进行交互和交易。

（2）网络效应：平台型商业模式具有网络效应，即平台的价值随着其用户数量的增加而增加。当一个平台拥有更多的用户时，它对其他用户就更有吸引力。

（3）数据驱动：平台型商业模式通常依赖数据和算法来优化客户的体验，提高交易的效率，以及发现新的商业机会。

（4）开放性和可扩展性：平台型商业模式通常具有开放性和可扩展性，允许新的参与者加入以及新的服务和应用的开发。

以上为平台型商业模式的基础定义和特性。接下来我们将更深入地讨论平台型商业模式的优势、挑战和风险，以及如何成功地实施平台型商业模式。

### （二）平台型商业模式的优势

平台型商业模式具有一些独特的优势，使得它在许多行业中非常成功。让我们来看看这些优势：

（1）规模经济：简单来说，规模经济就是“越大越好”。在平台型商业模式中，越多的用户使用平台，平台能提供的服务就越好，成本就越低。比如，一个有着数百万用户的社交媒体平台，可以以非常低的成本向每个用户提供服务。

（2）网络效应：这是一个“越多越好”的概念。在平台型商业模式中，用户数量越多，平台就越有价值。比如，如果你是一个在线市场的用户，你会更愿意去一个拥有更多商品和卖家的市场购物，因为你在那里有更多的选择。

（3）数据和学习效应：平台型商业模式可以从用户的行为中收集大量的数据，然后通过分析这些数据来改进服务和发现新的机会。比如，抖音会根据你看过的短视频推荐你可能感兴趣的新内容。

（4）创新和灵活性：平台型商业模式可以快速地适应新的技术和市场变化，并利用新的商业机会。比如，滴滴打车在短短几年内，就将其业务扩展到了全球数百个城市。

（5）社区和生态系统：平台型商业模式可以建立一个活跃的用户社区，这个社区可以提供反馈、分享经验，甚至创造新的内容和服务。比如，哔哩哔哩的用户不仅可以观看视频，还可以上传自己的视频，与其他用户互动，这样就形成了一个充满活力的社区。

以上就是平台型商业模式的一些主要优势。但是，就像所有的事情一样，平台型商业模式并不是没有挑战和风险的。在下一节中，我们将讨论这些挑战和风险，以及如何应对它们。



### （三）平台型商业模式的挑战和风险

虽然平台型商业模式具有很多吸引人的优点，但它也有一些挑战和风险需要我们注意：

（1）构建和维持网络效应：网络效应是平台型商业模式成功的关键，但要建立并维持网络效应并非易事。你需要吸引足够多的用户来使平台变得吸引人，但在你的平台尚未变得吸引人之前，吸引用户却是一个挑战。

（2）竞争：由于平台型商业模式的成功和盈利潜力，竞争通常非常激烈。你可能需要与其他已经建立的平台竞争，或者防止新的竞争者进入市场。

（3）数据安全和隐私：平台型商业模式依赖于收集和分析用户数据，这可能会引发数据安全和隐私问题。既需要确保平台安全地存储和处理数据，又要尊重用户的隐私。

（4）法规合规：随着平台型商业模式在全球的快速发展，法规合规变得越来越重要。需要确保平台在各个市场中都符合当地的法律法规。

（5）平台治理：运营一个平台需要进行平台治理，包括管理用户行为、解决纠纷、维护平台的秩序和公平性等。这可能需要投入大量的资源和努力。

这些挑战和风险并不意味着平台型商业模式不值得尝试。相反，如果你能够有效地应对这些挑战和风险，你可能会发现平台型商业模式是一种非常强大和盈利的商业模式。

### （四）平台型商业模式的成功要素

尽管平台型商业模式存在许多挑战和风险，我们还是可以找到许多成功的例子，如阿里巴巴、亚马逊、Facebook 等。以下是一些影响平台型商业模式是否成功的关键因素：

（1）用户吸引力：成功的平台都具有强大的用户吸引力，无论是对于用户还是供应商。这通常需要提供独特的价值，如高质量的商品或服务、便利的交易方式、良好的用户体验等。

（2）网络效应：如前所述，网络效应是平台型商业模式的关键特性。成功的平台通常能够很好地利用网络效应，使得平台的价值随着用户数量的增加而增加。

（3）数据和技术能力：成功的平台通常具有强大的数据和技术能力，可以收集和分析大量的用户数据，以优化用户体验、提高效率，以及发现新的商业机会。

（4）创新和适应能力：市场和技术的变化非常快，成功的平台需要具有快速创新和适应的能力，以抓住新的商业机会，以及应对新的挑战和风险。

（5）高效的运营和治理：成功的平台需要有效地运营和治理，以保持平台的秩序和公平性，解决用户的问题和纠纷。

以上就是影响平台型商业模式是否成功的一些关键因素。虽然这些因素都非常重要，但每个平台的情况都是独特的，因此需要根据具体的情况进行考虑和应用。



### （五）平台型商业模式的典型例子

在这一节中，我们将介绍几个采用平台型商业模式并取得了巨大成功的公司：

（1）以腾讯、抖音、快手、百度、小红书、哔哩哔哩、微博、知乎等为代表的内容平台，其核心商业模式是让供给方（创作者、商家）在平台上投放广告，收取广告费。抖音、快手、小红书等也有直播电商业务，会收取交易佣金，而腾讯、哔哩哔哩还有游戏业务，会在平台推广自研+代理的游戏，将流量转化成玩家，赚取虚拟充值等游戏相关费用。

（2）以阿里巴巴、美团、京东、拼多多、滴滴、贝壳、唯品会等为代表的交易平台。其核心商业模式是让商家在上述平台售卖实体商品或提供生活服务，赚取交易佣金，另一方面让商家投放广告，收取广告费。其中，阿里巴巴是中国最大的电子商务公司，其商业模式是典型的平台型商业模式。阿里巴巴的主要业务包括淘宝网（一个面向消费者的市场）以及 alibaba. com（一个面向企业的市场）。

（3）谷歌。谷歌（Google）是全球最大的搜索引擎，也是全球最大的在线广告平台。谷歌的商业模式也是平台型商业模式：用户可以免费使用谷歌的搜索服务，而广告商则可以在谷歌的搜索结果页上投放广告。

（4）Facebook。Facebook 是全球最大的社交网络服务平台，拥有数十亿的活跃用户。Facebook 的商业模式也是平台型商业模式：用户可以免费使用 Facebook 的社交网络服务，而广告商则可以在 Facebook 上投放广告。

（5）亚马逊。亚马逊（Amazon）是一家电子商务和云计算公司，是全球最大的电子商务公司，也是全球最大的云服务提供商。亚马逊的商业模式是典型的平台型商业模式：它不仅自己销售商品，还允许其他卖家在其平台上销售商品，同时提供物流、支付等服务。

以上例子展示了平台型商业模式的多样性和成功潜力。但是，也要注意到，虽然这些公司取得了巨大的成功，但它们也面临着许多挑战和风险，如数据隐私问题、反垄断问题等（见表 5-1）。

**表 5-1　互联网头部企业遭遇的反垄断规制**

| 规制对象 | 时间 | 原因 | 政策或行动 |
|---|---|---|---|
| Google | 2020 年 10 月 20 日 | 谷歌将竞争对手拒之门外，借此维持自己“互联网守门人”的地位 | 美国司法部提起了一桩反垄断案，指控谷歌通过反竞争手段维护其在搜索引擎和线上广告领域的垄断地位。这是 21 世纪至今美国政府对科技公司提出的最严重的反垄断指控 |
| 京东 | 2020 年 12 月 24 日 | 开展自营业务存在不正当价格行为 | 国家市场监督管理总局依法对京东处以罚款 50 万元 |
| 阿里巴巴 | 2021 年 4 月 10 日 | 对平台内商家提出“二选一”要求 | 国家市场监督管理总局责令阿里巴巴集团停止违法行为，并处以罚款 182.28 亿元 |
| 美团 | 2021 年 4 月 26 日 | 涉嫌实施“二选一”等垄断行为 | 美团回应称“公司将积极配合监管部门调查”，证实监管部门已经介入 |
| 腾讯 | 2021 年 7 月 10 日 | 作为大股东，促成头部游戏直播平台斗鱼和虎牙进行合并 | 国家市场监督管理总局发布公告，叫停合并 |
| 滴滴 | 2021 年 7 月 16 日 | 无视监管部门推迟其赴美上市计划的建议，且存在严重违法违规收集个人信息的问题 | 国家网信办等多部门进驻滴滴开展网络安全审查，禁止滴滴注册新用户，要求滴滴的 25 款 App 下架 |
| 腾讯 | 2021 年 7 月 24 日 | 收购中国音乐集团后，可能控制版权、排除竞争 | 国家市场监督管理总局对其处以罚款 50 万元，且要求腾讯不得与上游版权方形成独家版权协议 |
| 美团 | 2021 年 10 月 8 日 | 滥用网络餐饮外卖平台支配地位对商家“二选一”的要求 | 国家市场监督管理总局责令美团停止违法行为，退还商家保证金 12.89 亿元，并处罚款 4.42 亿元 |
| Facebook、Google | 2022 年 1 月 6 日 | 要求使互联网用户难以拒绝 Cookie | 法国国家信息自由委员会（CNIL）发布通报称，由于 Facebook 未遵守《数据保护法》的相关规定，该机构决定对其处以 6 000 万欧元（约合人民币 4.3 亿元）罚款，对 Google 处以 1.5 亿欧元（约合人民币 11 亿元）罚款 |

表5-1(续)

| 规制对象 | 时间 | 原因 | 政策或行动 |
|---|---|---|---|
| Meta | 2023年<br>5月22日 | 持续向美国传输数据，但并未解决欧洲用户基本权利和自由所面临的风险 | 爱尔兰数据保护委员会（DPC）宣布因Meta将欧盟用户数据传输到美国，将对其罚款12亿欧元（约13亿美元，约91.08亿元），除了巨额罚款外，欧洲监管机构还命令Meta在五个月内“暂停将个人数据传输至美国”，并在六个月内删除已经发送并非法存储的数据 |

资料来源：国家市场监督管理总局官网、其他相关网络资源。

## 三、单边平台型商业模式

单边平台型商业模式是一种基于互联网技术的商业模式，它通过构建一个中心化的平台，将供应商和用户连接在一起，以实现价值的创造和交换。在这种商业模式中，平台担当着组织者和调度者的角色，通过提供服务和资源的整合，促进供需双方的互动和交易。以下是单边平台型商业模式的概况：

（1）平台运营者：平台运营者是单边平台型商业模式的核心，他们通过建立和管理平台，提供给供应商和用户进行交互的基础设施和服务。平台运营者具有整合资源、建立规则和提供信用等功能，以确保平台的顺利运作。

（2）供应商：供应商是指在平台上提供产品或服务的企业或个人，通过平台展示和销售自己的产品或服务以吸引用户的注意和购买。供应商可以是实体店铺、在线商家、服务提供商等多种形式。

（3）用户：用户是指通过平台寻找和购买产品或服务的个人或组织。他们通过平台获得便利的购物体验和丰富的选择，可以在平台上进行商品比较、下单和支付等操作。

（4）交易和支付：平台提供了便捷的交易和支付系统，使供应商和用户可以在平台上进行交易。平台通常会提供安全的支付方式和物流配送服务，以保障交易的顺利进行。

（5）数据和信息流：在单边平台型商业模式中，平台通过收集和分析客户的数据和行为，可以为供应商提供有价值的市场洞察，为用户提供更好的购物体验。

单边平台型商业模式的优势在于可以有效地连接供应商和用户，实现规模化经营和资源整合，提供丰富的选择和便捷的交易方式。然而，单边平台型商业模式也面临着激烈的竞争和信任的建立等挑战，需要平台运营者不断创新和改进，以提供更好的用户体验和增强平台的吸引力。

### （一）定义及特性

单边平台型商业模式是一种商业模式，它的主要特点是平台提供者为一个特定的用户群体（例如消费者或供应商）提供产品或服务，而不是连接两个或多个不同的用户群体。与双边或多边平台商业模式不同，单边平台型商业模式的价值主要来自对特定用户群体的服务，而不是来自连接不同的用户群体。

单边平台型商业模式具有以下主要特性：

（1）专注于一个特定的用户群体。单边平台型商业模式的主要特点是专注于为一个特定的用户群体提供服务。例如，爱奇艺是一个提供视频流媒体服务的单边平台，它的主要用户群体是消费者。

（2）用户体验的重要性。由于单边平台型商业模式主要为一个特定的用户群体提供服务，因此提供优秀的用户体验是非常重要的。这可能包括提供高质量的商品或服务、提供方便的交易方式、提供良好的客户服务等。

（3）创新的重要性。为了吸引并保留用户，单边平台型商业模式需要不断创新，提供新的或改进的商品或服务。这可能需要投入大量的资源和努力。

以上就是单边平台型商业模式的定义和主要特性。虽然单边平台型商业模式可能比双边或多边平台型商业模式更简单，但它仍然需要解决许多复杂的问题，如如何吸引并保留用户、如何提供良好的用户体验、如何进行创新等。

### （二）优势与挑战

**1. 优势**



（1）明确的目标群体。单边平台型商业模式由于主要专注于一个特定的用户群体，可以更加明确和专注地了解和满足用户的需求。

（2）更直接的价值创造。与双边或多边平台型商业模式相比，单边平台型商业模式可以更直接地为用户创造价值，而不需要考虑如何平衡不同用户群体的需求和利益。

（3）简化的运营管理。单边平台型商业模式的运营管理通常比双边或多边平台型商业模式更简单，因为只需要满足一个特定的用户群体的需求。

**2. 挑战**

（1）竞争压力。由于单边平台型商业模式的用户群体比较明确，因此可能会面临更直接的竞争压力。

（2）用户忠诚度。由于用户可以更容易地从一个平台转移到另一个平台，因此单边平台型商业模式可能会面临用户忠诚度的挑战。

（3）创新。为了吸引和保留用户，单边平台型商业模式可能需要不断进行创新，这可能会带来较大的压力。



### （三）成功要素

（1）理解用户。理解用户的需求、期望和行为是任何商业模式的基础，对于单边平台型商业模式来说尤其如此。深入了解用户可以帮助平台提供更符合用户需求的产品或服务，从而提高用户满意度和忠诚度。

（2）高质量的产品或服务。提供高质量的产品或服务是吸引和留住用户的关键。无论是实物产品、数字产品还是服务，质量都是用户选择和留在一个平台的重要考量因素。

（3）不断创新。在竞争激烈的市场环境中，不断创新是保持竞争优势的关键。这可能包括开发新的产品或服务、提高现有产品或服务的质量、提供新的用户体验等。

（4）优秀的用户体验。优秀的用户体验可以提高用户的满意度和忠诚度，从而增加用户的生命周期价值。用户体验可以包括产品或服务的质量、使用的便利性、客户服务的质量等多个方面。

以上就是单边平台型商业模式的成功要素。虽然每一个单边平台型商业模式都有其独特的情况，但以上提到的要素是大多数成功的单边平台型商业模式必备的。

### （四）典型例子

以下是一些典型的单边平台型商业模式的例子：

（1）电子商务平台。电商平台如亚马逊、淘宝和京东等，通过建立线上市场，将供应商和消费者连接起来，提供商品展示、交易和物流配送等服务。

（2）车辆共享平台。优步（Uber）和滴滴等车辆共享平台，通过将司机和乘客连接起来，提供便捷的出行服务。

（3）社交媒体平台。社交媒体平台如 Facebook、Instagram 和微博等，通过提供社交网络和内容分享的功能，吸引用户生成内容和互动，进而吸引广告商。

（4）住宿共享平台。住宿共享平台如爱彼迎（Airbnb）、途家民宿、美团榛果民宿、木鸟短租等，将房东和旅行者连接起来，提供短期租住的住宿服务。

（5）在线教育平台。在线教育平台如中国大学慕课（MOOC）、智慧树、Coursera 和 Udemy 等，通过提供在线课程和学习资源，连接教育机构和学生，实现远程学习的需求。

以上只是一些典型的例子，实际上，单边平台型商业模式可以应用于各个行业和领域，只要存在供应商和消费者的交互和交易需求，就可以考虑采用单边平台型商业模式。

### （五）未来发展

（1）更多的个性化和定制化服务。随着大数据和人工智能的发展，平台可以更准确地了解用户的需求和喜好。这推动了推荐系统的进步，例如爱奇艺可以通过分析用户的观看历史和反馈，为用户推荐他可能感兴趣的电视剧或电影。同时，还可以提供更具针对性的服务，例如网易云音乐可以提供根据用户的听歌历史定制播放列表。

（2）更强的社交元素。社交媒体的普及使得用户在使用平台服务的同时，更愿意分享和交流。平台为此增加了更多的互动功能。例如在网易云音乐上，用户不仅可以听歌，还可以评论歌曲、分享歌单，甚至参与歌曲的创作。未来的单边平台型商业模式可能还会加入更多的社交元素，以提高用户的参与度和忠诚度。

(3) 更高的品质和服务。由于竞争的加剧，平台需要提供更高品质的产品和服务，以吸引和留住用户。例如爱奇艺提供了更清晰的视频、更流畅的播放体验、更贴心的客服服务以及更多的独家内容，网易云音乐可以签约更多的独家音乐人，提供更多的独家歌曲。

## 四、软一体化商业模式

软一体化商业模式是一种基于软件和互联网技术的商业模式，它通过整合不同的软件应用、服务和资源，提供一体化的解决方案来满足用户需求。以下是软一体化商业模式的概况：

(1) 软件平台。软一体化商业模式的核心是软件平台，它作为一个集成环境，整合了多个软件应用和服务，提供给用户一个统一的界面和操作方式。软件平台可以是应用程序、网站或云端服务，它允许用户通过一个入口访问和使用不同的软件工具和资源。

(2) 应用集成。软一体化商业模式通过将不同的软件应用集成到一个平台上，实现了各个应用之间的数据共享和协同工作。用户可以在一个平台上完成多个任务，而不需要切换到不同的应用程序或操作界面。这种集成提供了更高的效率和便捷性。

(3) 服务和资源整合。软一体化商业模式不仅整合了软件应用，还整合了相关的服务和资源。这些服务和资源包括技术支持、培训、数据存储和分析等，以满足用户在使用软件过程中的各种需求。通过整合这些服务和资源，软一体化商业模式提供了更完整的解决方案，为用户提供更多的价值。

(4) 用户定制化。软一体化商业模式通常允许用户根据自己的需求进行个性化定制。用户可以选择不同的软件应用和服务，根据自己的工作流程和偏好进行配置和调整。这种定制化能力使用户能够更好地适应自己的工作方式，并提高工作效率。

(5) 持续创新：软一体化商业模式依赖技术的不断创新和演进。随着技术的发展，新的软件应用和服务不断涌现，软一体化商业模式可以通过不断更新和扩展来满足用户的需求，并保持竞争优势。

软一体化商业模式的优势在于提供了一体化的解决方案，使客户能够更高效地使用软件应用和服务，提高工作效率。然而，软一体化商业模式也面临着技术整合和用户需求多样化等挑战，需要不断创新和改进，以满足用户的不断变化的需求。

### (一) 定义及特性

软一体化商业模式是一个新兴的商业模式，它强调利用技术的力量，通过软性的、动态的、网络化的组织方式，将不同的资源和能力整合到一起，提供完整的解决方案或创新的价值。在这个商业模式中，企业不仅要提供产品或服务，而且要通过与众多合作伙伴的协同，创造和提供全面的用户体验。

软一体化商业模式具有以下几个特性：

（1）开放性。公司不再单方面提供产品或服务，而是开放自己的平台或生态系统，与各类合作伙伴共享资源，共同创新。

（2）动态性。随着市场环境的变化，企业应快速调整自己的资源和能力。

（3）网络化。企业的运营和创新不再局限于自己的边界，而是在更广大的网络中进行。这可能涉及跨行业、跨地域、跨文化的合作。

（4）用户导向。企业不仅要提供产品或服务，而且要深入了解用户的需求和期望，通过提供全面的解决方案或创新的体验，全面满足用户的需求。

### （二）价值创造

**1. 软一体化商业模式的价值创造主要体现在以下两个方面：**

（1）整合不同的资源和能力。通过软性的、动态的、网络化的组织方式，企业能够将不同的资源和能力整合到一起。这不仅包括企业自身的资源和能力，还包括合作伙伴的资源和能力。通过这种方式，企业能够提供超出自身边界的解决方案或创新的价值。

（2）提供全面的用户体验。企业不仅提供产品或服务，还深入了解用户的需求和期望，提供全面的解决方案或创新的体验。这样不仅能够满足用户的功能需求，能够满足用户的情感需求，从而提升用户的满意度和忠诚度。

**2. 软一体化商业模式的价值实现途径**

（1）销售产品或服务。这是最直接的价值实现途径。企业通过销售产品或服务，直接获得收入。

（2）提供增值服务。除了提供基本的产品或服务，企业还可以提供各种增值服务，如定制化服务、咨询服务、培训服务等，从而获取额外的收入。

（3）建立平台或生态系统。企业可以通过开放自己的平台或生态系统吸引各类合作伙伴，共享资源，共同创新。这不仅可以增加企业的影响力和吸引力，而且可以通过各种方式为企业获取广告费、技术授权费、分成等收入。

### （三）运行机制

（1）理解市场需求。企业需要深入了解市场的需求和变化，以确定自己的产品或服务策略。

（2）整合资源和能力。企业需要通过软性的、动态的、网络化的组织方式，整合不同的资源和能力。

（3）开放平台或生态系统。企业需要开放自己的平台或生态系统，吸引各类合作伙伴，共享资源，共同创新。

（4）提供全面的解决方案或创新的体验。企业需要深入了解用户的需求和期望，提供全面的解决方案或创新的体验。

### （四）典型例子

（1）Salesforce。Salesforce 是一家云计算公司，提供一体化的客户关系管理

(CRM) 解决方案。它的软件平台整合了销售、服务、市场营销和分析等多个应用，帮助企业管理客户关系、提高销售效率和客户满意度。Salesforce 还提供云端存储、数据分析和社交等服务，为用户提供了全方位的解决方案。

(2) Adobe Creative Cloud。Adobe Creative Cloud 是一个集成的创意软件平台，包括 Photoshop、Illustrator、InDesign 等多个专业设计和创作工具。这个平台不仅整合了各种创意应用，还提供了云端存储、共享和协作功能。用户可以通过一个统一的界面使用不同的工具，并与团队成员共享和编辑设计作品。

(3) 阿里云。阿里云是一个综合的云计算服务平台，提供基础设施 (IaaS)、平台 (PaaS) 和软件即服务 (SaaS) 等多种服务。该平台整合了计算、存储、网络、数据库和人工智能等各种技术，帮助企业构建和管理应用程序和数据。阿里云还提供安全、监控和管理等功能，为用户提供一个全面的云端解决方案。

(4) Microsoft Office 365。这是微软提供的一体化办公软件平台，包括 Word、Excel、PowerPoint 等多个办公应用。这个平台不仅整合了办公软件，还提供了云端存储、电子邮件、日历和团队协作等功能。用户可以通过一个统一的界面访问和使用不同的办公应用，并与团队成员共享和编辑文档。

(5) 腾讯企业微信。腾讯企业微信是一款企业级即时通信和协作工具，它整合了即时消息、语音通话、视频会议和文件共享等功能。企业微信还与其他企业应用集成，如人力资源管理系统、客户关系管理系统和项目管理系统等，提供一体化的办公解决方案。用户可以通过一个统一的界面进行沟通、协作和管理。



以上是软一体化商业模式的一些典型例子，它们通过整合不同的软件应用、服务和资源，提供一体化的解决方案，帮助用户提高工作效率。这些例子展示了软一体化商业模式在不同行业和领域的应用和价值。

### (五) 未来发展

#### 1. 预期发展趋势

在未来，软一体化商业模式将持续发展和演进。以下是一些可能的发展趋势：

(1) 生态系统的丰富和扩大。随着技术的发展和市场的变化，企业的生态系统将更加丰富和扩大。企业不仅需要吸引更多的合作伙伴，还需要创造一个能够提供更多产品和服务的平台。为此，企业需要拥有更丰富的资源以及强大的整合能力，才能在这个竞争激烈的市场中脱颖而出。

(2) 个性化和定制化的趋势。现代用户越来越注重产品和服务的个性化和定制化。因此，企业需要深入理解用户的需求，提供更加个性化和定制化的解决方案。这不仅需要企业拥有丰富的数据和先进的分析工具，还需要企业拥有灵活的生产能力和供应链管理能力。

(3) 数字化和智能化的趋势。数字化和人工智能技术正在改变商业的面貌。企业需要积极地利用这些新的技术，以提高资源和能力的整合效率，提升用户体验。例如，企业可以使用机器学习算法来预测用户需求，可以使用区块链技术来提高供应链的透明度，也可以使用人工智能技术来提高客户服务的质量。

**2. 对策与建议**

针对上述的发展趋势，企业可以采取以下对策：

（1）加强生态系统建设。企业需要加强生态系统的建设，开放平台，吸引更多的合作伙伴，共享资源，共同创新。企业应该积极寻找与自己业务相辅相成的合作伙伴，通过协作共赢，提升自己的竞争力。

（2）深入理解客户需求。企业需要深入理解客户的需求和期望，提供全面的解决方案或创新的体验。企业应该积极收集客户数据，使用先进的数据分析工具，以更好地了解客户需求以及如何更好地满足这些需求。

（3）积极拥抱数字化和智能化。企业需要积极利用新的技术提高运营效率，提升用户体验。这不仅需要企业持续投资于新的技术，也需要企业培养新的技术人才，以在这个数字化、智能化的时代保持竞争力。

## 五、新型商业模式发展的挑战及对策

在数字化时代，企业将面临数字鸿沟、平台垄断、数据权属界定困难及数字资产交易监管困难等方面的挑战。为了促进数字产业健康发展，我国需要积极发展数字经济新业态，加速提升产业供给能力，加强平台企业反垄断治理，规范平台企业运营。



### （一）数字化时代的挑战

**1. 数字鸿沟加剧**

（1）接入鸿沟。不同地区、不同社会群体在获取和使用互联网设备（如电脑、智能手机、宽带网络等）方面存在显著差异。例如，城市地区和发达地区的互联网普及率通常高于农村和欠发达地区。经济条件较好的人群更容易获得和使用先进的数字技术，而经济条件较差的人群则可能因成本问题无法接入数字设备和网络。

（2）使用鸿沟。不同人群在使用互联网和数字设备的习惯和频率上存在差异。城市居民和年轻人群往往更频繁地使用互联网，而农村居民和老年人群则可能使用较少。不同人群使用互联网的目的也不同：一些人可能主要是娱乐和社交，而另一些人则可能是教育、工作和获取信息。

（3）能力鸿沟。不同人群在数字技能和素养上存在显著差异。教育水平较高的人群通常具备更强的数字技能，并能够更有效地利用数字技术。新媒体技术接入和使用后，不同人群对知识的认知和获取能力也存在差异。这不仅影响他们获取信息的能力，还影响他们利用数字技术进行创新和解决问题的能力。

不同国家和地区的人们之间的数字鸿沟在不断扩大，最突出的是发达国家与发展中国家之间的数字鸿沟，以及城市和乡村之间的数字鸿沟。数字鸿沟加剧了个体机会的不均等、企业竞争的不平等、地区发展的不协调，以及全球发展的不平衡。

2. 平台垄断

近年来，我国平台经济迅速发展，新业态、新模式层出不穷，对于推动经济高质量发展、满足人民日益增长的美好生活需要发挥了重要作用。但在激烈的竞争中，强制二选一、大数据杀熟、自我优待、扼杀式并购等损害竞争、创新和消费者利益的行为频发，引发了社会各界的广泛关注。这些行为损害了市场公平竞争和消费者的合法权益，不利于激发全社会创新创造活力、促进平台经济创新发展、构筑经济社会发展新优势和新动能。在网络外部性的作用下，电商领域很容易形成赢者通吃的局面。市场结构趋于垄断，已成为平台经济发展的普遍现象。垄断平台的横向无限拓展还严重影响到了实体经济，提高了实体经济的成本。为了获取更多利润、打造经济帝国，平台企业通过进军消费、科技、医疗、交通、教育、金融等各个市场领域分割实体经济的收入。

3. 数据权属界定困难

信息和经济全球化加速了信息资产的发展，数据资产正是由信息资产、数字资产衍生出来的一种资产形式。数据资产的应用场景极其丰富，且仍在不断拓展。例如，我国三大运营商通过自有的大数据平台系统定期分析高价值用户的套餐装填、消费情况、使用异常等，制定相关会员政策，用续约优惠、充值减免等方式吸引用户续约，延长稳定收益时间。阿里巴巴旗下服务于品牌的消费者数据资产管理中心——品牌数据银行，就是将品牌消费者数据作为资产，进行储蓄和增值，帮助品牌商做出更有效的营销决策。



但是，目前数据权属还没有得到确定，企业如何合法合理地使用用户数据、用户又如何获得企业使用个人数据的收益，都是值得探讨的问题。数据资产具有非排他性、可无限复制、多主体参与处理等特性，这决定了数据权属界定比之前任何权属界定都更加复杂。例如，基于个人信息通信行为产生的通信来源、通信时长、通信设备等数据，由于与其他数据结合能够识别个人，因此很难完全界定为个人信息或企业信息。而且，数据权属界定还需平衡隐私保护和数据资源开发利用、私人利益与公共利益等多层利益关系，要在不同的数据主体之间做好数据收益分配，操作难度大。例如，对于收集、加工处理个人信息获得的数据，如果将数据产权完全界定给个人，则可能会因为界定程序烦琐、成本较高而影响数据资源的优化配置，导致社会福利受损；如果将其界定给收集数据的企业，则难免会侵犯个人信息权益、隐私等，给个人财产、人身等造成损害。



4. 数字资产交易监管困难

在信息全球化的背景下，发展数字经济已经成为全球多数国家提升国际竞争力的重要途径。同时，随着以大数据、人工智能、区块链等为代表的数字技术的发展，数字资产也逐渐成为极具影响力的领域。新兴的数字技术，必然会带来新的业务模式、新的技术应用、新的产品服务，但可能会突破现有的监管规则。数字资产交易监管已经成为全球数字资产领域发展的一大难题。2017 年 9 月 4 日，中国人民银行等七部委联合发布《关于防范代币发行融资风险的公告》，全面禁止利用相关概念进行投机炒作，从事非法金融活动，扰乱经济金融秩序。此后，相关监管政策陆续出台，对首次币发行（ICO）融资项目、境外ICO机构、ICO项目推介渠道等多角度进行监管。此外，还加大力度管控违规平台，组织屏蔽“出海”虚拟货币交易平台及支付结算终端、持续加强清理整顿、打击ICO及各类变种形态、积极进行风险提示与舆论引导，防范化解可能形成的金融风险与道德风险，打击各种违法犯罪行为和活动。由此可见，我国在政策方面明确禁止以比特币等为代表的加密货币的交易上市。

目前的数字资产交易都是以分布式存储的形式发展的一种分布式经济，而因为分布式经济的数字资产会出现难以认定责任人的问题，交易双方可能利用多数客户信息不对称的弊端从事非法活动，从而造成投资者保护及对境外交易方法律定性监管的难题。例如，分布式经济的数字资产主体如果为身在国外的人士或相关组织，一旦上线交易后，交易的资产可能出现短时间内归零的情况，借此故意释放利好利空，从而进行相关的不法活动。

除了对国外数字资产交易的监管存在困难之外，国内数字资产的交易监管也同样存在困难。例如，关于数字资产交易的门槛界定问题，什么样的数字资产交易才算是在监管范围内的交易，数字资产交易过程中的技术可行性如何，数字资产的交易对象及市场发展该如何抉择，都是目前数字资产交易方面的难点。

### （二）培育新型数字商业模式

建议国家有关部门推动数字技术创新和数字产品生产，发展数字经济新业态，促进形成新的消费动能和产业体系；加速提升产业供给能力，利用云计算、大数据、物联网、人工智能等技术推动各类数字产品智能化升级；丰富数字创意内容和服务，发展数字文化产业，培育新型商业模式，充分利用数据资源进行个性化定制、智能化生产、网络化协同、服务型制造等新模式新业态创新，推动形成数字与实体深度交融、物质与信息耦合驱动的新型发展模式，进而促进新兴领域业务创新增值；培育数字内容创作和知识分享的平台型企业，鼓励内容平台企业开展数字创作、审核监管、网络分发、信息安全等技术的自主研发，推动云计算、大数据、物联网、人工智能等技术的应用落地和深化发展。

### （三）加强平台企业反垄断治理

建议国家有关部门完善对平台企业的垄断认定标准，预防和制止平台经济的垄断行为，加强对互联网平台不正当竞争行为的监管，制定反数据垄断基本原则，建立算法治理和监管规则，明确算法设计者、控制者及相关利益者的义务，防止数据和算法被滥用。

建议国家市场监管部门结合数字经济的特点，在数字服务提供商的申报、审查、附加条件等方面探索监管新模式。

建议国家网信部门加强互联网平台的合规性监管，重点打击借助数字技术发展黑色或灰色产业链的行为；加强对各平台内容发布的监管，对互联网平台上疑似舆论操控、指引风向的发布内容进行动态监测与收集。

建议国家有关部门进一步保护平台经济相关劳动者的合法权益，促进平台经济劳动关系和谐稳定发展。

## 本章案例

### 拼多多的创新转型与品牌国际化之路①

近年来，由于互联网技术的快速发展，以淘宝、京东、拼多多为代表的电子商务平台在中国迅速发展。拼多多于2015年9月正式启动。2016年7月，拼多多的用户数量在不到一年的时间内突破1亿，拼多多获得1.1亿美元的B轮融资，由IDG资本、腾讯和高融资本领投。

在随后不到三年的时间里，拼多多在美国成功上市，成为仅次于淘宝和京东的第三大电子商务平台。大多数人在谈论拼多多的时候，都会提到“百亿补贴”“砍一刀”等关键词，这也是拼多多能在短时间内迅速崛起的原因。拼多多通过“分享+群分享”的模式进行病毒式营销，通过红包行为促使大量早期微信用户存入现金，通过熟人推荐的效果打开下沉市场。拼多多的界面活跃用户数见图5-1。

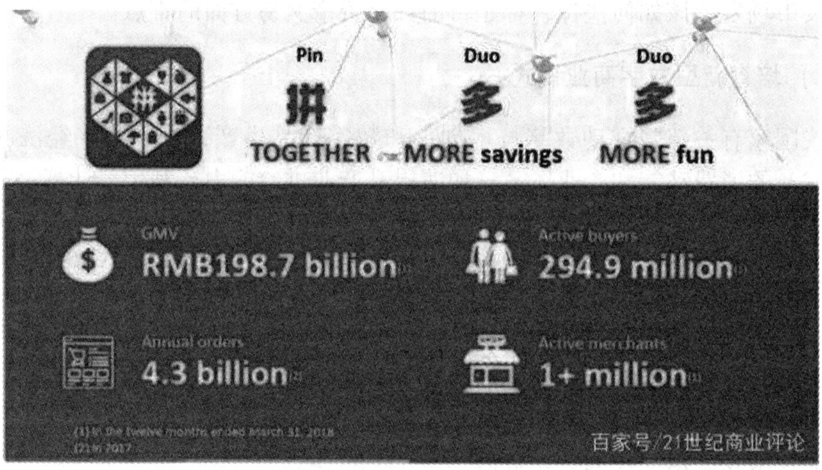


图5-1　拼多多的界面活跃用户数

产品策略专家梁宁写了一篇广为流传的文章《为什么拼多多正在崛起》。文章引用了陈晓东的话：“消费最真实的变化来自街头小摊。”没有品牌，所以没有品牌溢价。用户想要的是产品本身。

这可能与拼多多创始人黄峥对拼多多的定位有些不同。在谈到拼多多的核心概念时，他说：“低价只是一种阶段性获取用户的方式。拼多多对性价比的理解是‘总是超出消费者的预期’。拼多多的核心不是便宜，而是满足用户的优势感。拼多多试图将消费和娱乐结合起来。拼多多的使命是更实惠，更有趣，这样消费者就可

① 本案例由西南财经大学国际商学院熊立老师，硕士研究生郝绿竹、姚思怡、吴唯沁、孙静艺、王宇涵撰写，作者拥有著作权中的署名权、修改权、改编权。由于企业保密的要求，在本案例中对有关名称、数据等做了必要的掩饰性处理。

以买到更多实惠的东西，并在这个过程中更快乐。”

本案例主要分析拼多多的创新与国际化路径，探讨拼多多如何通过改革与发展不断提升自身。

**1. 游戏化购物体验**

离开谷歌后，公司创始人黄峥先生成立了多个游戏创业项目。拼多多就诞生在这样一个充满游戏基因的公司，游戏化设计的策略贯穿于整个产品之中。许多人简单地将拼多多的成功解释为社交电子商务和廉价，这是对其商业模式的深刻误解。黄先生早前提到，“让购物游戏化”是拼多多的核心竞争力。拼多多能够在竞争激烈的电子商务红海中开辟一条道路，与它的游戏化玩法有关。

根据田先生的专栏“还原一个真正的下沉市场”，下沉市场中的人们有三个特征：熟人社会、价格敏感性和休闲娱乐。通过抓住这些特点，拼多多设计开发了游戏化购物体验，提高用户在App平台上的时间消耗。

低价、社交化、游戏化，让消费者通过亲戚、朋友甚至陌生人组成的群体，获得低价产品和有趣的购物体验。拼多多将浏览商品通过游戏任务渗透给用户，确保游戏与购物的有效循环。

游戏化的最大优势在于，它可以让枯燥、困难的任务变得有趣。同时结合社交元素，增加人与人之间的互动，更容易发挥游戏化的优势。拼多多有20多种游戏，广泛分布在各层功能入口，包括朵朵果园、朵朵牧场、守卫现金等。拼多多的游戏设计集游戏和购物于一体。游戏入口与购物入口位于同一位置。游戏是串联嵌套的，可以互相消耗。



拼多多用进度条和对象奖励用户。朵朵果园类似于多年前流行的开心农场。用户选择树苗后，通过不断浇水让树苗生长，最终收获真正的果实。在朵朵果园的进度条玩法中，用户需要给一棵树浇水超过400次，果子成熟之前，用户可以从任务中获得水滴。为了让用户了解自己的进度，拼多多将一棵树的生长过程分为发芽、开花、结果和成熟四个阶段，从容易到困难依次进行。它强调：“玩家为了获得奖品，已经跨越了挑战的三个阶段。如果他们在最后一个阶段放弃，他们所有的时间和奖励都将付之东流。”

同时，拼多多还具有完整的任务闭环。在任务链中，随机推送是所有动作的起点。用户在浏览页面的同时，会收到各种随机任务。完成一项任务所带来的成就感会鼓励用户继续完成这项任务，完成循环。任务链是购物的核心。这种任务闭环可以增加用户黏性，并导使用户在App中花费更多时间。

为了让用户始终保持新鲜感，拼多多必须想出创造性的玩法，让玩家“自娱自乐”。更多的淘汰是创意驱动的玩法。多多淘汰是一种创造性的游戏玩法。这款游戏结合了消费和游戏，分为选奖品、玩游戏换积分和兑换奖品三个过程。进入多多淘汰赛界面会看到一个醒目的微信红包，加载提示：通过第一关可先抽奖，微信支付入账户现金。这是为了通过现金鼓励留存。

在拼多多中，所有游戏都要求用户先选择奖品，然后鼓励用户完成任务。以多多梦工厂为例。进入产品选择界面后，用户需要选择自己喜欢的产品，然后确认送货地址。通过这些步骤，商家可以在用户的内心和情感层面建立一种潜意识，让用户将商品作为自己的东西来选择。多多梦工厂没有时间限制。如果用户在限定时间内没有达到目标，将无法获得奖品。当交换时间即将结束时，商家的伏笔就会被触发。其中，“主人翁意识”和“避损”起着互补的作用。我们可以假设，失去一个与你无关的苹果，你不会有太大的感受。但如果你看到你的两个一斤的苹果就要没了，你会想办法找回来的。

因此，通过休闲益智游戏的吸引，拼多多培养了用户不断打开拼多多的习惯，增加了用户对平台的黏性。同时，它利用游戏的变现能力，将道具和奖励与平台购买联系起来，促使用户浏览和订购更多的道具，利用在游戏中收集的积分来获得更多的钻石，开启从购物到游戏再到购物的循环。

**2. 品牌复兴**

在“涨潮”时代，年轻消费者的群体在不断壮大。其中，Y世代是规模上的主力消费者，他们非常注重生活水平。相比之下，Z世代正在成为消费市场的重要组成部分，他们更喜欢快乐和新奇。

作为电子商务的后起之秀，拼多多将目光投向了这个广阔的市场和巨大的消费潜力人群。为了打动年轻消费者，拼多多努力采取品牌复兴战略，推出了包括一系列有风格、有个性、有才华的产品。

然而，品牌的复兴不能盲目相信经验主义。在不断的发展实践中，拼多多正在做一个细致的探究：如何回应年轻消费者的需求？



为了更好地回答这个问题，拼多多从以下三个方面来解读品牌复兴：产品、营销和体验。

（1）产品年轻化

年轻女性无疑是新一代消费者的主力军。据统计，女性在拼多多上的年订单约有51%是由90后和00后女性消费者产生的。

新一代女性也有着不同的消费观。她们不再热衷于国际奢侈品，而是更喜欢国内产品。拼多多抓住了这一新的消费趋势，在“双十一”“618”等消费狂欢活动中致力于推广国产商品，如百鸟、完美日记、珀莱雅等。通过一系列的促销活动和广泛的产品推广，拼多多成功地赢得了许多年轻女性消费者的心。

作为“朋克健康”的一代，年轻消费者也非常注重健康。但对于既要保持健康又要熬夜的年轻一代来说，只有绿色和健康是不够的。拼多多认识到“内外改造”是致富之路。

除了西红柿、红薯等常规销量前五的生鲜农产品外，颜值高的健康零食如今成为年轻消费者中的“蓝眼睛男孩”。

（2）营销的复兴

无论是“壁花”还是“交际花”，社交已经与年轻消费者的生活密不可分。作为一个新兴的电商平台，拼多多打破了传统的发展模式，以微信等社交平台为依托，主动激发用户需求。这被称为社交电商营销模式。

同时，社交本身也是一个消费的过程。拼多多独特的营销方式立刻吸引了许多热衷于分享和被分享的年轻消费者。慢慢地，从一个人演变成很多人一起参与，然后产生裂变反应。最终，形成一条社会化营销的链条。

这是一个关注稀缺的时代，只有有趣、优质的内容才能满足年轻消费者的欲望。拼多多认为“每一个广告都是对品牌形象的长期投资”，因此在广告方面下了很大的功夫。比如其改编的广告歌曲深入人心。

此外，拼多多充分利用娱乐节目的优势，赞助了《快乐大本营》《搏击天下》《奔跑吧兄弟》等热门IP，提高了品牌知名度，打入了年轻人的领域。

(3) 体验回春

从物质生活到精神世界，年轻消费者变得更加独立，在消费动机和产品选择上特别注重自我表达。在自我愉悦消费和自我经济的新趋势下，拼多多追求个性化、定制化的服务。

因此，拼多多的“新品牌计划2.0”应运而生。该计划预计将开发1万亿定制产品增量市场，并在2025年前孵化更多自主品牌。此外，拼多多邀请年轻消费者参与品牌建设和产品设计的过程，是传递品牌诚意的好方法。

通过以上方式，拼多多与年轻消费者建立了情感联系和价值认同。拼多多试图从年轻消费者的角度看待事物，并代表他们说话，从而加强创新和品牌传承。

每一代人都有其时代特征。在实现品牌年轻化的实践中，拼多多致力于在价值观、态度、生活方式等方面与年轻一代产生共鸣。

品牌年轻化没有固定的公式。拼多多的实践无疑是成功的，也激励着所有渴望复兴转型的品牌：真诚永远是必需的。

只有采取真诚的方式，赢得年轻消费者的信任，才能让品牌理念获得极大的普及和支持，进而及时实现品牌年轻化。

**3.“去低端”品牌战略**

谈到“去低端”品牌战略，我们首先要了解的是：拼多多成立的背景是什么？它是如何走向“低端”的？

(1) 拼多多“去低端”品牌战略的背景

2012—2014年，智能手机市场蓬勃发展，移动流量资费大幅下降，手机基础设施不断完善，为移动购物进入下沉市场提供了条件。2015年，智能手机进入了三四线城市普通人的生活。与此同时，淘宝等在线购物平台也在升级产品运营，与品牌合作提高产品价格，从而摆脱下沉市场。当淘宝和京东专注于高端市场时，下沉市场产生了空白，拼多多抓住了这个增长机会。成立于2015年、针对三四线及以下城市的消费者，拼多多依靠巨大的下沉市场、低价商品和社交网络，在早期的众多电商平台中脱颖而出。2018年，拼多多宣布在纳斯达克上市。从发展历史来看，拼多多只用了三年时间就实现了淘宝和京东十年的发展。

拼多多采用的C2B模式为消费者和生产者提供了一个直接接触的平台，从而减少了两者之间的中间渠道，降低了成本。同时，原本会产生的利润都给了消费者，消费者以更便宜的价格获得商品，形成了从生产者到消费者的良性循环。然而，这种模式也有一个很大的缺点：缺乏质量监督，导致拼多多平台上的产品“低端化”。

在商品从生产者流向消费者的过程中，有各种各样的经销商，这些经销商在一定程度上扮演着监督者的角色，它们通过商品的质量进行过滤，为消费者带来更好的商品。在拼多多的C2B模型下，消费者直接面对质量参差不齐的生产者，就增加了消费者购买到假冒伪劣产品的概率。

拼多多在为消费者提供低价产品的同时，也允许低质量的产品混入其中。当消费者在拼多多上购物时，会发现假冒伪劣产品，拼多多因此被贴上“低端”的标签也就不足为奇了。

(2) 拼多多转型的必然性

拼多多产品的“低端”性质使得它在公众舆论方面不那么乐观。从用户的角度来看，黑猫投诉数据显示，电商渠道拼多多在2021年的累计投诉量达42.83万宗，用户对拼多多的负面意见主要集中于产品质量差和平台上假货泛滥。从商家的角度来看，拼多多及其商家经常被起诉侵权，如平台商家公开销售假冒商品、非法窃取名牌产品商标等。目前，中国正处于消费升级阶段，消费者不仅关注商品的价格，更关注商品的质量和品牌，因此拼多多实施“去低端化”品牌战略刻不容缓。

(3) 拼多多“去低端化”

对于拼多多来说，“去低端化”不是走高价消费的路线，而是推动品牌形象向高品质转型。拼多多在实现“去低端化”品牌战略方面做了哪些努力?

在质量方面，2018年，拼多多加大了在平台治理和风控技术方面的研发投入，旨在提高平台治理水平，防止假冒伪劣产品侵害消费者权益。此外，2019年以来，拼多多携手近千家品牌方开展知识产权合作，打通了处理索赔的绿色通道，知识产权保护平台上线并在不断迭代。拼多多创始人黄峥曾公开表示“打假是一场持久战，永远不会结束”。

在品牌建设方面。首先，拼多多是在不同的行业拓展和推广品牌。首席执行官陈磊表示：“加强技术能力，提高农业和制造业的供应链效率是拼多多明确的长期战略。”

在农业方面，早期拼多多主要从事农产品销售。2022年年底，拼多多在全国20多个省份开展了“暖冬行动”，帮助解决农产品面临的储存和流通问题，获得近3 000万千克农产品，促进了农产品的网上销售。2023年年初，拼多多启动了“农业云行动”，旨在实现更大规模、更高效的供需匹配。

在制造业领域，拼多多于2018年12月启动了“新品牌计划”，为中小企业提供研发建议、大数据支持和流量倾斜，帮助中国中型制造企业以最低的成本对接平台的消费需求，培育新品牌。2022年10月，拼多多宣布升级“新品牌计划”。该项目在化妆品行业成功开展。拼多多与领先的化妆品品牌和优质制造公司合作，为消费者提供高性价比的化妆品，包括欧诗漫、珀莱雅等品牌。

其次，拼多多依靠2019年实施的“百亿补贴”进入高端市场。“百亿补贴”计划由拼多多创始人黄峥发起，有2 800个国内外知名品牌参与该计划，推出了23 000个受欢迎的补贴产品。消费者已经从只在拼多多上购买廉价商品转变为敢于购买品牌产品，从而使拼多多进入高端市场。

近年来，随着“去低端”品牌战略的实施，拼多多逐渐摆脱了最初“低端”的标签，获得了广大消费者的认可。当然，为了留住用户，拼多多还需要继续向高质量电子商务平台转型。

**4. 品牌国际化之路**

早在2019年，拼多多就开始了国际化进程。其全球购物业务通过全球采购、直销等综合措施，在美国、英国、德国、日本等地设立了多个海外站保税区直邮、免邮税、数百亿补贴等，全力进军“黑五”海淘市场。

除了全球购物业务，拼多多还着手建立跨境电子商务平台，以实现其国际化目标。2022年9月，拼多多率先推出了其海外版跨境电商平台——TEMU，正式进入美国市场。9月16日，TEMU成为美国Google Play里下载量最高的购物应用，接下来的一周，它在iOS和Google Play上的下载量增长了860%。

Team Up, Price Down，意思是买的人越多，价格就越低。TEMU的商业模式与中国最大的独立跨境电商网站SHEIN非常相似，该平台专注于女性快时尚产品。此外，平台卖家只充当供应商的角色。TEMU上线一个多月，跨境业务日均GMV[①]超过150万美元，商家3万家，SKU[②]数量也达到30万~40万，覆盖24个一级品类。

目前，TEMU已提供了饰品、服装、内衣、鞋、箱包、3C数码等多个品类的产品销售。这一成功甚至威胁到了SHEIN的地位，但拼多多的国际化之路并没有结束。2023年以来，TEMU先后在加拿大、澳大利亚、新西兰和英国开设了四个站点，除北美市场外，正式进入大洋洲和欧洲市场。此外，TEMU计划将业务扩展到非洲和拉丁美洲。据相关消息，拼多多还将与印度电商平台合作，旨在加速其全球电商品牌在国际化进程中的发展。



为什么TEMU的国际拓展纪录如此辉煌？人们普遍认为TEMU复制了拼多多的销售模式。

在商品价格方面，TEMU选择低价策略来扩大市场：大多数家庭用品在10美元以下，鞋、袜、帽等配饰的价格区间为0.49美元到3美元，大多数女装单品的价格在3美元到20美元。浙商证券的分析报告显示，在同类型商品的横向比较中，TEMU的样品商品价格比SHEIN低30%以上；在家居产品方面，TEMU上部分零部件的价格比亚马逊低一半以上。

因此，低价对跨境生态的破坏首先影响到供应链能力较弱的中小型亚马逊卖家。“在TEMU上的几美分甚至还不够支付亚马逊物流的最低配送费。”一位亚马逊商家说：“商品一模一样，但价格只有我们自己价格的30%，甚至比进货价格还低。”

TEMU还推出了海外推荐奖金，奖励新用户下载注册。具体来说，用户可以通过WhatsApp、Messenger和Facebook等社交应用与朋友分享链接，然后获得相应的奖励。邀请5个新用户的用户将获得20美元的奖励。2022年11月，用户平均可邀请7个新用户。对于美籍华人来说，如果他们在美国成功邀请5个新用户，他们将

① GMV：商品总成交量的简称。它指的是网站上销售的商品数量，包括付款和未付款。

② SKU：库存单位，衡量库存进出的单位，可以是件、箱、盘等。SKU是指一类商品，每一类商品都有一个SKU，方便对商品进行识别。如果产品是多色的，则有多个SKU。

获得150元人民币——款项直接汇入微信账户。在推荐奖励正式推出之前，TEMU还推出过“赠四折，得六折”活动，用户分享折扣码即可获得六折优惠券。

此外，TEMU具有巨大的社会裂变能力。在Facebook上，有2.7万人以“#temu”的标签参与其中，该平台上到处都是用户为获得回扣而发起的“信用赠品”活动。目前拥有1.3万名粉丝的TEMU的抖音账号采取了SHEIN的模式，与网红合作，推出了试戴等互动活动，吸引了众多年轻用户。

并且，TEMU对招商引资的政策限制较少。TEMU针对国内制造业的知名品牌商家、中小企业和源厂，提供零佣金、零押金等优惠政策和商家交通资源补贴等扶持政策。据界面网报道，有业内人士表示，其他海外平台在招商方面要求商家有跨境经验，但TEMU几乎没有经验要求，一些重点KA商家可获得点对点接触。同时，与SHEIN类似，TEMU采用自营模式，商家只需将商品送到仓库，由平台负责定价、销售、营销、物流配送、售后等环节。因此，TEMU对供应链末端的价格拥有绝对控制权。然而，TEMU的供应链要求商家收取的费用比SHEIN网上销售的相同商品低10%~20%。

不可否认，拼多多的国际化也存在一些障碍。作为国外的应用，TEMU只能撒开大网。由于社会和文化的差异，中国下沉市场的“熟人社交”模式确实可行。而在欧美国家则不太行得通。如果没有这种情感联系，推荐奖金的力量就会大打折扣。更重要的是，在北美，这种模式也可能引发法律风险。据路透社报道，2022年12月，SHEIN向美国伊利诺伊州北区地方法院起诉TEMU，指控TEMU允许其社交媒体影响者在推广TEMU时发表“虚假和欺骗性声明”。作为回应，TEMU的一位发言人表示，该公司强烈否认所有指控，并积极捍卫自己的权利。在北美，操作这个功能并不容易。



数据狂欢过后，更多隐忧正在显现。低价策略下，商家的利润被进一步挤压。TEMU对供应方价格的过度控制会导致一些质量问题。据TEMU员工透露，TEMU面临着很多用户投诉，它们主要来自产品质量和服务标准。与此同时，社交媒体平台上充斥着对TEMU的抱怨。

同时，随着TEMU市场的扩大，给予商家方面的补贴也在减少。2023年1月，TEMU缩减了对商家的补贴，不再向商家提供100%的免费物流，而由商家和平台各承担50%的物流成本，这对商家来说是一个巨大的负担，它们的利润已经耗尽。

交货时间也是美国消费者对TEMU抱怨最多的问题之一。一些买家反映，他们至少要等十天甚至更长时间才能收到包裹。但像亚马逊这样的本地电子商务平台能在两天内或第二天送达。同样的产品，送达时间相差十倍。



此外，还有其他常见的问题，如货物不匹配或假货等。在应用中也发现了病毒，影响了公司在国际扩张过程中的形象和声誉。虽然拼多多反应迅速，解决了问题，但也给它未来进入全球市场带来了巨大的挑战。

**5. 在路上**

拼多多凭借物美价廉的产品优势、社会化的营销方式和游戏化的购物体验，吸引了大量的消费者，其消费市场正在蓬勃发展。根据拼多多2021年第二季度财报数据，拼多多第二季度营收为230.5亿元，同比增长89%。截至2021年6月30日，拼多多的活跃买家数量达到8.499亿，较上一季度新增用户2 619万，撼动了京东和淘宝电商平台的地位。然而，在拼多多快速发展的道路上仍有一些障碍需要跨越，具体表现在以下四方面：

（1）产品和服务质量参差不齐，老用户难以留住。拼多多的商家门槛较低，方便了小商贩的进入，丰富了产品范围，扩大了影响力，让拼多多充满了战斗力，但也让平台商家的品质一步步降低。蜜蜂舆情云平台2018年的监测数据显示，拼多多上市后，“拼多多涉嫌销售侵权假冒商品”的信息为733 306条，其中微博上发布的舆情数量高达631 111条。该平台的商家准入门槛低，监管宽松，便利了商家处理低质量次货。问题不仅出现，而且无法完美解决，用户投诉量居高不下，导致重复购买率和用户黏性较低。而随着国民消费水平的提高，拼多多的低价抢购模式在未来将难以留住老用户。

（2）拼多多的产品被贴上了“低端仿冒品”的标签，难以吸引中高端的新用户。拼多多成立之初，专注于三四线城市的日用品和低端产品，根据用户“追求低成本的产品”和“终极性价比原则”，提出了“消费降级”的理念，通过低成本的模仿和复制，实现“高性价比”，不再在乎文化和品牌，只在乎功能和价格。“低端”的标签、糟糕的口碑和品牌形象，让其难以吸引重视品牌、品位、产品独特性和高品质的高端用户。

（3）社会营销过程中存在陷阱。首先，拼多多具有误导消费者的行为。根据调查，65.84%的人认为拼多多利用媒体影响力来宣传自身，63.35%的人认为拼多多在营销中存在夸大产品质量和性能的问题。其次，拼多多在营销时恶意玩“文字游戏”，同时过度损害用户网络。2021年3月，一名上海律师以诈骗罪起诉拼多多，因为该平台在邀请许多朋友帮忙降价后，仍然并且总是显示“你离成功还有0.09%的距离”。这件事引发了很多争论。许多用户表示，他们现在对拼多多的“降价免取”表示怀疑，认为拼多多不再是一个适合“薅羊毛”的平台。拼多多夸张的营销策略和对用户社交圈的过度“消费”，不仅给自己带来了麻烦，也破坏了用户对拼多多的良好印象。最后，社会化营销带来的用户信息安全问题也无法解决。2021年1月，一则《拼多多远程删除用户手机照片》的新闻引起关注，网友认为这是对用户隐私的公然侵犯。而在此之前，拼多多的隐私条款和信息泄露问题也曾多次引发热议。在分享产品、参与降价的过程中，用户将不得不分享自己的个人信息。而拼多多可以利用大数据跟踪用户相关信息，进而进行个性化营销。但是，如果用户信息安全得不到保障，始终存在隐私泄露的隐患，就会导致骚扰、欺诈等行为。拼多多甚至会面临法律纠纷。

（4）市场竞争激烈。淘宝、京东等头部电商纷纷加入竞争，对拼多多的市场进行冲击。例如，京东与微信的合作，拦截了一些原本流向拼多多的流量，拼多多在微信中的链接往往受到限制。淘宝推出了“淘宝特别版”平台，这也是为与拼多多竞争创建的。2019年，为响应拼多多的“百亿补贴”战略，淘宝重启“聚划算”，京东也推出了“精兮”，抢走了许多拼多多的用户，降低了拼多多用户的黏性。拼多多在研发农业物联网，建设“智慧农业协同创新中心”；与此同时，淘宝也在寻求各地农业产业园区的合作。面对强大的竞争对手，拼多多如何稳住根基、谋求发展是其迫切需要解决的问题。

拼多多在意识到自身发展因种种问题而遇到瓶颈的同时，正积极实施年轻化、国际化、去低端的品牌发展战略，试图通过提升品牌形象、提高产品质量、拓宽产品市场等途径突破瓶颈。拼多多的品牌转型能否成功？它能否在残酷的电商竞争中生存下来？让我们拭目以待。

## 案例思考题：

1. 请在拼多多中选择一个或多个游戏，并使用八角行为分析法（octalysis）进行分析。

2. 请比较其他电子购物平台上的游戏，分析它们与拼多多游戏的异同和它们各自的优势。

3. 企业在参与市场竞争时如何保持初心、更好地传达品牌价值？

4. “品牌复兴”等同于“品牌年轻化”吗？为什么？

5. 如何在“品牌年轻化”中平衡年轻消费者和忠实客户的感受？

6. “百亿补贴”应该采取哪些措施留住进入高端市场的新用户？

7. 从TEMU的国际化进程来看，拼多多能否超越SHEIN甚至亚马逊？你认为拼多多能否克服自身的不足，成功实现品牌国际化？

8. 拼多多的发展还有其他问题（例如物流和运输问题）吗？你认为拼多多的解决方法是否有效？

# 第六章
# 商业银行的数字化商业模式

在数字化的浪潮中，各行各业都在寻求转型以适应新的市场环境，商业银行也不例外。商业银行正在通过数字化方式改变传统的业务模式，提升服务效率，优化客户体验，从而应对日益激烈的市场竞争。这一章将探讨数字化时代商业银行的市场竞争格局、发展战略以及重点业务的数字化转型。

首先，我们将深入研究新的竞争环境，包括金融科技公司的崛起、虚拟银行和在线平台的发展，以及传统商业银行面临的数字化转型压力。然后，我们会从消费者角度出发，分析消费者行为的变化，以及这些变化对商业银行业务和战略的影响。最后，我们将探讨当前的市场趋势，包括数据驱动和人工智能的应用、用户体验和定制化服务的重要性以及持续创新的需求。通过这一章的学习，学生将能够了解商业银行在数字化时代的变革和挑战，以及它们如何应用新的商业模式以适应这个新时代。



## 一、数字时代商业银行的市场竞争格局

### （一）新的竞争环境

在数字时代，商业银行所面临的新的挑战主要表现在技术革新、客户需求、市场竞争等十个方面，具体如下：

（1）技术革新的挑战：随着云计算、大数据、人工智能等前沿技术的发展，金融科技公司能够提供更高效、更个性化的金融服务，这对传统商业银行构成了挑战。传统商业银行需要加强自身的技术能力，以保持竞争力。

（2）客户需求的转变：数字时代的消费者更加注重方便、快捷的数字化体验。商业银行必须通过数字化转型，提供更加智能化和个性化的服务，以满足客户的新需求。

（3）市场竞争的加剧：互联网公司和金融科技企业入局，其技术优势和生态建设能力对商业银行的传统业务板块和市场份额造成了冲击。商业银行需要创新服务模式，以应对来自非传统金融机构的竞争。

（4）监管环境的变化：金融监管持续发力，对银行业务的合规性提出了更高要求。商业银行需要在遵守监管要求的同时，寻找创新的发展空间。

（5）内部转型的压力：商业银行在推进数字化转型的过程中，面临着内部组织结构、流程、文化的重塑挑战。商业银行需要在战略层面进行创新，强化金融与科技和互联网的融合。

（6）资本补充的压力：在信贷资产快速增长的背景下，商业银行面临较大的资本补充压力。资本补充工具的质量、风险抵御能力以及资本补充方式的创新成为商业银行需要关注的问题。

（7）服务实体经济的新要求：新产业和高技术服务业的发展特点对商业银行的服务提出了新的要求，商业银行需要调整传统的信贷管理模式，更好地服务于实体经济的发展。

（8）开放银行的趋势：开放银行已成为新的趋势，商业银行需要通过 API（应用程序接口）等技术手段，与第三方服务提供商合作，构建开放的金融服务生态，以改善客户体验和提升服务效率。

（9）金融科技战略：商业银行需要加强金融科技的战略部署，合理应用金融科技，提升服务质效，增强风险防控能力，并夯实金融科技的基础支撑。

（10）数字化经济的重塑：数字化经济正在重塑银行业，商业银行需要适应这一趋势，通过数字化创新转型，提升自身的竞争力。

随着科技的不断进步和数字化的深入推进，商业银行所面临的竞争环境也发生了重大变化。一方面，传统的竞争对手在持续进行数字化改造，另一方面，新的竞争对手特别是金融科技公司和虚拟银行的崛起，使得竞争格局愈发复杂。总的来说，数字时代商业银行所面临的新竞争环境要求其必须加快数字化转型步伐，提升技术创新能力，改善客户服务体验，同时在合规框架内寻找新的增长点和竞争优势。

**1. 金融科技公司的崛起**

金融科技（fintech）公司的崛起是影响商业银行市场竞争格局的重要因素之一。这些公司利用先进的技术，如大数据、人工智能、区块链等，提供更便捷、更个性化的金融服务，满足客户对于高效、便捷金融服务的需求。例如，支付宝和微信支付的出现，极大地改变了中国人的支付习惯，使得移动支付成了生活中的一部分。

金融科技公司的快速发展，给传统商业银行带来了巨大的挑战。首先，它们通过提供快速、便捷的服务，吸引了大量的客户。其次，它们利用先进的技术，不断推出新的金融产品和服务，从而对传统银行的各项业务形成竞争。此外，金融科技公司在风险管理、客户服务等方面的创新，也对传统银行形成了压力。

在这种情况下，传统商业银行需要加快数字化转型的步伐，提高服务效率，优化客户体验，以应对金融科技公司的竞争。

**2. 虚拟银行和在线平台的发展**

近年来，虚拟银行和在线金融平台的发展也对商业银行的市场竞争格局产生了深远影响。不同于传统的实体银行，虚拟银行完全依赖于互联网进行运营，大大降低了运营成本，并通过线上服务模式提高了服务效率。

在中国，许多科技巨头都进军了虚拟银行领域，比如蚂蚁集团旗下的网商银行，以及腾讯和京东共同成立的微众银行。这些虚拟银行以技术驱动，利用大数据和人工智能等先进技术，提供个性化的金融服务。

同时，在线金融平台，如P2P借贷平台，也在提供贷款、投资等金融服务方面与商业银行形成了竞争。这些在线平台能够提供低门槛、高效率的服务，吸引了大量的客户。

虚拟银行和在线平台的发展，无疑加剧了商业银行的市场竞争。为了应对这种挑战，商业银行需要加快数字化转型，改进业务模式，提高服务效率，以满足客户日益变化的需求。

**3. 传统商业银行的数字化转型压力**

面对金融科技公司的崛起和虚拟银行、在线平台的发展，传统商业银行面临着巨大的数字化转型压力。

（1）客户的期望正在发生变化。在数字化的驱动下，客户对于金融服务的需求越来越向着方便、快捷、个性化方向发展。如果商业银行不能满足这些需求，就可能会失去客户。

（2）新的竞争对手正在崭露头角。金融科技公司和虚拟银行等新型金融机构凭借其技术优势和创新服务，正在逐渐侵蚀商业银行的市场份额。

（3）监管政策也在推动商业银行进行数字化转型。为了应对金融市场的变化，监管机构也在鼓励银行进行创新和转型，这无疑对传统商业银行形成了压力。

因此，为了在新的竞争环境下生存和发展，商业银行必须加快数字化转型的步伐，不断创新，提升自身竞争力。



### （二）客户行为的变化

随着数字化技术的不断发展和普及，消费者行为也发生了显著变化。这主要体现在客户自身的变化、对服务的期望和需求的变化，以及对安全问题的关注。

**1. 客户自身的变化**

在数字化时代，客户的变化有以下几个方面：

（1）信息获取能力强。客户可以通过互联网方便快捷地获取各种信息，包括银行服务信息、金融产品信息等。

（2）决策更加独立。基于大量可获得的信息，客户的决策过程更加独立，不再完全依赖银行的推荐。

（3）追求便利和效率。客户希望能够随时随地完成交易，希望服务流程简单、响应速度快。

**2. 对服务的期望和需求的变化**

随着客户的变化，他们对于服务的期望和需求也相应发生了变化：

（1）高度个性化的服务。客户期望银行能提供针对他们个人情况和需求的定制化服务。

（2）多元化的服务渠道。客户期望能通过多种方式接触到银行，包括线上渠道（如网站、App）和线下渠道（如门店、ATM）。

（3）更丰富的产品和服务。客户期望银行能提供更多种类、更高质量的金融产品和服务。

3. 对安全问题的关注

在数字化时代，客户对安全问题的关注度显著提高：

（1）对数据安全的关注。客户对于个人信息的保护非常重视，希望银行能采取有效措施保护他们的数据安全。

（2）对服务提供者的信任。客户对于银行的信任度日益影响着他们选择和使用其服务的意愿。这包括对银行的品牌、服务质量、风险管理等方面的信任度。

以上变化对商业银行提出了新的挑战，需要商业银行适应这些变化，以满足客户的新需求，提升其市场竞争力。

### （三）市场发展趋势

在当前的市场环境下，商业银行的运营主要受大数据和人工智能的应用、用户体验和定制化服务以及持续创新需求等几个重要因素的影响。

1. 大数据和人工智能的应用

大数据和人工智能的应用已经成为现代商业银行发展的重要趋势。利用大数据分析，银行能更好地理解客户需求，优化产品设计和服务，以提升运营效率和服务质量。同时，人工智能技术如机器学习和自然语言处理在风险评估、反欺诈、客户服务等方面也大大提升了银行业务的效率和精准度。

2. 用户体验和定制化服务

随着客户需求的多元化和个性化，提升客户体验和提供定制化服务已经成为银行业的关键发展方向。银行需要倾听客户的声音，关注客户的全程体验，优化服务流程，提升服务质量。同时，通过大数据分析和人工智能技术，实现对客户需求的精准理解和服务的个性化定制，以提升客户满意度和忠诚度。

3. 持续创新的需求

在数字化和信息化的大背景下，商业银行面临着激烈的市场竞争，只有持续创新才能保持竞争优势，这包括产品创新、服务创新、技术创新、模式创新等各个方面。商业银行需要打破传统思维，拥抱新技术，敢于尝试，勇于改变，以适应快速变化的市场环境和客户需求。

## 二、数字时代商业银行转型的发展战略

### （一）进行数字化转型的原因

数字化转型在商业银行的发展战略中扮演了至关重要的角色。以下是商业银行需要进行数字化转型的原因：

（1）市场的需要。数字化已经深深地影响了人们的生活和工作方式。客户的期望和行为正在发生变化，他们希望银行业务数字化，例如开设在线账户、使用移动支付和获取个性化的金融建议。为了满足这些需求，商业银行必须进行数字化转型。

（2）提升服务效率和质量。数字化转型可以帮助商业银行提高服务效率和质量。通过使用先进的技术，如大数据和人工智能，商业银行可以提供更快、更便捷、更精确的服务。此外，数字化还可以帮助银行降低运营成本，提高盈利能力。

（3）扩大市场份额。通过数字化转型，商业银行可以扩大其市场份额。首先，通过提供在线服务，商业银行可以触达更多的客户，包括那些在传统商业银行网络覆盖范围之外的客户。其次，通过提供创新和个性化的服务，商业银行可以吸引更多的年轻客户，这是一个具有巨大潜力的市场。

### （二）数字化转型的步骤

商业银行数字化转型不同于以往的信息化建设，信息化注重对银行内部业务流程的管理，其目的是改变传统作业模式，实现业务处理自动化，提高服务效率，降低服务成本。而银行数字化转型则是对传统业务模式的重构，重点在于重塑银行组织管理体系，创新商业模式和底层技术架构，优化银行经营策略、产品服务方式和组织协同机制，借助数字化技术连接不同场景，创造直达客户体验的产品。以下是商业银行进行数字化转型的主要步骤：

**1. 构建适应数字经济的企业文化与组织架构**

传统的商业银行建立在保守的风险文化基础之上，而数字化强调创新，这种二元的文化出现在同一体系内，需要融合、发展，因此企业文化的再造需要兼容并蓄的方式。在数字化转型过程中，银行需要构建全新的企业文化，将银行的最顶层业务的战略方向和科技结合起来，设计转型的蓝图、路径，快速迭代，不断试错，充分发挥自有优势，确定符合自身特点的发展路径。数字化浪潮在改变传统业务模式的同时，也在改变着银行内部的管理模式。数字化一方面拉近了银行前、中、后台之间的距离，另一方面也使得“业务”与“科技”的边界愈发模糊。因此银行需要考量如何将业务、管理和科技的人才合理分配，在保障安全、稳定、高效的同时，最大化地发挥数字化创新能效。

**2. 建设数字化基础设施**

数字化转型的首要任务是建设安全高效的数字化基础设施，如高性能的服务器、网络设备、以及大容量的存储设备。这些设备共同构成了数据中心，这是数字化运营的核心。商业银行需要有强大的计算能力和网络连接速度，以保证数据的实时处理和迅速传输。

随着业务的发展，商业银行可能需要更加灵活和高效的计算资源。这时，云计算就出现了。云计算服务可以让银行根据需要快速扩展或缩小计算资源，而无须购买和维护自己的硬件设备。此外，云计算也可以提供备份和灾难恢复服务，以增强数据的安全性。

只有硬件是不够的，软件系统同样重要。商业银行需要采用最新的网络安全技术和政策，以保护客户数据的安全和客户的隐私。这包括数据加密、身份验证、入侵检测和安全事件管理等。这些构成了一个全面的网络安全系统，保护了商业银行的数据不被外部恶意攻击。

最后，商业银行还需要配置数据管理和分析工具。这些工具可以帮助银行收集、存储、管理和分析各种类型的数据，如客户数据、交易数据、市场数据等。通过使用这些工具，银行可以从数据中获取有价值的洞察，为决策提供有力的支持。

**3. 创新金融服务**

在数字化基础设施准备完毕后，商业银行就可以开始创新金融服务了。

（1）开发更为便利、快速、简便的数字化服务。这可能包括在线开户、网上存取款、在线申请贷款、移动支付、智能投顾等。这些服务不仅可以节省客户的时间和精力，还可以减少银行的运营成本。

【案例 1】商业现实：智能决策助力客户挽留

某银行对客户交易数据进行分析，通过算法构建流失预测模型，挖掘在进度指标（最近一次转账、取款、刷卡等行为的时间间隔）、频度指标（交易频次、线上业务登录频次、积分权益兑换数据）、额度指标（资产余额、消费金额、积分剩余、贷款余额等）上表现不佳的潜在流失客户。为了实现挽留客户的业务目标，该银行搭建了体系化的智能决策机制，将目标客户群基于模型分层结果划分为五类，按照客户等级维度细分为六类，匹配四类不同的权益（积分、红包、商城折扣券、会员升级等权益），再结合不同的时间节点（7 天、15 天、25 天等），形成 400 多个子策略，最后根据每组挽留策略的效果，选出最终的挽留规则。

（2）利用大数据和人工智能技术，实现更为个性化的服务。比如，通过对客户行为的分析，商业银行可以提供更符合客户需求的产品和服务，或者通过聊天机器人提供 24 小时的客户服务。这些都能提升客户的满意度和忠诚度。

（3）与其他行业进行跨界合作，开发一些新的金融服务。比如，与电商公司合作开发金融电商产品，或者与科技公司合作开发智能金融产品。这些都能提升商业银行的创新能力和市场竞争力。

（4）关注金融科技的发展趋势，及时予以应用。比如云计算、人工智能、区块链等，都是可能改变金融行业的新技术。商业银行应该尽早对这些技术进行研究和试验，以便于未来的应用。

**4. 提升数据分析能力**

在数字化时代，数据就是“石油”，数据分析已成为推动业务发展的关键。提升数据分析能力可以帮助商业银行更好地理解客户，优化产品，提高决策效率，从而增强其市场竞争力。

（1）建立完整的数据管理系统，确保数据的安全、准确和及时。这包括数据采集、存储、处理、分析和应用等环节。其中，数据质量是基础，数据安全是保障，数据分析是核心。

【案例 2】商业现实：通过全渠道营销触点统一管理，提升客户营销体验

某银行通过对客户历史营销活动触达和响应数据进行分析，发现交易活跃的高端客户收到营销信息的次数是同期普通客户的 3 倍，然而营销转化率却低于普通客户。造成这一结果的主要原因在于，银行多个业务条线都将营销重心放在活跃高端客户群，而营销时点的选择也十分相似，都集中在节日或者年度大促等关键时点。

在缺乏内部协调的情况下，对该客户群造成了明显的过度营销，而各业务条线营销人员却都无法察觉。

对该问题的解决方案是通过整合全渠道触点，打通数据孤岛，统一收集各渠道营销触达数据。在此基础上，建立一套接触管理流程，按照活动进行分类，设定排除规则、接触频次和接触间隔时间，最大限度地降低打扰，合理分配渠道接触资源。

（2）引入先进的数据分析技术和工具，如云计算、大数据和人工智能等。这些技术可以处理大量、复杂、多变的数据，挖掘出有价值的信息和知识。例如，通过大数据分析，银行可以深入了解客户行为，预测市场趋势，提高风险管理能力。

（3）培养数据分析的人才，建立数据驱动的文化。数据分析不仅需要技术，更需要人的理解和创新。因此，商业银行需要在员工中普及数据分析知识，提高其数据意识，鼓励运用数据解决问题。

（4）将数据分析的结果应用到实际业务中。无论是客户服务、产品设计、市场营销，还是风险管理、决策制定，数据分析都可以发挥重要作用。只有将数据分析与业务紧密结合，才能真正实现数据驱动的商业模式。

总的来说，提升数据分析能力是商业银行数字化转型的重要一环。只有掌握了数据，才能掌握未来的市场。

**5. 培养健全的数字化风险管控能力**

随着银行信贷业务的数字化和线上化，银行传统的风控流程因烦琐且成本较高，已经难以满足个人和企业信贷数字化的新需求。同时，伴随业务的线上化，新的风险也随之出现，特别是信贷欺诈显著增加，传统的风控模式也难以应对这种新型风险。大数据风控可分为个人风控和企业风控。个人风控可依托大数据和人工智能技术，对客户风险进行及时有效的识别、预警、防范；企业风控则基于大数据和知识图谱技术，整合企业工商信息、合规情况、关系族谱等信息，来改善企业信用评级。大数据风控技术的应用，可以降低银行风控成本，提高征信效率，实现信贷的贷前、贷中、贷后全链条自动化、智能化，提升个人征信的广度和精度，并丰富企业信用体系。

**6. 培养开放的生态（场景）构建能力**

数字化与金融科技的应用，促使金融机构、互联网公司、金融科技公司等机构之间形成了生态合作的新模式。以开放银行为基础构建生态圈和业务场景，已成为银行数字化转型的重点内容。

（1）零售端的开放重在打造一站式闭环服务平台。适应客户习惯的变化，商业银行积极通过小程序、线下扫码、商家生活号、商户在线服务等方式，联合生活场景的合作伙伴提供非金融类服务场景，增强客户体验、提升客户黏性，逐步从金融产品提供商转变为综合类服务集成商。在这种思路下，商业银行以科技赋能为基础，以客户服务为中心，将线上线下结合，围绕客户金融及生活消费需求打造全方位一站式闭环服务平台，在此基础上，构建智能网点、微银行、电话银行等渠道在内的多元化、全方位客户服务体系，简化零售业务的办理流程，提高运营效率和客户满意度。

（2）企业端的开放侧重生态圈和业务模式打造。产业数字金融是指以产业互联网为依托，以数据为重要生产要素，在产业政策指导下，利用云计算、人工智能、区块链等数字技术手段，为特定产业提供数字化投融资、支付结算等综合金融服务的新金融业态。在实践中，产业数字金融服务包括了业务场景化、资产数字化、风控智能化和经营服务生态化①四个基本环节。

总体上看，商业银行的数字化转型是一个渐进且充满挑战的过程。不管是观念、意识的转变，还是文化、理念的培育，抑或是从客户思维到用户思维的转换，都需要在日常工作中不断体会和深化。如何做好数字化转型，并没有标准答案和方法，但可以明确的是，数字化转型是一项系统性工程，并非某一个部门或者条线的责任，而是一场由内及外的自我革命。

### （三）数字化转型的挑战

#### 1. 技术

在商业银行的数字化转型过程中，技术挑战是无法避免的一部分。

（1）旧系统的升级和集成。许多商业银行的核心系统已经运行多年，内部系统复杂且陈旧，这导致系统升级和集成成为一项巨大的挑战。为了充分利用新的数字技术，商业银行必须成功地进行系统升级和集成。

（2）数据安全。随着数据的增加和开放，数据安全问题愈发重要。商业银行需要在收集、处理、存储和分析数据的过程中保障数据的安全性和客户的隐私权，防止数据泄露、滥用和损失。

（3）技术创新。随着科技的快速发展，金融科技公司正在不断推出创新产品和服务，挑战传统的银行业务模式。商业银行需要持续投入研发，跟上技术发展的步伐，防止被边缘化。

（4）技术人才短缺。在数字化转型过程中，商业银行需要大量的技术人才，包括数据科学家、软件工程师和网络安全专家等。然而，这些人才在市场上常常供不应求，使得银行在人才竞争中面临压力。

（5）合规问题。随着新技术的引入，如人工智能、区块链等，银行可能面临新的合规问题。例如，如何在使用 AI 进行决策时遵守公平信贷法，或者如何在使用区块链时遵守数据隐私法。

以上就是商业银行在数字化转型过程中可能面临的技术挑战，解决这些挑战需要商业银行在技术、人才、策略等方面进行全面的考虑和投入。

#### 2. 法律和行政监管

在商业银行的数字化转型过程中，法律和行政监管挑战也是必然要面对的。

（1）监管环境的不确定性。在许多地方，监管机构尚未制定出完全适应数字化转型的法规。这种监管环境的不确定性会给商业银行的数字化转型带来困扰，尤其是在数据使用和隐私保护方面。

---

① 经营服务生态化是指通过产业场景和融资场景聚合进行生态对接，构建经营服务数字生态，实现产业数字金融生态各方共享共创。

（2）数据隐私和保护。随着 GDPR（欧洲通用数据保护条例）等新的数据保护法规的实施，商业银行在进行数字化转型时，必须在满足客户需求的同时严格遵守这些法规，保护客户数据的安全和隐私。

（3）合规风险。数字化转型意味着更多的技术和数据的应用，这可能导致更复杂的合规问题。例如，如何遵守反洗钱法、数据保护法以及各种金融服务法规。

（4）跨境业务的法律问题。随着数字化浪潮的来临，商业银行的服务能够更容易地跨越国界。然而，不同国家和地区的法律、行政监管可能存在差异，这就给商业银行开展跨境业务带来了法律问题。

（5）新技术的法规。新技术如人工智能和区块链的应用，可能会带来新的挑战。例如，在使用人工智能时，如何处理算法决策的公平性和透明度问题；在使用区块链技术时，如何处理跨境交易的法规问题。

以上就是商业银行在数字化转型过程中可能面临的法律和行政监管，要解决这些挑战，需要商业银行在遵循法规、维护客户权益、利用新技术等方面进行全面的考虑和投入。

**3. 人才**

在商业银行进行数字化转型过程中，人才也是一项不容忽视的因素。以下是主要的人才方面的挑战：

（1）技术人才短缺。数字化转型需要大量的技术人才，包括数据科学家、软件工程师、网络安全专家等。但在当前的市场环境中，这些技术人才往往供不应求，许多银行在招聘这些人才时面临困难。



（2）业务和技术的融合能力。随着银行业务的数字化，需要的不仅仅是纯粹的技术人才，还需要具有业务和技术融合能力的人才。这些人才能够理解业务需求，同时又能够利用技术来满足这些需求。

（3）新技能的学习和更新。数字化转型的过程中，新的技术和工具不断出现，这就要求商业银行的员工不断地学习和更新他们的技能。如何激发员工的学习兴趣、提供有效的培训，成了商业银行面临的挑战。

（4）组织文化的转型。从传统的银行业务转向数字化业务，需要商业银行进行组织文化的转型。如何在银行内部建立起创新和学习的文化，是一个重大挑战。

以上就是商业银行在数字化转型过程中可能面临的人才挑战，解决这些挑战需要银行在人才招聘、培训和文化建设等方面进行深入的思考和投入。

### （四）数字化转型的成功案例

（1）招商银行。招商银行是中国数字化转型成功的典范之一。它通过投资云计算、大数据等技术，建立起一套完善的数字化基础设施。招商银行同时注重线上线下的业务融合，创新了诸多金融服务，如掌上生活 App、无卡取款等。此外，招商银行在数据分析能力上也有显著的提升，能够基于客户数据提供个性化的金融服务。这些举措使招商银行在数字化转型的道路上走在了前列。

（2）建设银行。建设银行在数字化转型方面也取得了成功。它以“智慧银行”

为目标，推动了一系列数字化转型的战略。例如，建设银行开展了金融科技研究，成立了金融科技公司，投入大量的资源进行技术创新。此外，建设银行也重视数字化人才的培养，加强了与高校的合作，建立了金融科技人才培养基地。通过这些措施，建设银行成功地应对了数字化转型的挑战，提升了其市场竞争力。

通过以上两个案例，我们可以看到，无论是招商银行还是建设银行，都很重视数字化基础设施的建设，创新金融服务，提升数据分析能力，以及培养数字化人才。这些都是数字化转型成功的关键因素。

## 三、商业银行重点业务的数字化转型

商业银行重点业务的数字化转型是指银行通过数字化手段优化和改变传统的业务流程，以提高效率、降低成本并提升客户体验。这涵盖了银行的各个业务领域，包括资产与负债管理业务、非利息收入业务以及风险管理与合规业务等。其中，核心的理念是利用科技工具和手段，比如云计算、大数据、人工智能等，实现金融服务的智能化、自动化以及个性化。

商业银行重点业务的数字化转型在当今的银行业务中显得尤为重要，原因有以下四点：

（1）提升效率。数字化转型能够帮助商业银行提升内部运营效率，例如自动化处理一些复杂的业务流程，节省大量人工操作时间，提高服务响应速度。

（2）优化客户体验。通过数字化手段，商业银行能够提供更加便捷、个性化的服务，满足客户对于高效、定制化金融服务的需求，提升客户满意度。

（3）拓展业务范围。数字化转型不仅可以优化现有业务，还能够拓展新的业务领域，比如数字货币、区块链等前沿领域，帮助商业银行拓宽业务范围，增加收入来源。

（4）强化风险管理。通过数字化手段，商业银行可以更好地收集和分析风险相关数据，提升风险预警和风险控制的能力。

因此，商业银行重点业务的数字化转型是银行业务发展的必然趋势，对于商业银行的长期发展具有重大意义。

另外，各家商业银行在数字化营销的成熟度上差异巨大，这与银行营销管理水平、IT 基础设施和数据分析的成熟度密切相关。要客观评价商业银行数字化营销能力，可以从以下四个维度进行综合评估。

（1）客户洞察

·如何构建完善的标签指标体系；

·如何对客户进行精细化分层管理，制定差异化营销策略；

·如何分析客群特征，预测客群需求。

（2）客户接触

·如何对客户触点进行数字化改造，从而实现对客户的精准触达；

· 如何满足客户接触的时效性要求；
· 如何管控客户接触频次，保障客户体验；
· 如何持续测试学习，提升转化效果。

（3）整合营销

· 如何实现对全行营销活动的统一管理和分析；
· 如何整合所有渠道，开展多渠道触点、多频次的自动化营销活动；
· 如何构建营销闭环，实现对活动效果的跟踪、评估和归因。

（4）运营管理

· 是否拥有专业、敏捷的数字化营销团队；
· 是否拥有标准化的营销管理流程，能否快速响应市场变化；
· 是否拥有成熟的系统工具，以降低人力成本、提高效率。

### （一）资产与负债业务的数字化转型

商业银行的资产与负债业务正在经历深刻的变革。这主要表现在贷款服务、存款服务和投资服务的数字化转型上。

**1. 数字化贷款服务**

商业银行通过采用云计算、大数据和人工智能等技术手段，使贷款申请、审批和放款过程实现线上化和自动化。例如，平安银行已经推出了全数字化的贷款服务。客户只需在线填写简单的申请表格，就能实现从申请到放款的全程自助服务。同时，大数据和人工智能技术对客户的信用数据进行智能分析，能够快速决策，大大提高了贷款业务的效率。

**2. 数字化存款服务**

数字化技术使商业银行能够为客户提供更加个性化、便捷的存款服务。例如，通过移动银行 App，客户可以随时随地进行存款、查询余额、转账等操作，大大提高了服务的便捷性。同时，通过大数据分析，商业银行能够深入了解每个客户的需求，为其提供个性化的存款产品和服务，提升客户满意度。

【案例 3】商业现实：微众银行以金融科技战略加速普惠金融发展

微众银行是国内首家互联网银行，不设物理网点，依托科技创新，其创新具体表现如下：

（1）业务实践。微众银行一直坚持“连接者”的定位，通过金融能力、互联网技术、运营和风控能力，跟产品提供方连接在一起，支持合作伙伴快速获得移动互联网金融的服务能力，建设移动线上入口，提升移动客户流量，留存线下客户，获取线上客户，共同构建普惠金融服务。

（2）大数据技术。微众银行将大数据技术应用到多个业务场景中，对业务数据进行多维分析与运用，搭建了精准营销与智能运营平台，构建了全渠道数字化基础设施，打通了线上线下场景，搭建了金融一站式大数据平台。

（3）人工智能技术。为了满足金融级身份认证场景的需要，微众银行利用人工智能技术打造了金融级的智能身份识别技术，不仅整合了人脸识别和活体检测技术，更引进了异步审核和在线视频补充核身流程。

（4）银行战略。微众银行将金融科技的发展提升到银行科技发展战略规划的高度，在云计算、大数据、人工智能、区块链技术四个领域为银行的科技发展明确了方向。

（5）云计算技术。运用云计算技术，微众银行将多种金融云产品成功整合到一起，具备了全线交付能力，搭建起了具备自主知识产权的云管理平台。

**3. 数字化投资服务**

商业银行可借助大数据、人工智能等技术，为客户提供智能投顾服务。例如，工商银行推出的智能投顾服务可以根据客户的风险偏好、资产状况和市场环境，为客户提供个性化的投资建议。此外，通过大数据和人工智能技术，商业银行可以实时分析市场动态，为客户提供实时的投资策略，帮助客户实现资产保值增值。

以上三点，即数字化贷款服务、数字化存款服务和数字化投资服务，都是商业银行资产与负债业务数字化转型的重要组成部分，是提高商业银行业务效率、优化客户体验的关键。

### （二）非利息收入业务的数字化转型

本节主要介绍商业银行在非利息收入业务方面的数字化转型，包括数字化汇款和支付服务以及数字化保险和理财服务。这些业务的数字化转型对于提高银行的业务效率、优化客户体验具有重要意义。



**1. 数字化汇款和支付服务**

数字化汇款和支付服务是指通过数字技术实现跨境汇款和国内支付的服务。商业银行可以通过数字化技术提高汇款和支付的速度和安全性，同时也可以降低成本。例如，工商银行推出了数字汇款服务，客户可以通过手机银行 App 完成跨境汇款，无须到银行柜面排队等待。此外，数字化支付服务也可以帮助商业银行提高客户满意度，减少纠纷和风险。为了更好地满足客户需求，商业银行还可以开发一些特色服务，如快速支付、实时清算等，以提高客户的满意度。

数字化汇款和支付服务的实践经验还包括安全措施的加强。商业银行需要采用先进的加密技术和身份验证手段来保护客户的隐私和资金安全。同时，商业银行还需要建立完善的风险管理体系，及时发现和应对各种风险事件，保障客户的资金安全。

**2. 数字化保险和理财服务**

数字化保险和理财服务是指通过数字技术实现保险产品及理财产品的数字化销售和管理的服务。商业银行可以通过数字化技术提高保险和理财产品的可定制性和个性化，帮助客户更好地管理自己的财务和风险。例如，平安银行推出了智能投顾服务，可以根据客户的风险偏好、资产状况和市场环境，为客户提供个性化的投资建议。此外，数字化保险和理财服务还可以帮助商业银行降低成本、提高效率，并为客户提供更加便捷的服务。

数字化保险和理财服务的实践经验还包括产品创新的加强。商业银行需要不断推出符合市场需求的新产品和服务，以满足客户的多样化需求。同时，商业银行还需要加强与第三方机构的合作，共同开发数字化保险和理财产品，提高产品的竞争力和盈利能力。

### （三）风险管理与合规业务的数字化转型

本节主要介绍商业银行在风险管理与合规业务方面的数字化转型，包括数字化风险评估和数字化合规管理。这些服务的数字化转型对于提高银行的风险管理和合规水平具有重要意义。

**1. 数字化风险评估**

数字化风险评估是指通过数字技术实现对银行业务和客户进行风险评估的过程。商业银行可以通过数字化技术提高风险评估的效率和准确性，同时也可以降低成本。例如，招商银行推出的智能风控系统可以根据客户的信用历史、交易行为等数据，自动评估客户的风险等级，并给出相应的授信额度。此外，数字化风险评估还可以帮助商业银行建立完善的风险管理体系，及时发现和应对各种风险事件，保障银行的安全稳健运营。

数字化风险评估的实践经验还包括数据安全的加强。商业银行需要采用先进的加密技术和身份验证手段来保护客户的数据隐私和信息安全。同时，商业银行还需要建立完善的信息安全管理机制，加强对数据的监控和管理，防范各种信息安全风险。

**2. 数字化合规管理**

数字化合规管理是指通过数字技术实现对银行业务和客户行为的合规性检查和管理的过程。商业银行可以通过数字化技术提高合规管理的效率和准确性，同时也可以降低成本。例如，工商银行推出的“合规易”平台，可以对银行的各项合规政策和流程进行自动化检查和管理，提高合规管理的效率和精度。此外，数字化合规管理还可以帮助商业银行建立完善的合规管理体系，加强对各项合规政策和流程的监控和管理，提高合规水平和风险控制能力。

数字化合规管理的实践经验还包括人员培训的加强。商业银行需要为员工提供相关的数字技术培训和知识普及，提高员工的数字素养和技能水平，以适应数字化转型的需要。同时，商业银行还需要建立完善的内部控制体系，加强对员工的监督和管理，防范各种违规行为的发生。

商业银行的数字化转型如图 6-1 所示。

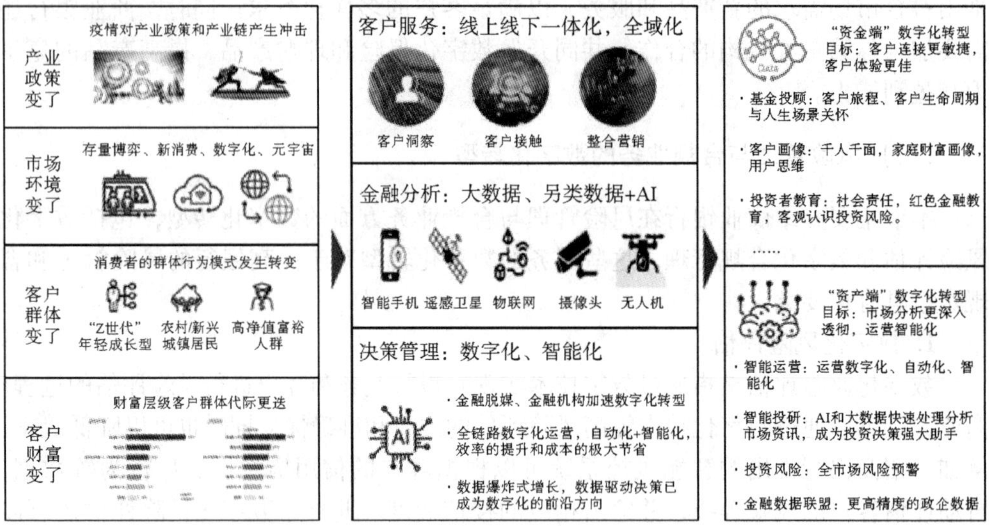


**图 6-1　商业银行的数字化转型**

资料来源：方伟. 金融科技 2.0：从数字化到智能化［M］. 北京：人民邮电出版社，2023.

## 四、商业银行数字化商业模式的特点



### （一）基于数据的决策过程

在数字化商业模式中，商业银行利用大数据技术，收集并分析客户行为、市场趋势以及内部运营数据等，支持其决策过程。基于数据的决策不仅能提高决策效率，减少错误，而且能提升决策的精度。

（1）数据驱动的营销。商业银行可以利用客户数据如购买历史、行为数据等进行精细化的市场分析，制定更具针对性的营销策略。例如，通过分析客户的消费习惯，银行可以个性化推送符合客户需求的金融产品。

（2）风险管理。商业银行可以通过大数据技术，实时监控金融市场的动态以及客户的信用状况，及时发现并管理风险。例如，通过对客户的贷款还款历史进行分析，银行可以预测客户未来的信用风险。

（3）内部决策。基于数据的决策还被应用到银行的内部管理中。例如，通过分析员工的工作效率，商业银行可以优化其人力资源配置。

总的来说，基于数据的决策过程是商业银行数字化商业模式的重要特点，对提升商业银行的运营效率、服务质量以及风险控制能力都有重要的影响。

### （二）客户体验的持续优化

在数字化商业模式中，商业银行会非常注重优化客户体验。数字技术如移动银行 App、人工智能客服、自助服务终端等，都为提高客户体验提供了新的可能性。

（1）便利性。数字化银行服务使客户能在任何地点、任何时间获取银行服务。例如，通过移动银行 App，客户可以随时查看账户余额、进行转账、支付账单等，无须亲自去银行。

（2）个性化服务。通过大数据和人工智能技术，商业银行能更深入地理解客户需求，为其提供更加个性化的服务。例如，基于客户的消费历史和偏好，商业银行可以推送符合其需求的金融产品。

（3）高效的客户服务。人工智能和自动化技术的应用，使商业银行能更高效地处理客户咨询的问题。例如，AI 客服可以 24 小时在线解答客户问题，大大提高了客户服务的效率。

总之，优化客户体验是商业银行数字化商业模式的重要特点。通过提供便利、个性化和高效的服务，商业银行可以提升客户满意度，增强客户忠诚度。

### （三）流程的自动化

流程自动化是数字化商业银行模式的另一个关键特性，因为它提高了效率，降低了错误率，并为客户提供了更为快捷便利的服务。在银行业务中，流程自动化常见于以下几个方面：

（1）贷款审批。通过自动化的信用评估和审批系统，商业银行可以在几分钟内完成贷款审批过程，大大加快了处理速度。

（2）交易处理。通过自动化的交易处理系统，商业银行可以实时处理大量的交易，提高了效率，降低了错误率。

（3）客户服务。商业银行正在使用 AI 聊天机器人和自助服务平台来自动化客户服务，提供 7×24 小时的服务，提高客户满意度。

（4）风险管理。通过自动化的风险管理系统，商业银行可以实时监控和管理各种风险，例如信用风险、市场风险等。

流程自动化不仅改变了商业银行的运营方式，也为银行带来了许多好处，如降低成本、提高效率、改善服务质量等。

### （四）业务模式的不断创新

数字化转型不仅改变了商业银行的运营方式，也带来了业务模式的创新。随着科技的发展和客户行为的变化，商业银行不断推出新的业务模式以满足市场需求。以下是几个主要的业务模式创新：

（1）开放银行。开放银行是一种业务模式，商业银行通过开放 API（应用程序编程接口），将自身的数据和服务分享给第三方服务提供商，与其共同创新并为客户提供更加个性化和便利的服务。例如，第三方支付公司可以利用银行的 API，为商业银行客户提供更方便的支付服务。

（2）云银行。商业银行将其核心业务系统迁移到云计算平台，以实现业务的灵活扩展和快速创新。例如，商业银行可以通过云计算平台快速开发并推出新的金融产品。

（3）数字货币。随着区块链技术的发展，一些商业银行开始探索数字货币的应用，例如发行稳定币或加密货币。

这些业务模式创新不仅为商业银行提供了新的收入来源，也提升了客户体验，增强了市场竞争力。然而，业务模式创新也面临诸多挑战，如技术难题、法律法规限制等，需要商业银行不断探索和实践。

### （五）安全性与合规性

在数字化转型的过程中，商业银行面临的一个重要问题是确保数据的安全性和合规性。

（1）数据安全。随着业务的数字化，银行需要处理的数据量大幅增加，数据安全问题日益凸显。商业银行需要采取各种安全技术和措施来保护数据，例如使用加密技术保护数据的安全，建立数据备份和恢复系统以防数据丢失，定期进行安全审计和漏洞扫描等。

（2）数据隐私。随着个人信息保护法等相关法律法规的实施，保护客户数据隐私成为商业银行必须关注的问题。商业银行需要确保在数据收集、使用和共享等过程中遵守相关法律法规，尊重和保护客户的数据隐私。

（3）合规性。在数字化转型的过程中，商业银行还需要面对各种复杂的合规问题，例如反洗钱、反恐怖融资、税务合规等。银行需要建立有效的合规管理体系，通过技术手段提升合规管理的效率和效果。



总的来说，安全性和合规性是商业银行数字化商业模式的重要特点，也是其数字化转型的关键因素。

### （六）实时性与透明性

实时性与透明性是商业银行数字化商业模式的另一重要特点。

（1）实时性。数字化商业银行可以提供实时服务，客户可以随时随地查看账户信息，进行各种交易。此外，商业银行也可以通过实时数据分析来优化决策。例如，通过实时风险评估和信贷审批，商业银行可以更快速、更精准地做出决策，提高效率，降低风险。

（2）透明性。在数字化银行中，所有的交易数据都是可追踪的，这大大提高了银行业务的透明性。客户可以清晰了解自己的交易情况，也能更好地理解商业银行的费用和服务。同时，这种透明性也有助于商业银行的管理，它可以方便地追踪业务流程，发现并解决问题。

总体来看，实时性与透明性是商业银行数字化商业模式的重要优势，它们提升了客户体验，增强了业务效率，帮助商业银行提供更好的服务。

### （七）持续创新

持续创新是数字化商业银行模式的一大特点，它体现为商业银行不断适应和引领科技发展，满足市场和客户需求的变化，以提升自身竞争力和可持续发展能力。

商业银行需要不断追求新的技术、新的业务模式，以满足日益变化的市场需求。

（1）技术创新。随着科技的发展，新的技术如云计算、人工智能、区块链等，正在不断地被引入银行业。商业银行需要利用这些新技术，提升服务质量，提高工作效率，降低运营成本。

（2）业务模式创新。随着客户习惯和市场环境的改变，商业银行需要不断调整和优化其业务模式。例如：向在线、移动端等数字化方向转变；提供一站式、全方位、个性化的服务；利用数据和算法，进行精准营销；等等。

（3）合作创新。在当前复杂的金融环境中，商业银行需要通过合作来实现创新。这可能是与科技公司、其他银行甚至客户的合作。通过合作，商业银行可以拓宽服务范围，提升服务质量，共享资源，共赢发展。

总的来说，持续创新是商业银行应对数字化时代挑战、持续发展的重要方式。只有持续创新，才能在激烈的市场竞争中保持领先。

## 本章案例

### 招商银行的数字化转型①

银行业在最近10年的时间里，切实受到外界环境的变化和以技术为武器的跨界竞争者的挑战：一方面，财付通、支付宝等非第三方机构已成功进军支付领域。在存款项目上，有余额宝、微信理财通等；在借贷项目上，有花呗、微粒贷等；在汇款方面，有支付宝转账、微信转账等。在金融服务领域，新兴的移动支付表现突出，尤其是支付宝以及财付通，基本上占领了整个市场。这不可避免地影响了商业银行零售业务。截止到2015年年末，第三方支付机构共发生821.45亿笔网上支付业务，总额达到49.48万亿元，比上一年分别增长了119.51%和100.16%，而银行业的增长率仅为27.29%和46.67%。同时，无论是ATM机还是POS机，它们对应的银行卡数量分别发生了21.78%和23.23%的下降幅度，整体形势不够乐观。而近年来互联网金融发展迅猛，阿里巴巴、腾讯等互联网公司无论是流量方面还是场景方面都占据了优势地位，包括招商银行在内的商业银行，只能充当支付途径，无法保持与客户的亲密关系。在这种大环境下，各大银行清楚地认识到，如果缺乏忧患意识，不及时去应对，最终的结果就是被数字化的浪潮拍在沙滩上，无法继续保持自己既有的地位。数字化转型无论是在银行追求卓越的内部驱动下，还是在名为生存的外部压力下，都已势在必行。

在“金融科技银行”的清晰定位下，招商银行找到了打开数字化大门的那把钥匙——开放与融合（以下将引用招商银行官网与历年财务报表的数据进行分析）。

开放，是为了寻求服务机会。对客户而言，数字化时代的金融只是工具，个人生活或企业经营才是目的，纯粹而独立的金融服务越来越难以触达客户。招商银行紧跟客户的脚步，寻找并建立数字化时代金融服务的新入口：招商银行零售金融围



①　谢仁杰，邓斌. 数字化路径：从蓝图到实施图［M］. 北京：人民邮电出版社，2021.

绕金融核心，基于“招商银行”和“掌上生活”两大App的平台切入客户服务生态；加大“引进来”的力度，与合作伙伴共建生态圈，聚焦形成优势场景，培养和强化用户习惯；昂首阔步地“走出去”，开放Ⅱ、Ⅲ类账户，通过API接口输出金融服务能力，建立更加广泛的生态联盟。企业经营数字化在未来会是一个重要的客户服务入口。为此，招商银行积极探索如何从企业数字化服务切入公司客户的产业互联网建设，如何从资管生态化服务切入同业客户的生态圈建设。

融合，是为了提升服务能力。数字化时代，市场竞争不再是单个产品和业务线的竞争，而是整体生态的竞争。招商银行打破内部竖井和业务边界，集聚最有战斗力的力量作用于市场、服务于客户，将服务的组合类型作为增加服务价值、增强服务黏性的方法之一。开放与融合是相辅相成、相互促进的关系。只有开放，才能获取更多的服务入口和更丰富的客户需求，才能刺激融合能力的生长；只有融合，才能形成完整的服务生态，进一步提升开放的价值。

开放与融合倒逼组织进化和管理升级。招商银行从组织到行动都敢于打破边界，通过组建更多的任务型团队，努力提升中台能力，从而逐步构建赋能型组织。这具体包括：建设架构开放、敏捷迭代的系统中台以完善系统，实现功能模块化、产品化，从技术底层打通所有业务系统；建设数据中台，将数据作为核心资产，打通内外部数据，完善大数据治理体系；建设业务中台，打造强大的“总参谋部”，向市场赋能，为一线减负。招商银行通过中台赋能前台、前台的反馈又推动中台迭代的循环，进一步推动组织自我进化。



开放与融合的底层是文化的蝶变。文化是底层的生产力，是链接个人与个人、个人与组织的柔性价值网。企业文化像水一样，无处不在，润物细无声。“清风公约”的发布，体现了招商银行塑造“开放、融合、平视、包容”的新型企业文化的决心。招商银行决心让“清风公约”成为7万多名招商银行人价值观的最大公约数，使招商银行与亿万客户形成心灵共振，构筑招商银行最宽的“护城河”。

招商银行的数字化转型模式值得各企业学习和借鉴，以下将详细说明招商银行是如何通过“三力模型”成功实现数字化转型的。

## 一、融合力

### （一）战略融合的实践

2016年，为积极应对外部互联网金融及金融科技的挑战，招商银行的战略委员会制定了《招商银行发展战略规划（2016—2020）》，明确提出了“创新驱动、零售领先、特色鲜明的中国最佳商业银行”的发展愿景，表示将从机制和资源投入方面全力支持金融科技业务的发展。至此，招商银行成为国内首家将金融科技投入写入公司规划的商业银行。

为了加快推进金融科技战略的速度，招商银行充分利用移动互联网、云计算、大数据、人工智能、生物识别等技术提高服务能力，推动公司向网络化、数据化、智能化的未来银行转变。在零售金融领域，招商银行坚持“手机优先”的策略，将客户服务界面不断向手机终端迁移，并以手机为中心持续进行产品和业务模式的创新；在批发金融领域，通过移动互联网技术持续进行客户服务模式创新，依托网银平台，以移动支付为手段，延伸、拓展移动支票在企业业务中的应用场景，打造支付结算业务新生态。此外，招商银行提出加快推进多元化跨业联盟合作的速度，推动金融与科技的融合创新，构建具有招商银行特色的互联网金融生态体系。

2017 年，招商银行在其成立 30 周年时提出，新时代的招商银行，“人才+创新”是根本驱动力，要进一步增加金融科技创新基金额度，加大金融科技投入力度，“容忍失败、奖励成功”。每一项业务、流程、管理都要以金融科技的手段再造，整个组织、每个管理者、所有岗位都要以金融科技的思维进行重新武装，为“轻型银行”战略转型下半场提供源源不断的“核心动力”。2017 年，招商银行将 2016 年税前利润的 1%（7.9 亿元）用于成立金融科技创新项目基金；建立试错机制，鼓励员工面向客户和市场进行小团队内部创业；彻底转变思维，以客户体验优先的原则重新审视内部管理。这一系列措施旨在用金融科技理念和手段改造业务流程、重塑运营体系、优化成本管理、创新体制机制，紧紧围绕客户需求，深度融合科技与业务，以科技敏捷带动业务敏捷。

2018 年，招商银行董事会为深入推进创新驱动发展战略，决定将金融科技创新项目基金额度由上年税前利润的 1%提升至上年营业收入的 1%，同时成立科技赋能的金融科技创新孵化平台，建立独立团队运作机制，支持各项创新项目；加快人员结构转型，加大科技和数据人才储备力度；秉承“容错、共赢”的思维，不断加大、加快创新步伐。移动互联时代，科技主导商业模式，大数据决定客户服务能力，商业逻辑已由“小而美”转变为“大而美”。只有拥有足够庞大的客户数量，企业才能承载科技的高投入和高风险，才能形成足够有价值的数据量。因此，招商银行的数字化转型战略将围绕客户体验、面向金融科技，重建内部的经营管理。



从客户转向用户，招商银行重新定义了银行服务对象和经营思维。以用户体验为导向，持续强化以月活跃用户（monthly active users，MAU）为“北极星指标”的经营理念，从而牵引整个招商银行完成从业务发展到组织体系、管理方式、服务模式，再到思维、理念、文化和价值观的全方位的数字化转型。

从银行卡转向 App，招商银行重新定义了银行服务边界。它以“招商银行”和“掌上生活”两大 App 为平台，搭建了包括地铁、公交、停车场等便民出行类场景的用户生态体系，逐步提升这两大平台的非金融服务流量比例。

从交易思维转向客户旅程，招商银行重新定义了银行服务逻辑和客户体验。它建立了客户体验监测体系，实时体验客户的感受，快速反馈并改进；搭建了强大的数字化业务中台，力求以智能化方式对线上客户服务平台和一线客户经理赋能，从根本上提升客户体验。

从集中转向开放，招商银行重新定义了银行科技基础和企业文化。它对标金融科技公司，建立了开放式的 IT 架构，全面提升对科技的研发和应用；建立了容错机制，支持天马行空甚至异想天开的创新，鼓励“小鬼当家”，包容“无稽之谈”，力求改变传统银行科层制文化，使招商银行变得身轻如燕。

招商银行作为具有科技基因的银行，其董事会和管理层都有强烈的危机意识和清晰的战略导向，坚持颠覆、容错、共赢的理念，通过加大金融科技投入，提升金融科技水平，加速金融科技应用，打造新时代的金融科技优势。

### （二）业务融合的实践

#### 1. 数字化获客

零售金融以“招商银行”App和“掌上生活”App为平台，探索和构建数字化获客模型，通过联名营销、联动营销、场景营销、品牌广告营销、自媒体粉丝营销、客户推荐客户、社交营销等方式，打造新的获客增长点。

数字化获客通过聚焦于建设有效核心场景开展流量经营，打通从用户到客户的高效转化通道。第一，坚持“双App并进”的策略，构建大流量、全客群和高效率的互联网获客体系，促进流量快速增长；第二，聚焦出行、医疗、教育等用户自然生活需求方面的场景构建，通过“云+API”的方式输出金融服务能力，提高用户黏性和产品渗透率；第三，持续深耕理财场景和消费金融场景，促进流量增长与流量转化有序连接，探索流量闭环经营的变现新模式，充分发掘用户潜在价值。

2018年，招商银行的两大App已成为客户经营的主要平台，借记卡线上获客占比17.89%，信用卡获客占比61.21%。2019年，“招商银行”App累计用户数达1.14亿户，借记卡数字化获客占比24.96%；“掌上生活”App累计用户数达9 126.43万户，信用卡数字化获客占比达64.32%。

（1）开放服务

为了提升低成本获客能力和转化能力，招商银行将其API向第三方合作伙伴开放，通过聚焦有效核心场景建设开展流量经营，打通从用户到客户的转化通道。它通过“开放+融合”的金融服务方式构建新的业务场景和生态体系，这也是提升用户体验的重要步骤。

2017年，招商银行明确提出开放服务的思路，加大对于API等重点技术的投入，以线上线下融合的思维引流量、拓场景，开放招商银行服务API。

2018年，聚焦出行、医疗、教育等用户自然生活需求方面的场景构建，通过“云+API”的方式输出金融服务能力，提高用户黏性和产品渗透率；围绕“云+API+区块链”和“数据+AI”构建开放、智能的互联网经营生态和服务体系。

2019年，招商银行实施“走出去”战略，开放Ⅱ、Ⅲ类账户，聚焦餐饮、看电影、日常出行、便民服务等重点场景，通过API接口输出金融服务能力，不断拓宽服务边界，建立更加广泛的生态联盟。通过建设统一对外服务的Open API平台、“招商银行”App小程序平台，招商银行支持API安全快捷输出，服务金融支付、智慧停车、智慧医疗等不同场景，其赋能的合作企业达629家。

（2）客户画像

客户画像主要分为零售客户画像和批发客户画像。零售客户画像包括人口统计学特征、收入、消费能力、兴趣数据、风险偏好等，批发客户画像包括企业的生产、流通、运营、财务、销售和客户、相关产业链上下游等数据。

招商银行通过整合390多个系统的数据源，引入58个外部数据源，形成了3 800多个面向零售客户的客户标签，构建起全面的客户视图，以此获取零售客户画像。

在内部数据基础上，招商银行增加了3 000万家企业的工商变更记录、招中标、土地招拍挂、新闻资讯、法院执法、投融资等行外事件，实现了每月25万多条商机信息的持续抓取和推送，提高了对客户的实时感知能力，以此获取批发客户画像。

（3）精准营销

2017年，通过整合390多个系统的数据源，引入58个外部数据源，招商银行形成了3 800多个面向零售客户的客户标签，构建起全面的客户视图，并基于此建立了包括主动营销和被动营销在内的智慧营销引擎，为手机客户和客户经理提供实时的推荐服务。与此同时，它在移动端设置了97个推荐栏位，形成了7 132种个性化产品组合，日均推荐1.3亿人次；全年为客户经理推送客户营销名单7 000批次，客户经理的营销活动提升至月均1 600次。

2018年，通过客户画像标签，招商银行的营销客户触达次数提升了6.56倍，营销成功率达到17.42%，初步展现了“千人千面”的个性化推荐。

**2. 数字化经营**

（1）零售金融

“招商银行”和“掌上生活”两大App已经成为零售客户经营的主要平台。前者主要服务于借记卡客户，后者主要服务于信用卡客户。

早在2017年，招商银行就开始实施“移动优先”策略，全面推动零售服务从卡片到App的迁移。“招商银行”App开启了“网点+App+场景”模式，打造线上线下一体化的客户经营模式，从前端的个性化服务到后台的自动化、智能化流程，进一步提升了零售服务的客户体验。“掌上生活”App则围绕“打造第一消费金融App”的目标，推进移动端消费金融产品创新，提升流量经营和价值输出能力。2017年年末，40.35%的持卡客户已经迁移到手机，81%的客户往来已迁移到手机，由此完成了巨大的流量数据累积，为后续客户流量经营夯实了基础。同时，“招联金融”App累计核批客户1 662.10万户，较2016年年末增长135.93%；累计发放贷款2 268.04亿元，较2016年年末增长297.36%；期末贷款余额468.29亿元，较2016年年末增长157.46%。

截至2019年年末，“招商银行”和“掌上生活”两大App的MAU（用户月活跃度）达1.02亿户，较2018年年末增长25.58%。两大App已成为招商银行与客户业务沟通的主要平台。招商银行之所以能取得如此亮眼的业绩，主要得益于其三大方面的持续发力。

第一，数字化运营进一步提升金融服务效能。2019年，“招商银行”App的理财投资销售金额为7.87万亿元，同比增长25.72%，占全行理财投资销售金额的71.52%；“招商银行”App理财投资客户数762.09万户，同比增长50.17%，占全行理财投资客户数的89.96%。

第二，数字化运营不断加强与客户的线上交互。2019年，“招商银行”App登录次数为60.93亿人次，人均月登录次数11.82次。44家分行在“招商银行”App上开通了城市专区，有1 403个网点建立了线上店铺。同时招商银行积极探索以线上化、集中化的模式对零售客户进行有效经营，线上直营零售金卡及金葵花客户达到469万户。

第三，平台开放不断提升服务创新效率。对内开放App平台能力，所有分行可通过“招商银行”App上的开发小程序迅速提供新服务；对外向合作伙伴开放API，聚焦各种场景，不断拓宽服务边界。2019年全年，“招商银行”App和“掌上生活”App中16个场景的月活跃用户超过千万，“招商银行”App金融场景使用率和非金融场景使用率分别为83.79%和69.80%，“掌上生活”App金融场景使用率和非金融场景使用率分别为76.21%和73.90%。

（2）批发金融

2017年，招商银行创新推出第十代网上企业银行U-Bank X，充分运用金融科技领域的全新技术，打造开放、智能化的互联网服务，全渠道、场景化的支付结算产品，并率先应用区块链技术重塑全球现金管理，以大数据支撑构建产业互联网生态，推出智能“小U”机器人、移动支付、远期移动支票等多项特色产品及服务。受推出U-Bank X促进基础客群增长的积极影响，截至2017年年末，招商银行网上企业银行客户数137.94万户，较2016年年末增长25.89%；年活跃客户数108.77万户，同比增长25.20%；月活跃客户数70.59万户，同比增长15.57%；交易笔数38 490万笔，同比增长71.73%；交易金额113.16万亿元，同比增长10.75%。

2018年，批发业务加速金融科技应用，积极探索生态视角客户经营。招商银行创新对公客户“聚合收款”业务，在高速、医疗、教育、汽车等领域开展产业场景拓展，拓展对公商户2.83万户，全年交易量399.03亿元。与此同时，招商银行推动数字化经营平台建设，构建“招商银行企业”App，在不到半年的时间里客户数量已达53.39万户，月活跃客户数达到20.55万户；网上企业银行客户数168.89万户，月活跃客户数82.34万户，对公服务体系网络化趋势更加明显。票据在线贴现业务量达2 058.80亿元，票据在线贴现客户数达9 110户。



2019年，招商银行以生态化视角重塑批发业务专业化服务体系。具体做法包括：第一，强化数字化经营平台建设。依托“招商银行企业”App，招商银行构建了开放式全场景企业移动服务平台。截至2019年年末，“招商银行企业”App的客户数达100.08万，较2018年年末增长了87.45%，月活跃客户数42.65万户，同口径较上年年末增长136.68%。第二，批发金融产品线上化。持续推进票据业务流程线上化，截至2019年年末，票据在线贴现业务量达到3 006.23亿元，同比增长46.02%，票据在线贴现客户数13 509户，同比增长48.29%，其中，中小微企业客户占比92%，数字化普惠金融服务能力持续提升。第三，以产业互联网为纲实现生态化经营。围绕账户及支付体系数字化、数字化融资、金融科技能力输出三大方向打通产业链，招商银行在统一支付结算体系方面创新实现收款分账功能，并建立了B2B平台内部结算模式。截至2019年年末，结算综合解决方案“云账单”已为5 766家企业客户提供了服务，交易量为2 872.71亿元；聚合收款业务聚焦保险、医药、教育、快消品四大场景，交易笔数达5.02亿笔，交易金额达1 466.47亿元，同比增长267.51%。



### 3. 数字化风控

近年来，国内外宏观经济金融形势复杂多变，资产质量管控面临重大的挑战。

招商银行加强了风险演变趋势预判、风险预警等全生命周期过程管理，强化了对消费信贷、房地产、地方政府融资平台等重点领域的风险管控，努力保持资产质量稳定，巩固风险管理成果，进一步提升风险管理水平。

2017 年，在风险决策方面，招商银行打造了大资信实时风险决策引擎，通过整合信息资源，运用大数据、人工智能等技术，具备了毫秒级查询和亿级数据计算的能力。在反欺诈方面，运用人工智能等技术，将原来使用的基于规则的模型升级为实时大数据反欺诈模型；模型衍生特征变量扩展到 3 000 多个，达到亿级数据量的计算能力，使客户转账和支付的资金损失较之前降低了 35%。

2018 年，在零售金融方面，招商银行综合客户设备、环境、交易对手等多个维度，监控超过 4 000 个变量，实现了毫秒级风险决策和亿级数据计算能力，覆盖的零售金融类交易接近 20 亿笔。在公司金融方面，招商银行通过搭建风险大数据平台，整合了 15 类外部数据和客户在 3 年内的交易数据，建立了企业客户关系图谱和智能预警体系。其中，智能预警系统上线 9 个月，对潜在风险企业客户的预警识别准确率达 73. 05%。

2019 年，在零售金融方面，招商银行不断强化扩展智能风控平台“天秤系统”，伪冒侦测范围覆盖线上和线下交易渠道，并进一步优化电信诈骗提醒拦截功能。“天秤系统”只需 30 毫秒即可对疑似欺诈的交易进行拦截判断，将非持卡人伪冒及盗用的情况降低至千万分之八，帮助客户拦截电信诈骗交易 8 万笔，拦截金额超过 18 亿元，为客户的资金安全提供了有力保障。在公司金融方面，招商银行融合内外部数据，构建客户关联知识图谱，加强针对具体场景的风险分析能力，建立了包括担保圈、金融司法纠纷、风险传导、风险舆情、涉小额贷款公司融资、政策解读、数据质量检查、授信审批授权等场景的风险特征模型，建设了基于机器学习算法的对公智能预警系统，批发智能化评级和预警精度不断提升，对公客户智能评级系统准确率较传统评级提升 52. 60%。



**4. 数字化运营**

数字化运营的重点在于利用金融科技优化组织架构和业务流程，具体来说，包括提升中后台运营支撑体系自动化、智能化水平，探索以标准化、模块化服务支持业务经营模式的转型，快速响应客户需求，以提高业务效率和风控质量。

在组织架构调整方面，2018 年，招商银行在总行层面建立了网络经营服务中心，用以开展客户数字化经营。网络经营服务中心线上直营零售客户达 386 万户，直营客户资产管理规模（asset under management，AUM）同比增长 17. 84%，全量零售客户 AUM 增幅达 7. 49%。

在业务流程优化方面，2017 年，招商银行在批发业务上大力推动数字化运营。一是在信贷流程处理方面，建立风险管理中台。向前，依托“移动一事通”App 实现客户经理、经营主责任人、风险经理、审贷官、产品经理的移动全流程协同；向后，打通整合中后台系统，通过人脸识别、光学字符识别、印控一体机等技术手段简化一线人员的现场操作，提高服务流程的效率。二是在运营管理方面，率先引入机器人流程自动化（robotic process automation，RPA）技术，以提高运营的自动化水平。在对188个RPA技术应用场景进行梳理的基础上，选取运营管理中的内部账户余额核对、人民币账户备案、外汇网上申报3个场景开展试点，单笔业务处理耗时较之前缩短了65%~95%。

2018年，招商银行率先实现了RPA在托管领域的应用，持续优化托管系统功能与业务流程。其托管系统持续领先于行业中的其他企业，“托管大数据平台风险管理系统”也荣获中国银保监会系统“金点子”方案一等奖。

2019年，招商银行提出以流程优化为抓手，持续打造最佳客户体验银行。

第一，重构零售客户体验监测体系，“风铃系统”1.0版本上线运行，对接行内系统20个，监测客户体验指标923个，实现了对零售客户体验的实时监测与数字化呈现，初步构建了零售客户的体验风向标和服务升级引擎。零售信贷的贷中审批实现了全流程数字化处理，审批中心的审批作业耗时同比缩短20%。另外，采用“端到端客户旅程方法论”，重点对零售客户首面经营旅程、客户推荐客户旅程、代发业务旅程和信用卡账单分期旅程的全流程体验进行重塑，改进效果显著。首面经营旅程项目将零售客户在网点开户的总时长缩短了25%左右；客户推荐客户旅程专注于解决流程断点多的痛点，使月均参与推荐用户数增长了1倍，月均接受推荐且成功开卡用户数增长了三成，获客效果提升显著；代发业务旅程将业务签约流程由17步压缩至5步，流程效率大幅提高；信用卡账单分期旅程优化后，客户满意度提升了15%。



第二，全面诊断对公关键客户旅程，不断打通线上审批、风险、合规、运营流程，持续推进各类服务流程的重塑。这种重塑体现为保证金收取支持客户经理移动端7×24小时自主完成，征信授权及查询实现全流程线上化，查询全流程耗时从约一个星期缩短至最快只需5分钟。银行承兑汇票、流动资金贷款、保函等高频业务授信项下提款全流程用时较上年缩短了37%。招商银行在全国落地了多家线下对公客户金融科技体验中心，为客户提供了38个对公产品线上操作体验环境。

**5. 数字化服务**

在持续应用创新技术的背景之下，招商银行逐步形成以“招商银行”App和“掌上生活”App为核心，以远程银行、智能微服务等渠道为辅助，以分支行和网点的业务人员为补充，以金融科技创新为支撑的智能服务体系，完成了打造“最佳客户体验银行”的目标。其智能服务体系见图6-2。

在借记卡智能服务体系方面，招商银行以“招商银行”微信公众号为品牌宣传及业务推广的重要渠道，通过持续为年轻客群提供优质内容、开展趣味活动等高频互动，不断提升品牌美誉度。同时，不断完善的产品及运营体系，让微信公众号逐渐成为重要的App用户增长新引擎。截至2019年年末，“招商银行”微信公众号的关注用户数达到2 289.53万。

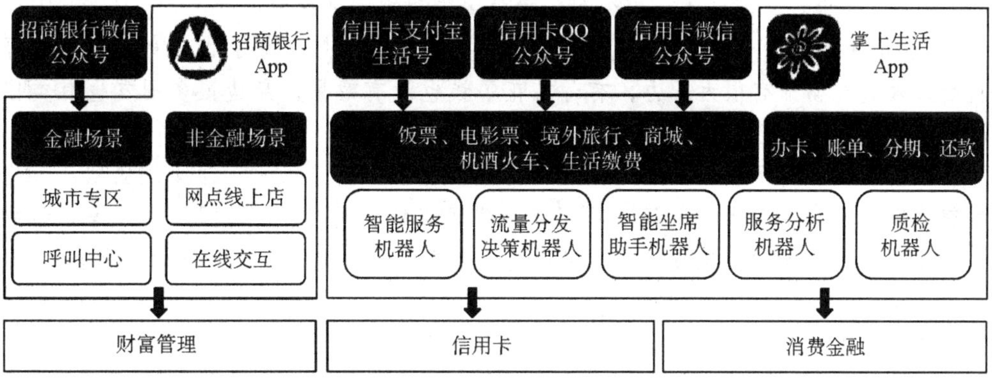


**图 6-2　招商银行智能服务体系**

在信用卡智能服务体系方面，招商银行持续以“掌上生活”App为主、第三方渠道为辅，进一步探索新兴渠道的1+N服务生态布局。为支撑巨大的服务流量，招商银行依靠大数据和人工智能打造了智能服务机器人、流量分发决策机器人、智能座席助手机器人、服务分析机器人、质检机器人等，覆盖用户洞察、流量分发、服务交互、需求再挖掘、管理提升五大模块，并将呼叫中心移至“掌上生活”App，以便为用户提供视听多媒体交互服务，实现了服务效率和用户体验的升级。截至2019年年末，招商银行从信用卡第三方渠道（主要为微信、支付宝服务窗和官方QQ支付中心）获取的粉丝量累计达1.39亿。



在远程服务方面，招商银行网络经营服务中心通过电话、网络和视频等方式为客户提供实时、全面、快速和专业的贴心服务。招商银行加强了网络服务能力以顺应客户行为向移动互联网迁徙的趋势，文本在线交互已成为远程咨询服务的主流形式。同时，招商银行加快了服务智能化的步伐，加强对智能机器人的训练，加强对算法的优化，其智能自助服务占比76.11%。2019年，招商银行可视柜台月均来电量262万次，单日最高13.21万次，对网点非现金交易的替代效用逐渐凸显。

智能服务体系搭建起一套面向全客群、全产品、全渠道的服务模式，通过拓展服务边界，跳出以银行账户为核心的客户体系，延伸到Ⅱ、Ⅲ类账户以及没有绑定银行账户的App用户，着力构建互联网漏斗型用户体系，其服务结果向财富管理、信用卡和消费金融等业务导流，持续不断地贡献新客户。

**6. 文化融合**

金融科技的底层是文化，招商银行通过建立容错机制，支持大胆创新，鼓励“小鬼当家”，包容“无稽之谈”，力求改变传统银行科层制文化。

（1）小团队+孵化器

2017年，招商银行创新体制与机制，成立科技赋能的金融科技创新孵化平台并建立试错机制，鼓励员工面向客户和市场进行小团队内部创业。

得益于招商银行“精益创新、敏捷迭代”文化转型思路，2018年，做过人力、财富管理，当过支行行长的张涛和他的团队凭借“礼记”项目，在招商银行“Fintech燃梦计划之小团队创新大赛”中胜出。经过一年的孵化，“礼记”团队

"出走"招商银行，成立了一家公司，该公司由招银国际控股。

"礼记希望帮助个体和企业更好地选择礼物。这种想法源于我自身的经历，每次给太太选礼物都有很大压力，有时候花了钱也没有效果，身边很多朋友也有类似的困扰。"张涛笑言。

从参加大赛的700多个"小团队"中脱颖而出后，"礼记"后续的立项、孵化快速推进。孵化中心为"礼记"项目组提供了工位、网络、计算机、文具等日常办公服务，并有驻场的孵化支持团队提供商业模式、团队建设、产品设计、原型开发、技术平台等专业化顾问咨询服务。

这是招商银行通过"小团队"机制激励创新的一个缩影。对于招商银行而言，小团队的创新不仅孵化了一批项目，还培养了一批金融科技领域的创新人才，更重要的是改变了企业文化，注入了新的活力。小团队的创新运用了精益创新的方法，以客户需求为导向，展现了赋能型团队组织的活力。

(2)"蛋壳"平台

2019年，招商银行提出以"打破竖井、赋能减负"为重点，优化组织形态和文化氛围；依托内部论坛"蛋壳"平台，持续建设开放、融合、平视、包容的文化氛围。截至2019年年末，"蛋壳"上共有1 263篇意见与建议被采纳，采纳率达到29%。通过"打破竖井、赋能减负"的专项行动，招商银行治理了大企业病，打破了系统和业务竖井，成功地向形式主义"说不"，为一线员工赋能和减负。另外，招商银行将企业文化具体化为行动准则，推出了"清风公约"倡议书，通过包括"做正确的事，不管它在不在你的KPI里"等十条公约，引导全员形成文化共识。



## 二、敏捷力

### (一) 敏捷领导者的实践

#### 1. 拥抱变化，提升战略眼光

2018年，时任招商银行行长田惠宇在致辞中表示，科技革命将以几何量级从根本上提高生产力，进而重构生产方式和商业模式。尽管银行业已传承数百年，经历多次时代变局，如经济周期、贸易冲突和监管政策变化等，但这并没有改变银行的商业模式；电气时代和信息时代只是为银行提供了更高效的渠道和工具，但新一轮科技革命则可能从根本上颠覆银行的商业模式。

这是对科技时代的焦虑和思考。面对科技革命带来的巨大挑战，招商银行已经积极行动了起来。2017年以来，招商银行在前期探索的基础上，进一步推动了金融供给侧结构性改革，正式确立了以金融科技为核心动力、打造"最佳客户体验银行"的转型目标，踏上探索新商业模式的征程。2019年，招商银行围绕客户体验，面向金融科技，重新审视银行经营管理的一切，全面开启数字化转型。

在客户方面，客户作为商业逻辑的起点这一点不会改变。长期以来，招商银行客户服务的口碑在同业中可以说是首屈一指，这和招商银行以客户为中心的"因您而变"的服务理念、对最佳客户体验的追求密不可分。从本质上讲，招商银行的转型是以客户需求为中心，从供给侧出发推动的一场改革和服务升级。



在科技方面，招商银行大力开展金融科技银行建设，把金融科技作为转型发展的核心动力，全面赋能业务发展。招商银行通过对标金融科技企业，全面构建本公司金融科技的基础设施；以开放心态和长远眼光，构建本公司业务生态体系；以金融科技的理念和方法，转变经营管理模式，加强科技能力建设，推动科技与业务融合，并以科技敏捷带动业务敏捷。

**2. 驱动转型，鼓励创新文化**

在数字化转型、市场化经营思路的带领下，2019 年下半年招商银行发布了“清风公约”，该公约亦被称为“同业内最互联网化的企业文化”。公约详情见图 6-2。

“清风公约”的发布，标志着招商银行塑造开放、融合、平视、包容的新型企业文化的决心。

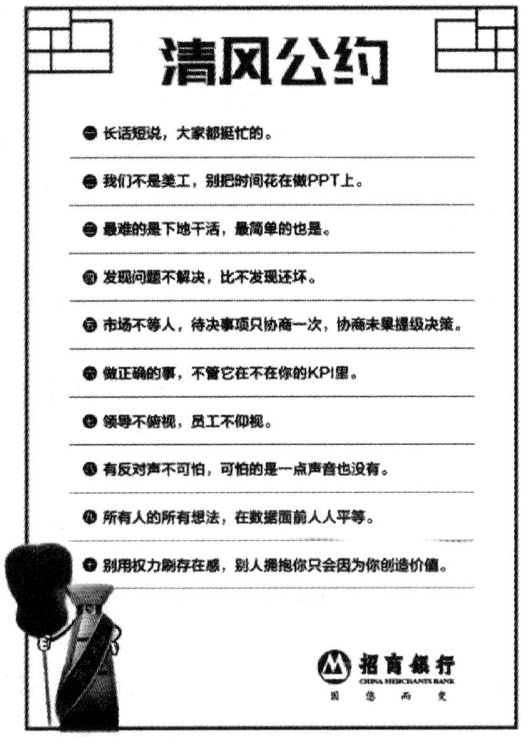


图 6-2 招商银行“清风公约”

## （二）敏捷组织的实践

2018 年，招商银行对零售条线进行“三部合一”的组织架构调整，即以网络银行部为主轴，将其与原零售金融总部、基础客户部进行整合，形成新的零售金融总部。调整后，招商银行大零售条线架构为：零售金融总部、财富管理部、私人银行部、信用卡中心及零售信贷部。其中，新的零售金融总部是全行的平台部门。同时，原网络银行部下辖的二级部门远程银行中心更名为网络经营服务中心，作为新零售金融总部的二级部门。过去的网络银行部只是一个子产品部门，现在则升级为整个零售金融总部的基础部门，并在传统的服务职能以外负有经营客户的职责，通过线上直营的模式，直接触达客户并为客户提供财富管理服务。招商银行调整零售业务组织架构的深层逻辑是：从根本上改变以往分支行分散经营的做法，统一管理零售客户，打造零售经营数据化的支撑平台。

在信息技术架构调整方面，招商银行在 2019 年 12 月将“一部三中心”改为“一部六中心”，在总行层面首设金融科技办公室。招商银行原来的信息技术架构为一部三中心，“一部”是指总行一级部门信息技术部，“三中心”是指三个二级部门，即数据中心、测试中心和研发中心。

此次改革后，招商银行保留了测试中心和数据中心，撤销了研发中心，新设了零售应用研发中心、批发应用研发中心、基础设施研发中心、数据资产与平台研发中心。新设的四个中心分别针对零售业务、对公业务、硬件及软件基础设施、数据化转型。此外，招商银行将总行战略规划与执行部更名改组为金融科技办公室，并将相关人员和职责调整至其他部门，从体制与机制上确保数据资产的有效发掘和运用。招商银行此番对信息技术组织架构的调整遵循的一个重要原则就是强化中台智能，按业务类型、服务客群重新配置研发团队，确保技术、业务、产品的最大化衔接，以实现“轻管理”和“轻经营”的目标信息技术组织架构。

**（三）敏捷人员的实践**

“人才立行”是招商银行的立行之本，招商银行总行培训中心（又称“招银大学”）是招商银行精心打造的教育品牌。1997 年，招商银行总行培训中心成立；2008 年 12 月，招银大学正式挂牌成立。招银大学倡导“沉淀经验、传授知识、培养技能、成就价值”的办学理念，秉承“正直、专业、创新、服务”的价值观，致力于成为组织管理变革的推动者和员工职业成长的支持者，为招商银行的发展提供持续的知识保障。

2018 年 4 月 8 日，招银大学金融科技学院正式成立。金融科技学院的前身是成立于 2007 年的 IT 培训学院，该学院以打造金融 IT 最强大脑、培养全方位的复合型金融 IT 人才为己任，依托招商银行的技术领先优势，提供分专业、分层次的技术、管理和通用培训。

金融科技学院拥有包括积分管理体系、专业认证体系、领导力体系、数据分析专业培训体系、新员工培养体系、兼职讲师体系、课程体系、后备人才体系在内的完善的培训体系，致力于为新员工、专业序列员工、管理序列员工提供专业、全面的培训培养方案。

2019 年，招商银行战略委员会重点审议了发展战略滚动规划、金融科技创新项目基金使用情况等议案，坚持“立足长远、把握当下、科技引领、拥抱变化”的战略原则，坚定推进向金融科技银行的转型，保证金融科技投入的长期化、常态化，并支持与之相适应的人力资源管理机制的研究，提出将市场化选人用人及薪酬激励机制、金融科技投入政策写入公司章程，为“人才+创新”的双轮驱动提供了有力的制度保障。

**三、数据力**

当前，社会正从 IT（信息技术）时代迈入 DT（数据技术）时代，数据已成为最具价值的战略资源。伴随着互联网技术的飞速发展，数据量呈现爆炸式增长态势，这些蕴含无限价值的大数据已成为重塑金融竞争格局的重要支撑和抓手，也给整个金融体系带来了创新动能。在此过程中，基础层的云计算、大数据等技术的成熟也催化了人工智能的兴起，迅猛发展的大数据和人工智能技术未来将推动整个金融环境和交易模式产生彻底性、颠覆性的变革。

作为国内最早一批尝试建设企业级数据仓库的金融机构，招商银行不断加大在数据领域的投入力度，逐步构建并优化大数据平台架构及应用，加快了IT技术与业务的融合步伐，积极借助自身数据资源优势挖掘DT时代的数据价值。

**（一）数据获取的实践**

自2010年国际上首次提出“数据湖”概念以来，数据湖就被视为大数据的终极挑战。所谓“数据湖”，是指把所有数据以原始格式存储在一个统一的地方，以供后续使用。数据湖可以让企业在无法及时处理各种海量数据时先将数据存储起来，后续在使用的时候可以随需取用。数据湖被视为打破企业数据孤岛的重要基础设施，而且由于数据湖中存储了全量、全域数据，更能为人工智能所用，可以创造更大的价值。

随着数据类型的增多与数据量的爆发式增长，各类应用对数据时效性的要求也越来越高，传统数据仓库的能力短板也逐步显现。招商银行开始建设数据湖。目前，招商银行数据湖主要以大规模并行处理（massively parallel processing，MPP）数据库的核心数据仓库，Hadoop的离线分析、实时处理平台以及对象存储平台等为载体，待数据入湖后根据其特点将其存放在不同的平台上。其中，MPP数据库的核心数据仓库主要用于存放高价值的结构化数据；Hadoop的离线分析平台主要用于对非结构化数据进行存放和加工处理；Hadoop的实时处理平台主要用于快速响应分钟级甚至秒级业务处理需求，并使用准实时的流处理方式对数据进行加工；Hadoop的对象存储平台主要用于存储非结构化的历史数据。

**（二）数据流通的实践**

招商银行通过获取不同业务系统及第三方平台的数据并将其集中存入数据湖中进行管理，为跨部门、跨团队的数据创新和业务支撑提供了基础。2018年，招商银行竭力打通各类数据，使数据湖不断扩容，入湖数据较上年增长了53.91%。以客户为中心从9个维度整合客户数据，形成1.7万个数据项，持续构建了统一的客户视图。这不仅实现了信用卡和借记卡的数据互通，还跨条线关联了公司客户和零售客户。同年，招商银行已在53个业务领域通过敏捷开发实现了科技与业务的融合创新，需求响应速度大幅提升。2019年，招商银行建设了统一对外服务的Open API平台、“招商银行”App小程序平台，助力打造开放银行；数据湖整体容量达到了9.8拍字节，入湖数据同比增长68%，这有效地提高了数据仓库和大数据平台的容量和性能、数据处理和应用的时效性。

**（三）数据应用的实践**

招商银行的大数据应用体系遵循“以平台建设赋能前端应用，以应用实践推动平台升级”的基本策略，目前已基本建成了涵盖客户服务、产品销售、风险管理、绩效管理、监管审计等领域的完整的数据应用平台。

数据应用体系分有三层，分别为数据获取层、数据整合层和数据分析应用层。其中，数据获取层会按照类型、需求和目标对数据分别进行加工整合，并形成数据模型和数据分析指标，供上层应用；数据整合层包括传统数据仓库和通过大数据平台组成的逻辑数据仓库；数据分析应用层主要面向业务用户和客户渠道两大类集群，提供决策支持、分析探索、实时决策、信息交互以及其他专业应用。

在应用创新方面，主要有数据分析、用户智能、业务智能、数据产品4种应用赋能模式，4种模式服务于不同的终端用户，它们各自接触和交互数据的方式不同。首先，数据分析模式主要被业务分析人员广泛使用，他们可以高效、方便地获取数据，并直接使用数据湖中的数据，通过灵活的分析方式产出分析报告、业务模型或客户名单。其次，用户智能模式主要赋能于前、中、后台各业务部门用户及各级管理层用户，为这些用户提供数字化、智能化的工作平台，使数据以智能化的形式准确、及时地传递给管理者，并提供友好、便捷的用户交互操作体验。再次，业务智能模式主要赋能业务流程的制定者、管理者以及业务流程服务的终端用户，在业务流程中嵌入数据能力，并基于数据实现业务流程的闭环和自主优化。最后，数据产品模式主要赋能于App等客户接触类产品，通过对客户数据进行分析，将客户的资产、理财收益、收支、App使用频率等实时呈现在客户端，并根据客户特征定制化趣味标签，以全方位提升客户体验、提高客户黏性。

**四、案例小结**

当前，商业世界正面临“百年未有之大变局”，全球经济贸易规则和产业链分工开始重构，国际竞争格局重新洗牌，这些变化都给市场环境带来了广泛而深远的影响。处在具有亲周期性特征的行业，商业银行的经营发展将面临现实的挑战与冲击。但无论时代变局带来怎样的挑战，商业银行属于服务业的本质不会变，客户作为商业逻辑起点的本源不会变，金融服务实体经济、服务人们美好生活的根基不会变。纵观全球历史大变局，一些企业的沉沦或消失往往是因为陷入了舍本逐末、追逐商业机会主义的泥沼；而那些抱朴守拙、坚持以客户为本的企业，则可能在暴风雨的洗礼中锻造出更加卓越的竞争力，因此从激烈的竞争中脱颖而出。而今天，所有人都应深刻认识到，行业变局的决定性变量来自科技。

## 案例思考题：

1. 如何看待数字化对银行业的冲击？招商银行进行的数字化转型与传统信息化有什么区别？

2. 招商银行是如何在业务数字化转型中创新商业模式的？为什么要以App为核心进行商业模式的创新？

3. 招商银行是怎么利用App进行引流以及提高用户黏性的？它为何将MAU作为新的考核标准？

4. 新经济形势下商业银行怎样挖掘新的价值？招商银行在数字化转型中探索的新商业模式为它带来了怎样的价值？

5. 招商银行此次的变革给同行业的其他银行带来了怎样的启示？

# 第七章
# 制造业的数字化商业模式

本章首先介绍传统制造业做好数字化转型的意义，传统制造业企业数字化转型驱动因素，包括市场竞争加剧、新一代数字制造技术迅猛发展等，其次分析制造业数字化转型在数据收集、整合、使用等方面面临的挑战，再次介绍制造业企业数字化转型的主要内容，包括要素升级、生产方式升级、内部价值链升级以及外部售后服务升级，最后以中国一汽成功开展数字化转型为例，说明作为企业的核心战略，制造业的数字化转型如何切实推进和实施。

## 一、传统制造业做好数字化转型的意义



2010 年中国制造业占全球比重达 19.8%，高于美国的 19.4%，成为世界第一。到了 2018 年，这一比重达到了 30%以上，中国进一步坐稳了“世界工厂”的位置。

然而，随着时间的推移，中国的人口结构发生变化，老年人口比例逐渐上升，而年轻劳动力人口比例逐渐下降，中国的人口红利逐渐减弱。随着中国人口红利逐渐消退，劳动力成本不断上升，土地资源日趋紧俏，“中国制造”也将变得昂贵。与此同时，印度、越南、印度尼西亚、孟加拉国等成本更为低廉的国家正在崛起，这无疑加剧了中国制造业的转型压力。

伴随着中国“智能制造 2025”国家战略的实施，如何利用自动化、信息化以及大数据技术，在各项成本持续上升的大背景下降本增效，提高产品的竞争力，是制造业企业这些年来持续探索的问题。

**推进产业数字化转型**

实施“上云用数赋智”行动，推动数据赋能全产业链协同转型。在重点行业和区域建设若干国际水准的工业互联网平台和数字化转型促进中心，深化研发设计、生产制造、经营管理、市场服务等环节的数字化应用，培育发展个性定制、柔性制造等新模式，加快产业园区数字化改造。深入推进服务业数字化转型，培育众包设计、智慧物流、新零售等新增长点。加快发展智慧农业，推进农业生产经营和管理服务数字化改造。

——《中华人民共和国国民经济和社会发展第十四个五年规划和2035 年远景目标纲要》

### （一）制造业分类及现状

大体上，制造业分为离散制造业和流程制造业两大类。

离散制造业，主要有汽车加工、3C（计算机、通信、消费电子产品）电子组装、服装制造等，一个工位完成工作后需转到下一个工位，要经过一连串可中断的工序进行连接，才能实现一个产品的输出。

流程制造业如石油化工、煤化工、盐化工、制药、炼钢、发电、造纸等，其生产过程的特点是：原材料被投入生产设备以后，要经过一连串的物理化学反应，最后才能够成为一个产品，生产过程不可中断。尤其是对于化工企业来说，面临的安全生产、环保、节能降耗、减人增效等问题日益突出。

一方面，我国人力、土地、能源等资源价格持续上升，传统制造业企业的经营压力越来越大，需要减少对这些资源的依赖。

另一方面，中国的人口红利在消失，近 10 年我国的人力成本上涨了近 10 倍，平均 CAGR（复合年增长率）高达 13%。

成本控制不易，传统制造业企业的经营管理模式也相对落后，难以适应当前快速变化的市场需求，迫切需要新的组织形式和新的技术要素来改善，数字化因此成为提升制造业生产力、创造力的关键。

### （二）传统制造业企业数字化转型的驱动因素



传统制造业企业实施数字化转型主要受以下四方面原因的驱动：

（1）市场竞争压力。传统制造业企业的核心业务、运营模式和经营思维一般较为固定，往往由事先分类的计划和目标决定。制造业企业要保证其绝对的竞争优势，就必须适应动态的、不可知的、日趋激烈的市场竞争环境，持续不断地对核心业务、运营模式和经营思维进行调整。

（2）新一代数字信息技术的迅猛发展与“两化融合”。以云计算、大数据、物联网、人工智能为代表的新一代数字信息技术发展迅猛，并持续渗透到各个制造业领域，使制造业呈现出数字化与工业化彼此相容的“两化融合”趋势。在这种背景下，制造业企业的核心业务、运营模式与经营思维也受到深刻影响，并随之发生转变。

（3）市场机会拉动。制造业企业始终以客户需求为导向，未被满足的客户需求即为潜在的市场机会。客户的产品使用习惯和产品需求水平的不断变化使得企业不断地调整经营思维，创造新的核心业务和运用模式。因此，制造业企业不仅要思考如何将自己创造的价值（产品或服务）传递给顾客，更要思考如何创造出新需求。

（4）领导者认知。领导者对外部环境的认知可以影响企业对外部机会和威胁的解读以及企业对外部机会和威胁做出的反应，直接决定着企业是否会针对外部环境的变化加速做出核心业务、运营模式和经营思维的转变。

## 二、制造业数字化转型面临的挑战

### （一）有数据，但不能直接用

制造业企业由生产到销售的链路长、环节多，虽有数据沉淀，但存在数据分散在不同系统、数据统计口径不一致、数据颗粒度粗、数据更新频率低等问题。

制造业企业在过往发展的历程中，依据企业价值链各环节的需求，已逐步建立起包括 ERP（企业资源计划）系统、CRM（客户关系管理）系统、供应链系统等内部系统；随着互联网经济的快速发展，又对接了包括第三方市场监测系统、电商平台数据系统等外部系统。

企业中的数据分散在不同系统中，各系统建立目的、使用方式不同，导致不同系统间数据统计的口径不一致。业务人员在对数据进行分析时，需要耗费大量的时间对不同系统中的数据进行整合与清洗，甚至会面临数据大量缺失的问题。

为了更好地洞察客户需求、应对市场及竞争态势的快速变化，业务部门对内部数据的更新频率要求越来越高，对外部数据的颗粒度要求越来越精细，而企业的数据现状难以满足这些需求。

较低的数据治理水平及数据质量造成了大量数据冗余、系统冗余及手工作业问题，对员工人力效能提升形成阻碍。



### （二）知道数据有用，但不知道怎么用

制造业企业的数字化起步相对较晚，数据在实际业务中的应用少，其业务价值尚未被充分验证。

而企业对数据的应用多为简单的数据收集、统计、对比，缺乏对数据的深挖与洞察，未能将数据分析方法与实际业务场景决策、流程相结合，缺乏数据应用实践案例。

以研发及营销部门为例，研发的信息获取仍以传统的问卷调研、入户访谈为主，营销端目前缺乏对售后数据的分析与运用，数据仍更多地应用于销售统计，研发及营销部门尚未以数据驱动挖掘消费者关注点和使用痛点、构建业务策略的落地应用。

数据价值论证的滞后性将降低员工主动推进业务数字化转型的积极性，延缓企业业务整体数字化转型步伐，使得企业难以构建数字化时代的先发优势。

### （三）知道怎么用，但是能力达不到

制造业企业人员的数字化能力差异较大，企业希望通过牵引提升企业和人员的数字化能力，但在实施过程中缺乏突破点。企业的数字化转型最终需要落实到人员的能力提升与转型上，而当前制造业企业在此方面虽努力尝试，但整体成效甚微。

企业人员的数字化能力提升大多停留在培训层面，企业主要通过开展数据分析课程对业务人员进行赋能，这与业务人员的实际工作及业务场景结合有限，难以让

课程参与人员产生共鸣并切实为他们带来业务价值。

此外，承担企业数字化赋能的部门多为中后台部门，它们缺乏足够的话语权，而数字化能力的提升尚未与员工的绩效、奖金及晋升相挂钩，导致业务数字化转型的牵引力不足，培训流于表面，业务团队基于数据的创新能力与精细化运营能力难以被充分激活。

## 三、制造业数字化转型的主要内容

### （一）数字化转型的概念

数字化转型是指借助数字技术重构各个主体的匹配关系，对生产制造、商业模式与组织边界进行变革，强调数字化对企业不同模块的渗透与对企业的变革性影响，旨在使用数字化技术从根本上提高企业绩效。

一些企业和研究机构针对数字化转型发展形势开展了研究。华为发布《行业数字化转型方法论白皮书》，强调数字化转型是企业战略，强调新一代数字技术的深入应用和物理世界与数字世界的融合。阿里云发布的《新一代数字化转型》重视数字驱动，并将数字化转型按照平台、产业链、生态协同相关指标进行分级。麦肯锡的数字化转型报告指出数字化已经极大地改变了企业的运作方式。要想建立数字文化，做到真正的转型，只有改变领导团队和一线员工的思维方式和技能。德勤 2020 年发布的《国企数字化转型全面提质增效》认为数字化转型是运用新技术重新想象商业、企业面向未来的一个发展过程。埃森哲提出数字化转型是手段不是目的，转型的初心是帮企业解决问题、创造价值。以终为始，企业要清楚自己业务或管理的瓶颈所在，有针对性地引入数字技术予以改造。国际数据公司（IDC）认为数字化转型分为领导力转型、运营模式转型、工作资源转型、全方位体验转型、信息与数据转型五个方面。国内外研究机构对制造业数字化转型的认识如表 7-1 所示。

**表 7-1　国内外研究机构对制造业数字化转型的认识**

| 研究机构 | 发布年份 | 研究报告 | 主要内容 |
| --- | --- | --- | --- |
| 华为 | 2019 | 行业数字化转型方法论白皮书 | 通过新一代数字技术的深入运用，构建一个全感知、全连接、全场景、全智能的数字世界，进而优化再造物理世界的业务，对传统管理模式、业务模式、商业模式进行创新和重塑 |
| 德勤 | 2020 | 国企数字化转型全面提质增效 | 数字化转型是运用新技术重新想象商业、企业面向未来的一个发展过程 |
| 华为/IDC | 2019 | 拥抱变化，智胜未来：数字平台破局企业数字化转型 | 针对企业数字化遇到的四重困境，提出数字化转型需要三个能力的提升和构建数字化平台 |

表7-1(续)

| 研究机构 | 发布年份 | 研究报告 | 主要内容 |
|---|---|---|---|
| 美国工业互联网联盟 | 2020 | 工业数字化转型白皮书 | 驱动因素：市场、监管、网络效应<br>关键技术：边缘计算、超链接、数据安全、人工智能等 |
| 阿里云 | 2019 | 2019 新一代数字化转型白皮书 | 在数字化的商业形态和生产运营方式下，数据正成为企业最核心的资产，应以新技术发现驱动新的商业场景和业务增量，用数字化技术相匹配的战略模式和机制确保数字化转型的成功 |
| 埃森哲 | 2020 | 中国企业数字转型指数 | 以智能化运营和数字化创新两大核心数字化能力为维度，对企业的数字化能力成熟度进行评估 |
| 新华三集团 | 2020 | 数字化转型实现之道：数字化转型与实践 | “数字大脑计划”：通过人工智能、区块链、数字孪生等技术，助力业务管理的智能决策和业务创新，从而发掘和创造新的商业机会 |
| 普华永道 | 2020 | 新形势下，企业如何进行数字化转型 | 企业数字化转型有“一个不变和四个变”，通过对外部形势的再研判以及对数字化企业的特征分析，帮助传统企业厘清数字化道路上的发展误区 |

资料来源：中国电子技术标准化研究院，制造业数字化转型路线图（2021）。

### （二）数字化转型的内容

数字化转型的内容主要集中在三个方面：一是应用数字技术将物理世界投射到数字世界；二是将大量活动转移到数字世界进行，然后把结果返回物理世界；三是以数据为一切的基础，实现一切业务数据化、一切数据业务化。因此，数字化转型不仅仅是将业务由线下搬至线上，实现信息化或无纸化，而是要将数字化技术融入产品、服务及流程，利用现代技术和通信手段，在客户体验、运营流程、合作伙伴协调及业务模型方面，通过对商业模式、业务流程、工作等的重新定义，实现新的创新和价值创造。

### （三）制造业企业数字化转型的主要内容

（1）数据资产取代劳动、资本、技术等传统要素，成为新的关键要素，企业可以对数据资源进行重复或组合利用，突破传统意义上规模经济和范围经济的约束。

（2）服务型制造、个性化定制取代了传统的链式生产、自动化生产成为新的生产模式。从生产方式看，传统的制造业通过大规模的标准化生产来提质增效，无法满足用户的个性化需求。数字化使定制生产和智能生产成为一种趋势。

（3）价值链重塑。企业通过数字化和智能化技术将大数据应用于整个产品周期，从而形成数字化价值链。

（4）数字技术升级服务化水平。这主要是通过客户端数字化升级，如融合了服务属性的智慧产品和实施平台系统，以数据对客户所购买的产品进行售后维护。

想要成功实现数字化转型，制造业企业不仅要关注企业内部，还应关注企业上游及下游，聚集供应商、生产、物流、客户等的合力，实现企业生产效率的提升、价值的创造。

制造业企业数字化转型的主要内容见表 7-2。

表 7-2　制造业企业数字化转型的主要内容

| 层面 | 内容 |
| --- | --- |
| 要素升级 | 数据资产成为新的关键要素 |
| 生产方式升级 | 个性化取代标准化 |
| 内部价值链升级 | 全产品周期的数字价值链 |
| 外部售后服务升级 | 大数据提升售后效率 |

## 四、制造业的数字化转型实施

制造业企业要推进数字化转型，必须明确数字化转型战略，制定数字化转型规划，然后实现规划的落地。在这个过程中，制造业企业需要借助专业的咨询服务机构，来完成数字化转型的现状诊断、需求分析、流程梳理、整体框架设计和实施方案制定等过程，具体可分为以下五个步骤：



### （一）评估数字化转型的现状

制造业企业可以通过现状评估了解价值链各个环节应用数字技术的深度、广度和应用效果以及数字化技术应用的断点，并对各个分支机构进行比较，与行业标杆进行对标，从而明确企业进行数字化转型的基础。

### （二）分析企业数字化转型的机会与突破口

通过广泛的企业内部调研与行业最佳实践分析，结合行业的标准规范和合规性需求，基于企业的发展战略，梳理企业推进数字化转型的需求，并根据重要度与可行性确定企业推进数字化转型的突破口。

### （三）明确企业数字化系统的整体框架

分析企业的业务流程在数字化转型过程中应当如何进行优化，确定企业进行数字化转型的关键考核指标，制定数字化系统的整体框架，明确企业未来三到五年数字化转型的整体规划。

### （四）确定企业数字化转型的路线图

明确各个数字化系统的具体功能、部署方式和集成方案；确定数据采集、设备联网、IT 与 OT（操作技术）集成方案，制定数字化转型的年度投资计划，明确推进数字化转型的组织体系，分析数字化转型的投资收益，预测数字化转型过程可能存在的风险和规避策略。制造业企业数字化转型标准框架见图 7-1。

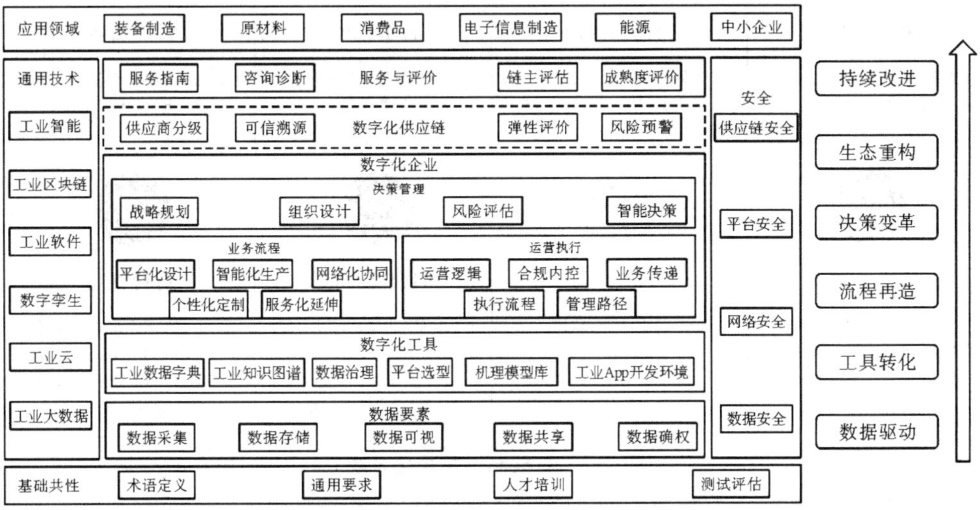


**图 7-1 制造业企业数字化转型标准框架**

资料来源：中国电子技术标准化研究院，制造业数字化转型路线图（2021）。

### （五）根据数字化转型的规划落地实施，并及时修订规划

数字化转型的规划也应该是三年一规划、一年一滚动。企业应当对数字化转型的状况进行年检，并结合企业实际情况的变化和新技术的发展，对数字化转型的规划进行修订。同时，企业应当高度重视数字化转型的核心团队建设，将 IT 部门、自动化部门、规划部门和推进精益创新的部门结合起来，并聘请外部的专家顾问，从而确保企业的数字化转型过程一步一个脚印，取得实实在在的效益。

除了思维的变革、能力的不断迭代，让制造业企业变“聪明”的第一步就是让设备拥有开口“说话”的能力，为企业装上“智慧大脑”，让它变得“耳聪目明”。这个大脑中枢类似智能制造大屏，通过全方位感知、精细化反馈，将生产调度、设备运转、监控录像等管理者最关心的事务以可视化的形式反映到大屏上，将企业的管理者和员工从繁忙的奔波中解放出来，直观精准地查看生产运作状况，让高效管理、智慧生产变成现实（见图 7-2）。

随着现代制造业向着自动化、信息化、智能化方向快速发展，生产过程中会产生大量的多源异构数据。对多源异构数据的有效处理和深度挖掘可为生产制造者提供更有效的生产调度、设备管理等策略。与此同时，通过对产品、供应链、生产制造的有效集成，能够实现产品定制化与个性化以及生产中的降本增效以及物流库存的资源节约。但制造业企业在转型过程中还需要注意以下三点：

**图 7-2　智能制造可视化系统**

资料来源：张建锋，肖利华，叶军. 数智化敏捷组织：云钉一体驱动组织转型［M］. 北京：人民邮电出版社，2022.

**1. 数据安全**

传统的业务管理主要基于物理的文档和媒介，不法分子想要获取大量的信息并非易事。但数字化转型后，大量甚至是全部企业数据都被存储在虚拟空间并同产业链的上下游连接，这在加速信息分享的同时，也增大了企业数据遗失造成损失的可能性，因此，在数字化转型过程中，数据安全应当被作为最高优先级，并始终贯穿于整个数字化转型过程。

**2. 数字化人才队伍的培养**

在数字化转型过程中，企业会面临老员工不懂 IT 技术、外聘 IT 人员不懂企业业务的窘境。如何维持老员工再学习和 IT 人才引进之间的平衡，也是企业在进行数字化转型过程当中需要认真思考的问题。

**3. 数字化转型的低耗高效**

大型企业拥有足够的资源进行变革，进而在某些领域进一步加强优势。而对于很多身处同行业的中小企业而言，如何低耗高效地完成数字化转型，也是颇具价值的议题。

### （六）数字化转型：企业的核心战略

2020 年以来，一场猝不及防的新冠病毒感染疫情席卷全球，对各国政府、企业、家庭、个人产生了巨大的冲击。就企业而言，疫情改变了商业发展的节奏、人类传统的沟通方式，极大地影响了市场竞争的格局。

一时间，企业如何战胜困难、度过这一艰难时刻成为企业家和市场热议的话题。于是，大家自然而然地把眼光投向了近几年逐步发展起来的“数字化”。

根据国际数据公司的调研报告，全球 2022 年的数字化转型支出达到 2 万亿美元的规模，每年增长超过15%。史无前例的数字化浪潮已然席卷全球，不管是基于防疫的环境需要，还是企业与企业之间的商业协作需要，抑或企业自身主动的转型发展需要，企业都已走在数字化的路上。

此时，企业面临一个关键的问题是：企业数字化转型的起点在哪里？

【案例】中国一汽如何成功开展数字化转型？

中国第一汽车集团有限公司（以下简称“中国一汽”）是中央大型汽车企业集团，其业务范围包括乘用车生产、商用车生产、进出口贸易等多个领域年产销汽车300万辆。集团拥有26个职能部门、6个分公司9个全资子公司、5个控股子公司、24个参股子公司，现有职工超过14万人。

**1. 数字化转型背景**

经过多年的信息化建设，中国一汽建设了ERP、CRM、SCM（软件配置管理）、OA（办公自动化）等业务管理应用系统。但是，很多应用系统相互独立，形成了信息孤岛。大多数应用是桌面应用，移动应用的比例不高，而一些业务环节还没有实现数字化，业务效率较低。

例如，在使用钉钉前，中国一汽的红旗工厂就存在大量线下审批流程，需要找很多人线下签字。如果赶上领导开会，就无法及时获得领导的审批签字，审批时间就会被拉长。另外，红旗工厂的厂区很大，从1号门到5号门来回就要走1个小时，员工有时为了一个单子的审批签字需要“跑断腿”，效率非常低。

在使用钉钉前，中国一汽员工之间的工作沟通或与外部用户的沟通和调研都会采用社会上流行的数字化工具，如微信、QQ、问卷星等。但是，企业用这些数字化工具做调研，可能无法保障信息安全，而数据回收和统计等工作都需要手工完成，效率比较低。



**2. 云钉一体的引入**

为了全面提升集团的业务协同能力和办公效率，中国一汽与钉钉全面合作打造了集团专属办公平台——一汽Easy。自2019年12月上线以来，一汽Easy已完成集团职能部门、红旗工厂等多个单位的应用推广，服务员工约14万人。一汽Easy是中国一汽移动办公及各项应用系统的统一入口，实现了用户单点登录、统一认证。中国一汽不同岗位的员工通过角色识别，单点登录钉钉后就可直达集团内所有相关业务系统。

在一汽Easy上，中国一汽实现了审批、任务、会议、考勤、差旅等多个事项的移动化管理。每个员工每天都要到一汽Easy的待办中心或任务中心查看自己要处理的工作，从“人找事”转变为“事找人”。截至2021年年底，一汽Easy集成应用服务100多个，管理授权41万人次，极大地提高了办事效率。

一汽Easy系统刚一上线，就遇上2020年的新冠病毒感染疫情暴发。中国一汽通过Easy平台的视频会议、线上培训、防疫信息公告、健康打卡等功能，很快实现了全面复工复产，“安全复工，我用钉钉”成了集团内外的顺口溜。

**3. 组织数字化的成效**

一汽Easy是中国一汽所有任务派发的入口。一汽Easy的任务管理功能可以自动把领导在工作群或聊天沟通过程中安排的内容转变成任务，提高沟通效率，加强任务管理，实现任务执行的实时跟踪。

中国一汽的管理层和普通员工经常使用钉钉日程安排重点事项，因而提升了工作效率。这种对重点事项的日程安排与高效协同，潜移默化地成为每一位员工的工作习惯，也被深深植入了中国一汽的企业文化。

中国一汽原有的OA系统虽然接入了钉钉，但覆盖的场景很有限，各二级单位在使用钉钉后存在大量的新流程数字化需求。他们普遍将钉钉审批作为集团OA的补充，把很多线下流程搬到了线上。例如，红旗工厂将印章申请、餐卡补办、加班餐、设备保修、培训申请、项目验收等上百个线下流程搬上钉钉，管理者随时随地能使用手机审批，待审批事项也能第一时间通过手机提醒相关人员，流程效率提升了80%。

中国一汽业务部门广泛使用钉钉智能填表系统收集员工反馈的信息。通过钉钉智能填表，各业务部门可以非常方便地创建信息收集模板，设定期限提醒；员工可以提前收到填报提醒，通过手机很快就可以完成填写；员工填表完成后，采集人会收到填报信息的明细及分析报表。钉钉智能填表已经成为中国一汽及各下属单位高效收集员工信息的利器。

例如，在员工报餐的场景中，为了及时准确掌握就餐人数，避免食堂饭菜过剩并满足员工喜好，中国一汽使用钉钉智能填表每天定期提醒员工填报喜欢的餐食。员工在收到填表信息后用手机很快就能完成填写，行政部门及食堂就能自动获得报餐统计表，大大提升了报餐的效率，也能更好地服务用餐员工。在研发某款新车型时，产品设计师需要收集员工的需求偏好信息。以前出于保密的需要，设计师不能使用外部问卷系统收集信息，只能线下收集信息。现在，设计师通过钉钉智能填表很快就能完成用户问卷，上传新车型的效果图，并发送给部分员工，当天就能收到员工的意见反馈并进行数据统计分析。另外，钉钉智能填表在群投票等场景中也得到了大量使用，让人力资源、工会、党群等部门的工作更加便捷。

钉钉文档是中国一汽重要的知识库。中国一汽的各级单位广泛使用钉钉文档进行文档管理，包括各类项目的交付件及各种项目总结、汇报等文档。钉钉文档能支持群成员同时编辑文档，这使以前需要反复合并汇总的文档整理工作通过钉钉文档的在线协同轻松搞定。经营管理部需要定期向集团领导汇报工厂重点项目的进展，相关人员通过钉钉文档制作项目汇报材料，文档可以同时被多人编辑，而且有权限控制，方便领导阅读和分享。

现在，中国一汽各部门的项目会议全部基于钉钉数据看板和钉钉文档进行，会议成果通过钉钉文档进行沉淀，会后的待跟进事项则进入钉钉任务和Teambition（缩写“TB”）进行督办，实现了项目管理的数字化闭环。

在协同办公的基础上，中国一汽通过钉钉将产业链上下游数十万参与者连接起来，形成了全产业链协同。

**4. 项目管理数字化成效**

随着TB在中国一汽的研发、生产、职能管理等领域的深度应用，集团的项目管理迈上了新的台阶。

中国一汽有大量的项目需要进行数字化管理，如车型研发项目、投资项目、IT建设项目等。过去大量的项目采用 Excel 表格进行管理，项目协作效率很低。采用钉钉和 TB 后，中国一汽建立了通用、跨职能、轻量级的项目管理中台，形成了项目协同能力。

中国一汽的集团办公室负责推行深化部门改革与建设工作，它将集团 21 个职能部门的年度工作计划用 TB 进行管理，第一次实现了年度计划的数字化管理，让各部门年度计划中的任务可督办、可考核。集团财务部、采购部、数字化部、研发总院、一汽奔腾、红旗工厂、蔚山工厂、新能源动力总成工厂等部门及分公司也纷纷采用 TB 对基建、采购、IT、研发、质量、生产制造、投资等多领域专业项目进行数字化管理。

红旗工厂是中国一汽的初创之地，近年来红遍大江南北的红旗轿车 H 系列就是出自这个厂。红旗工厂的数字化水平很高，其生产车间已经覆盖了体系化的智能制造系统。工厂的数字化研发体系采用了达索系统，以支持整车研发全过程管理。但是，达索系统的操作复杂，只能管理到核心一、二级主计划，而三、四级计划仍采用 Excel 管理。借助 TB，红旗工厂将三、四级执行层的计划也全部实现数字化管理，每项任务都可管理、可反馈、可闭环，从而保障了一、二级主计划的按期完成。

奔腾研究院将整车研发的全过程都用 TB 进行管理。通过研发项目计划的数字化，奔腾研究院使团队成员对整体项目目标与进度达成了共识。通过项目任务的数字化，奔腾研究院实现了项目协作关系共享，每个成员都可以掌控相关项目的进展，方便地进行任务协同和沟通，及时获得相关团队成员的支持，团队研发效率得到有效提升。奔腾研究院基于 TB 积累的历史项目数据推动项目管理的标准化，梳理项目管理的标准作业程序，将项目管理的 200 多个里程碑规范化；梳理了里程碑阶段的主要交付件，建立标准化、规范化的项目管理方法论。



新能源分厂是中国一汽新组建的分厂，主要生产中国一汽新能源车的电池组件及动力组件等。工厂负责生产，设备、厂房、安防、原材料、物流、质检、研发设计等都是由总部其他相关部门负责。因此，工厂生产过程中的沟通协同非常频繁。新能源分厂刚建成时，每天都有大量异常情况要通过电话或钉钉群的方式进行沟通和解决。这些沟通手段没有办法对问题的处理状态进行管理。大量的 Excel 表也需要每天进行人工统计与汇总，沟通与协同效率很低。使用 TB 后，新能源分厂在工厂与集团多部门协同、工厂各部门间协同及部门内部协同三个层面都有了很大的提升，很多管理事项都实现了数字化管理。

例如，在设备巡检管理中，工厂将设备定期巡检的计划通过 TB 进行管理，先将定期巡检的任务事项做好计划，计划的任务会自动进入每个巡检人员的待办事项。巡检人员在巡检时可直接在相应的任务中上传照片，并与相关人员在线交流，探讨解决设备问题。

质量全景图是新能源工厂基于 TB 进行生产车间质量全景图质量管控的创新，也是汽车行业变化点管理方法的数字化实现。新能源工厂通过监控各个工序工位的质量问题，对工厂生产质量进行数字化管理。工厂将所有车间的工位按照人、机、料、法四个维度建立周期性的任务。质控部每天对各个工位逐一巡检，根据巡检结果更新每个工位的人、机、料、法任务的状态。工位的任何一个维度出现问题，则创建一个子任务，并指派相应人员限期解决。子任务在完成前均被标记为红灯；如果子任务完成后 7 天内没有异常，则被标记为黄灯；子任务完成超过 7 天，则被标记为绿灯。管理层只需要关注质量全景图的红绿灯情况，就能对工厂的质控状态一目了然。中国一汽数字化转型的实施流程如图 7-3 所示。

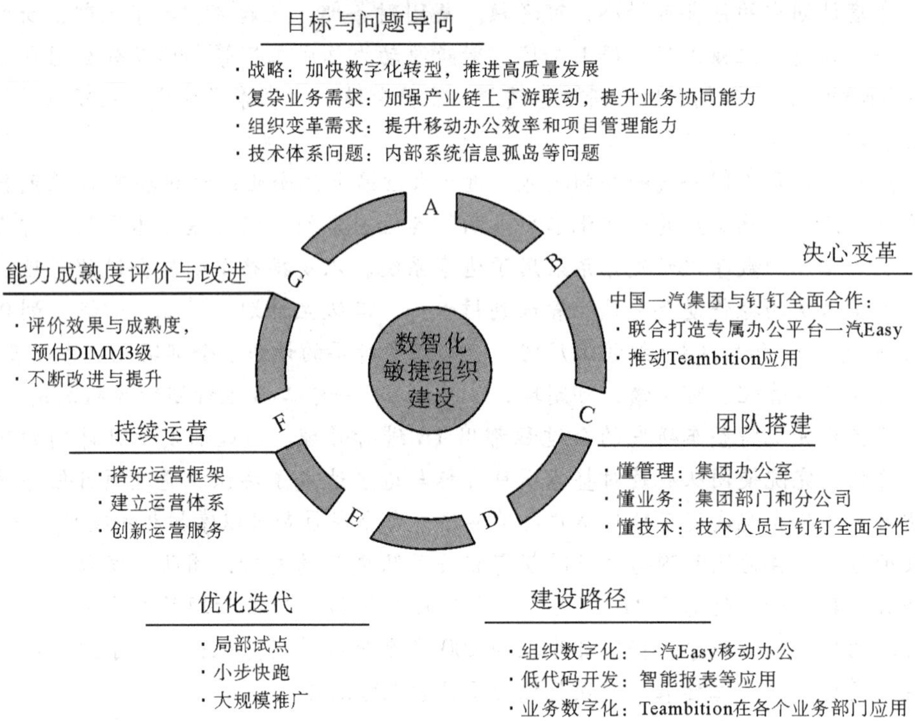


**图 7-3　中国一汽数字化转型的实施流程**

资料来源：张建锋，肖利华，叶军. 数智化敏捷组织：云钉一体驱动组织转型［M］. 北京：人民邮电出版社，2022.

IDC 的报告显示，在全球排名前 1 000 的大企业中，有 2/3 的企业已经或正准备把数字化转型作为公司战略的核心。回到本案例开头提出的问题：企业数字化转型的起点在哪里？中国一汽及全球领先企业用实践给出了清晰的答案：唯有将数字化转型升级为企业核心战略，上下一心共同推进实施，数字化转型才能真正发挥作用。在数字化转型成为中国企业乃至全球企业的一种新常态的境况下，企业要持续成长，必须顺应潮流，尽早开启数字化转型之征程，从企业战略方向和业务发展目标出发推动数字化转型。

### （七）长期主义的数字化转型：五大特质

虽然很多企业管理者已经就企业数字化逐步达成了较为广泛的共识，但根据业界的调查结论，不少企业管理者仍然缺乏紧迫感和行动力，反应迟缓。有些企业的数字化只是为了应对外部法律法规的要求，有些企业只是为了满足对接商业环境的需要，有些企业把数字化等同于网上办公平台，有些企业甚至认为数字化仅仅是锦上添花的附加题，等等。说到底，这些企业还处在数字化转型的空谈阶段、混沌阶段或初始阶段，其数字化仅仅是短期行为或局部改进。这些企业很可能因为没有及时进行数字化转型而失去发展机遇。

现实中不少企业在购买并开始使用IT系统后基本上不做后续投入，有修改需求就打个补丁，有新需求就添加相应功能，这样看上去似乎响应速度快而且成本较低。殊不知，几年后，因为缺乏架构规划牵引，系统会出现反应迟钝、运行速度慢等现象，而且数据还容易出错，业务部门也会对IT系统失去信心。在数字化转型的进程中缺乏长远规划的企业，只能在现有系统上修修补补或局部改进，由于没有足够的补丁来掩饰这些问题，最后都会毫无悬念地一个接着一个“爆雷”。

真正的数字化转型，是业务价值链的全面数字化，必须回归企业经营的根本；业务全面数字化的目标是“以客户为中心”的管理变革和企业的业绩长期有效增长。企业必须抓住当下及未来的客户关键需求，围绕业务收入增长、经营效率提升、客户体验优化等方面，系统性地重塑业务和全价值链。

在这种认知之下，企业只有抛弃以往采取的点状IT化、功能部门驱动的信息化模式，转而采用战略驱动、前瞻性规划、价值链全链条数字化的模式，才能在激烈的竞争中切实打造企业的数字化能力。

业务重塑的过程不可能一蹴而就，不可能突然全面开花；四处都是战场，极易导致企业投入过大、缺乏关键资源、数字化能力跟不上等一系列问题，影响团队对数字化的信心。

那么，到底什么才是开启数字化转型的正确姿势？答案是数字化转型必须坚持长期主义。数字化转型战略是“长焦距望远镜”。

一家企业的经营管理理念，既可以是机会主义，也可以是长期主义，选择的道路不同，做法自然不同，就如同在二级股票市场，短线投机和长期投资都有其生存的空间。

**1. 特质一：数字化转型是一场不可逆的征程**

企业一旦走进数字世界，就如同从马车走马路的时代进入用汽车走高速公路的时代。上了高速公路，就要适应高速的节奏，也就不可能开倒车再回到从前。这就要求企业的每位员工和管理者必须顺应时代潮流，学习和掌握数字化流程、培育数字化能力，否则就只能成为逆潮流者。而在现实滚滚向前的洪流中，逆潮流者必然很难实现其目标。数字化转型的本质是管理的转型，是把企业管理的底座换成具有智能感知和决策能力的数字平台的过程，数据驱动的管理极大地提高了决策能力和决策效率，这也是不可逆转的管理革命，数据已经成为企业管理的发动机。因此，企业一旦进入数字化的征程，就是踏上了一条必须勇往直前的单行道，任何摇摆不定、徘徊不前，不仅会导致数字化转型的失败，还会影响到企业的生死存亡。

2. 特质二：数字化转型需要持续性投入

数字化转型就如同给汽车换轮胎，车要继续前行，而变革和转型却不能冒进，必须有计划、有步骤，做好长期战略投入的思想准备。

以华为公司为例，2001 年 IT 泡沫破灭时，正是华为 IPD（集成产品开发）流程变革的关键时刻，如果没有基于长期主义做选择，华为很可能放弃变革回到草莽时代。一旦选择放弃，华为能否不断发展甚至能否存活到现在都存在较大不确定性。

任正非在 2004 年回顾当时的情景时说："在 IPD、ISC（集成供应链）还没有落地时，我们碰到了严重的 IT 泡沫破灭危机，面对公司可能出现巨额亏损的同时，我们还要付出巨额的变革顾问费。是坚持往前走还是不走？我们选择了坚持往前走。如果不往前走，流程化变革就可能半途而废，华为公司永远不可能成为大公司。"

华为最终选择咬牙扛下来。不管是业务发展好的年份，还是业务处于低潮的年份，华为宁可砍掉其他项目（比如 2001 年华为削减了几个研究所基建项目），也要保障管理变革和数字化转型的投资预算。同时，将公司级变革和转型项目的预算作为公司的战略投入，不直接分摊给相关受益部门，这有利于激发各个业务部门的积极性，减少变革阻力，确保除资金投入之外各业务领域的管理者和优秀骨干可以持续投入。据统计，1998 年至今的 20 余年，华为在管理变革与数字化转型方面的投入平均占年销售收入的 2%。

3. 特质三：数字化转型需要系统性思考和方法

数字化转型绝不是凭感觉、靠热情就能够实现的，而是需要系统性思考和方法，需要系统性的规划和管理框架，需要有的放矢；既要解决企业短期面临的急迫问题，又要适应企业未来的发展需要。华为的实践表明，这不是一次性工程，最好的方法是将数字化转型与业务战略、业务规划相结合，对数字化转型进行战略解码，把转型建立在规则之上，以避免管理者只关注短期利益和局部利益，忽略企业整体发展，导致决策失误。

4. 特质四：数字化转型是一项以业务价值为度量指标的投资行为

数字化转型必须是一项投资行为。任何转型都必须支付变革成本，如果转型成本大于转型所产生的收益，就是一种浪费。不少企业会引进一些数字化应用，但很少有企业会进行业务效果评估；甚至有些企业的数字化应用仅仅是为某几个管理者服务的内部工程，而为了实现这个服务，还需要一批人手工准备数据，这不但不能提高效率，反而增加了管理成本，得不偿失。

5. 特质五：数字化转型需要构筑支撑其长期转型的组织能力

数字化转型涉及企业文化、组织架构、业务流程、数字化技术等多个领域以及全公司上上下下几乎所有部门，因此，在包括人才引进与培养、组织赋能及价值牵引、价值分配在内的人力资源政策方面，需要有强有力的配套机制。

在数字化转型的执行层面，企业要建立并完善相应的组织和管理机制，要构建引领企业数字化转型方向、实施转型攻城战役的指挥机构和作战部队。他们既要具有前瞻的战略眼光、能找到转型突破口，又要具有化繁为简、步步为营的战术能力，稳扎稳打，能切实推进企业的数字化转型。

企业管理者一开始就需要认识数字化转型的长期性、复杂性和矛盾性，要把困难估计得大一些，把问题思考得深一些，把准备工作做得充分一些，用长期性的战略思维推进数字化转型。无论转型还是管理变革，既要志存高远，又要脚踏实地。当然，企业管理者也不要因为有困难、转型复杂而有畏难情绪。保持平常心，保持自信心，采用合适的技术达到实际的目标，在团队能力不足时善于利用外部可信赖的顾问牵引，就一定能走出数字化转型的混沌区，走上转变为数字化企业的光明大道。

## 本章案例

### SHEIN：制造业数字化转型的典范①

要是对 2022 年资本市场受追捧的新兴独角兽公司做一个排名，必定绕不开的一定是 SHEIN。2022 年，在进行了一轮数十亿美元的融资之后，SHEIN 的资本市场估值已经来到了千亿级别，作为一个专注快时尚女装的电商平台，其市值甚至已经超过了一些老牌的平台型电商公司，如京东、拼多多。然而我们细看这个庞然大物猛然崛起的过程，却可以用“闷声发大财”来形容，一些一级市场的投资人甚至形容它是“中国最隐秘的跨境电商独角兽”。本案例探讨的便是仅仅短短几年时间，SHEIN 如何做到了行业的领先地位，SHEIN 的快速崛起可以为我们带来什么样的启示与经验，以及它还会面临什么样的困难和挑战。



**1. 婚纱生意铸就电商基因**

2008 年，当许仰天创立南京点唯信息技术有限公司时，这个极具商业头脑的年轻人必定看准了跨境电商行业所蕴藏的巨大商机，但也许他也未曾料到自己会在十多年后取得多么惊人的商业成功。

2005 年，谷歌进入中国，主打业务是其搜索引擎。虽然发展跨境电商并非谷歌有意之举，但精明的外贸商人们敏锐地察觉到利用谷歌的流量可以带来大量客户这一点。许多民间机构在谷歌正式推出代理商业务之前就开始从事“投放代理”工作。当时，Facebook 和亚马逊规模尚小，谷歌、雅虎、MSN 等平台是网络流量的主要聚集地。

利用谷歌平台流量做 SEO（搜索引擎优化）是外贸企业吸引外国客户的重要手段。在长期的实践中，许多企业积累了自己的方法体系。中国黄页是国内最早的电商交易平台，2004 年跨境 B2B 网站敦煌网横空出世，2007 年兰亭集势成立，2008 年木瓜移动成立。

2007 年从青岛科技大学国际贸易系毕业后，许仰天来到南京，在一家外贸线上营销公司负责 SEO 方面的工作。1984 年出生的许仰天自幼家贫，常以馒头泡酱油果腹，高三便外出打工，在半工半读中度过了大学生涯。许仰天体格精瘦，为人勤奋，

① 本案例由西南财经大学国际商学院熊立老师，硕士研究生邬雨航、付雨鑫、查佳慧、姚思平、严童撰写，作者拥有著作权中的署名权、修改权、改编权。由于企业保密的要求，在本案例中对有关名称、数据等做了必要的掩饰性处理。

做事认真到极致。早年合作伙伴称："为了将营销成本降到最低，追求最好的营销效果，许仰天会进行上万次的测试。""许多其他主管会让手下人去做的事，许仰天会亲力亲为。"这段经历让许仰天积累了互联网运作经验，他也从中嗅到了珍贵的商机。

然而，成立点唯约一年后，许仰天便带着团队离开了公司。他另择赛道，做起了婚纱跨境电商。在当时，婚纱是最火的跨境电商商品品类之一，成本低、毛利高。其时，有"跨境电商第一股"之称的兰亭集势的主营业务便是婚纱，海量的中小企业也涌入这个领域。早期从业者回忆："把货币单位从人民币换成美元就能卖。"

许仰天自建的网站最初名为"Sheinside"，寓意"她在心里"，似乎有着"Intel inside"的野心。网站的主要流量来自谷歌平台。当时，网站的运营比较简单，搭建好网站之后放上商品图片和链接，支付方式和物流方式也全然不似今天这般规范和齐全。公司网站的域名经常更换，直到 2012 年才固定，正式确立了品牌名 SHEIN。同时，随着大大小小、良莠不齐的企业不断涌入婚纱领域，这一业务的生态和盈利能力都大不如前，于是，攒着婚纱生意赚得的第一桶金，公司放弃了这一业务，开始专注于跨境女装品类。与婚纱相比，女装的市场更大更多变，但竞争也更激烈。

与一些背靠国内庞大市场、积蓄实力后进军海外市场的中国电商企业不同，SHEIN 在海外女装市场中直接与成熟大品牌展开竞争。SHEIN 开拓海外市场的速度极快，往往同时在好几个市场发展。2010 年，SHEIN 网站登录西班牙；2012 年，公司推出法国 SHEIN 网站；2013 年，俄罗斯和德国网站上线；2014 年，SHEIN 进军意大利；2015 年，SHEIN 开拓阿拉伯市场。目前，SHEIN 服务的国家和地区超过 150 个。2020 年，SHEIN 全年营收达到 100 亿美元，实现了 250%的增长。SHEIN 的火爆程度究竟有多高呢？一个很惊人的例子，2020 年中印边境发生摩擦后，印度政府下令封杀 59 款在当地流行的中国 App，其中就包括 SHEIN。这使得班加罗尔的高中生苏南达感到沮丧。但即便政府已经封杀 SHEIN，苏南达仍然在尝试登录该应用程序，看是否还能继续购物。毫无疑问，这是上瘾的表现。与很多新生事物一样，Z 世代和千禧一代等年轻群体是 SHEIN 的主要客户。她们被 SHEIN 永无止境、不断变化的服装目录所俘获。最重要的是，SHEIN 很便宜，追求极致性价比。以一款样式相似的女性上装为例，SHEIN 售价仅 7 美元，ZARA 打完折还卖 12.99 美元。

"任何你想要的东西，价格都很低，你一次可以买 30 件。"在美国媒体眼中，SHEIN 的出现，对于喜欢购物又囊中羞涩的美国青少年来说是一种福音。

互联网曾造就了无数公司的神话，但也有更多公司在辉煌后只有黯淡。那么 SHEIN 十年来是如何一步步做大做强的？其中有哪些商业秘诀和规律？本文接下来将深入分析 SHEIN 的数字化转型特点，揭秘这家神秘独角兽公司的具体实践。

**2. 从注意力经济到意愿经济**

对于处在创立初期的跨境电商平台，流量有着重要意义，SHEIN 也不例外。基于创始人背景，SHEIN 最初以 SEO 为主获取流量，随后也采取过 KOL（关键意见领袖）推广和规模化投放模式。通过免费赠衣、邀请码裂变等手段，SHEIN 抓取了大量流量。

与 SHEIN 合作过的广告商称，SHEIN 的广告投放体量很大，只要符合“年龄”“购物和时尚”这两个标签，它就开始投放。SHEIN 聘用专职营销机构运营自家社交平台，该机构搜罗时尚热点提供服装穿搭，发布在 SHEIN 的 Facebook 上。SHEIN 也不放过任何其他平台的流量，包括 Like、TikTok、Instagram、Pinterest 等一众平台。Pinterest 是类似于小红书的女性用户聚集地。2013—2014 年，Pinterest 是 SHEIN 的第一流量来源。2020 年，许多博主在 TikTok 受限之际转移至 Like 平台，这时人们才发现 SHEIN 在 Like 也早已布局多时。SHEIN 也是最早一批发扬网红经济的品牌之一，在网红报价水涨船高之前，SHEIN 就开展了和网红的合作。SHEIN 在社群运营活动上也没落后，周一大促、购物节、各类线上社群，SHEIN 在玩得不亦乐乎的同时，加强了与消费者的互动，不断扩大品牌影响力。SHEIN 发起的 SHEINHAUL，鼓励消费者拍摄收到 SHEIN 产品的开箱视频，在 TikTok 上，这一话题的阅读量高达 47 亿次。在流媒体时代，流量能够真真切切地转化为商业价值，SHEIN 凭借敏锐的嗅觉抓住了时机，也有足够的魄力通过高强度的资源投入力度挣回数倍的收益。这一手段为 SHEIN 在国际市场上的快速扩张提供了重要支持。

如果我们把以上这些吸引消费者注意力、满足消费者需求的模式称为注意力经济，那么 SHEIN 无疑在这一领域做到了极致。

但是，注意力经济的一个缺陷在于它为企业带来的增长不是稳固不变的。以网红带货为例，2016 年之前，SHEIN 曾以 30 美元的价格与网红合作。随着越来越多的商家意识到网红影响力的变现价值，网红带货的价格不断攀升，一单的价格可以达到 5 万美元。与此同时，网红带来的流量规模是有限的，可以当作一个存量市场，当涌入者越来越多，会边际收益递减，借助网红来增加流量变得越来越不划算了。



于是，SHEIN 开启了转型。沃尔玛的创始人沃尔顿认为用最少的钱买最少的东西是消费者的固定意愿，对于消费者来说，这个意愿是永恒不变的。只要抓住了消费者的这一特征，就可以长久地获得一批忠诚的顾客。SHEIN 的产品具有三大特点：价格低、款式多、适用性强。

SHEIN 的价格有多低呢？ZARA 的连衣裙均价在 30 美元左右，而 SHEIN 连衣裙的均价不超过其一半。在超低的价格下，消费者的警惕性会下降。单笔消费金额虽低，但积少成多，总额依旧可观。SHEIN 以“人人尽享时尚之美”为品牌使命，“人人”是这句话的重点。时尚曾是只属于富贵阶层的游戏，ZARA 通过模仿和快速供应让时尚元素装点了大众的服饰，普通人的消费水平虽然不高，但胜在人数众多，ZARA 正是凭借这一点赚得盆满钵满。如今，SHEIN 继承了 ZARA 的逻辑，并且在价格和速度上比 ZARA 还要更胜一筹。

SHEIN 的款式有多丰富呢？从消费者心理出发，人们总是更倾向选择电商平台，因为在那里遇见心仪商品的概率更大，甚至会有意外之喜。2019 年，ZARA 日均上新 80 款，年均上新 2.5 万款；SHEIN 日均上新 300 到 600 款，年均上新 15 万款。并且，SHEIN 还在不断刷新自身的上新纪录。2020 年 10 月，SHEIN 日均上新 2 000款；2022 年 3 月，日均上新 6 000 款！

SHEIN 的适应性有多强呢？虽然 SHEIN 能预测哪些产品有受欢迎的可能性，但并不能百分之百押中。为了测试市场反应、及时获得反馈，SHEIN 将小单快返模式做到了极致。小单快返指的是小批量生产服装款式，然后到市场上测款。那些被证明好卖的产品，SHEIN 就让工厂追加生产；不好卖的产品，就直接放弃。SHEIN 的一款衣服可以一次最少生产 100 件，这有效提高了 SHEIN 押中爆款的概率。2018 年，SHEIN 爆款率在 50%、滞销率在 10% 左右。押中爆款后，通过后续加订单，单件成本就能大幅降低。

通过这种方式，消费者也更容易买到自己满意的商品，“踩雷率”大大降低。“SHEIN 就是未来。”“我估计我 90% 的衣服都来自 SHEIN，家人买得比我还多。”“SHEIN 成功地给了我一种错觉，好像我已经找到了网上购物的圣杯。”“SHEIN，我已经对它上瘾。”看到美国网友的这些评论，美国知名财经新闻站 QUARTZ 直接下结论称：无论中美关系如何紧张，美国消费者都不会回避这家中国零售商。

在这三个特征的加持下，SHEIN 满足了消费者的意愿，受到欢迎也就是情理之中的事情。SHEIN 利用数据去合成、还原消费者意愿的这一模式，便可以被称为意愿经济。与注意力经济相比，意愿经济无疑是更高端、可持续的发展模式。处在数字化转型中的制造业企业也可以从中得到启示，对数字经济时代企业与消费者的关系和商业逻辑有更深刻的洞见。

**3. 强大的数字化神经系统**

SHEIN 的成功，很大一部分也依托于数字化的飞速发展。为什么创始人许仰天会对新兴的数字化产业如此敏感呢？或许与他自己的经历有关。2007 年创始人许仰天从青岛科技大学毕业后，便在一家外贸公司负责 SEO 的工作。对海外流量情况的关注以及对营销投放效率的强调，让其选择借助网红和消费者建立联系。而这正是 SHEIN 拥有优秀的市场感知和预测能力的重要原因。很多鞋服公司即便模仿 SHEIN 的模式，能做的往往也就到此为止了，但是 SHEIN 还有一项秘密武器，那就是一个强大的数字化神经系统。为了打造这个数字化神经系统，SHEIN 在深圳建立了一个几百人的数字智能中心，这个数字智能中心的主要职责便是不断优化 SHEIN 网上平台的智能算法。



首先，SHEIN 对于产品销量、火爆程度的预测能力远超同行竞争对手。SHEIN 是不依靠门店、完全依靠线上销售的，它强大的数字化神经系统中有一套完整的产品表现力追踪系统，将各个服装网站的产品都用程序爬取下来，用自己研发设计的模型来总结、学习当下最流行的款式、颜色、IP 图案，然后让自己组建的团队内的设计师和买手去各个销售渠道收集相关的线索，整合之前学习到的新元素设计新款爆品，或者去联系工厂，看有没有合用的衣服款式可以直接生产。SHEIN 还借助 Google Trends Finder（搜索趋势发现器）了解不同地区、不同国家、不同种族人群的搜索热词上升趋势，预测什么颜色、面料、款式会火。例如 SHEIN 就利用这个方法预测到了 2018 年美国夏天最流行的款式白色蕾丝、印度当年最流行的服装材质是全棉等。也正因此，SHEIN 提前铺好货并且做好了相关的营销准备，获得了相当不错的销量。



其次，在用户的精准营销方面，SHEIN 高效利用用户数据，深入了解美国客户特点，以低价优品、小批量、上新快的策略精准打入美国市场。在 YouTube、Facebook、Instagram、Snapchat 等美国人最爱用的社交网络媒体平台下，SHEIN 也找到了营销的捷径，即通过其“红人联盟计划”快速获得消费者的关注。这是一种社交媒体+电商平台孵化下的网红经济模式，近年来在中国飞速发展，完美日记和花仙子等网红新兴消费品牌都是使用的这种打法。在它向各个用户群体渗透的过程中，MCN 等公司也会同时为 SHEIN 倾斜广告资源、电商资源。

最后，在新品上新和陈列的时候，SHEIN 会使用算法推荐，学习抖音的方法，不停地去主动抓取用户的信息形成一个个的“标签”，从而更加有效率地匹配用户感兴趣的内容，进行个性化推荐。不仅如此，与其他品牌的数据获取路径不同，SHEIN 能够直接获取用户的一手数据，如多少用户浏览了某某商品具体哪个部分的细节，在哪个时间段。某某群体的用户会集中浏览哪些商品，在这些人群中又有多少比例的人将商品添加进了购物车，等等。在得到这些最真实的数据后，SHEIN 会迅速地进行相应的调整。

如果说字节跳动仅仅是完成了人和信息的匹配，SHEIN 完成的就是人—信息—商品—供应链的全链条匹配。SHEIN 不仅分发了信息和商品，也分发了生产力，属于“消费互联网+工业互联网”模式。

**4. 同心同德的虚拟制造商**

鞋服行业的许多品牌从创立之初的跌跌撞撞到后来的成熟运营，一直会遇到一个问题，那就是供应商配合的稳定性。从这个逻辑来看，库存对于制造方的工厂来说是一个很大的限制性因素，因为机器存在着开机成本，因此品牌方给工厂下的订单一定是越大越好，这样才可以将单件的成本降到最低；相反，对于品牌方来说，它必须保证生产出来的产品越早卖掉越好，因为没有及时卖掉的部分会变成库存，影响企业的周转率；且由于其本身快时尚的性质，库存商品会因为风潮已过而更难卖掉。这个供应商与品牌间“同心不同德”的矛盾伴随了许多耳熟能详的服装企业的兴衰起落。这些企业被曝出经营困难，往往与其低周转率、高库存有很大的关系。在这个“快”字当头的行业，偶尔出一两个现象级的爆品其实并不是很难，但是极少有企业能够真正解决这个系统性的问题。而做到这一点的恰恰就是快速崛起的 SHEIN。



随着数字化技术的提升，鞋服行业的供应模式发生了变化，逐渐从刚性供应链向柔性供应链进行升级。所谓的柔性，就是相比于传统的制造商供应链，能够快速适应新的订单需求，根据新的订单需求敏捷地做出调整，并在这个过程中保证成本可控。SHEIN 在柔性供应链和库存管理上苦下功夫，设计了一种全新的“小单快返”模式；用极小的首单单量来对市场进行初步需求测试，如果市场反馈某款商品需求量比平均水平高，就将商品的订单提交给制造商。这在很大程度上解决了高库存低周转的问题。但是，对于很多大供应商来说，如此快速迭代的订单要求，且每单的数量又不是很多，会压缩他们的利润，他们接单的兴趣并不高。SHEIN 又是如何解决这个矛盾的呢？

SHEIN 的解决办法是在选择供应商的时候选择“作坊工厂”。它的商业模式也不适合将订单绑定在几个少数大供应商的身上。而对于小工厂来说，它们原先最大的困难便是接单量不稳定，“一个月不开工，开工吃一个月的情况大有人在。”一位来自佛山的供应商说。SHEIN 的订单对于这些小工厂来说，往往是雪中送炭。因此这些小工厂的利益便与 SHEIN 高度绑定。伴随着 SHEIN 的快速崛起，一批批小工厂也快速扩张。广州番禺某公司的老板说：“我们从当初的一家工厂，成长到如今 20 多家自营工厂和 300 多家二级工厂。”如今这家工厂已经在 SHEIN 供应链中承担着“连锁工厂管理者”的角色。小工厂跟着 SHEIN“吃肉”的例子，也为 SHEIN 吸引了更多的小工厂。SHEIN 在与它们签下合作合同的时候，会立刻对它们进行数字化、虚拟化改造，通过数字化将原来在物理上离散的小工厂连接起来，形成一个在虚拟空间内超大的网络。这对于供应商来说相当于进行了一次免费的数字化升级，又进一步提升了订单的稳定性。

同时，SHEIN 在广大供应商中树立了良好的信用，不拖欠货款，甚至还会提前给供应商结账。如果付款日刚好是周末，SHEIN 不会推迟到周一，而是会提前到周五结账。相比于以前一些品牌方喜欢拖欠账款导致供应商血本无归乃至倒闭的做法，SHEIN 的诚信在供应商群体中留下了非常好的印象。这样一来，供应商与品牌方同心同德便是顺理成章的事情了。在广东本地，无论是大的还是小的供应商，都很乐意与 SHEIN 合作。后来 SHEIN 开辟中东市场，不少合作过的工厂都愿意和它一起搬迁，并且在搬迁后也都获得了稳定的收益来源。SHEIN 以及围绕着它的数百家工厂，构筑了一个类似西班牙 ZARA 生产总部拉科鲁尼亚小镇的产业集群。ZARA 54%的商品都是在总部周边生产的，行业上下游工厂毗邻，订单响应迅速及时。与很多企业品牌方与供应商相处不融洽相比，SHEIN 的供应商与它同心同德，利益高度绑定，且相互信任、相互依赖，这也是快时尚的最理想模式。

**5.“萌宠+红人”：以内容带入新产品线，自然触达用户心智**

作为国内出海品牌都纷纷效仿的鼻祖，SHEIN 发布内容最频繁、互动数最高的主页是其 Instagram 全球页。

在 2021 年第一季度，SHEIN 的 Instagram 全球页共发帖超过 900 条，互动数也超过了 1 700 万条。从热门帖文来看，SHEIN 在当年第一季度最受欢迎的内容都与“萌宠”和“红人”有关。SHEIN 一方面持续发送快时尚品牌都爱的时尚生活方式类内容，这一类内容以图片为主，并且内容展示更加贴近生活场景；另一方面不忘结合宠物萌态，这一类内容主要以视频内容为主，展示宠物的萌态瞬间。SHEIN 通过内容的双核心来吸引用户的互动，而用户的反馈也特别好，这样的互动方式受到了广泛好评。

如果把 SHEIN 看作一个女装品牌，那显然是不够全面的，“女性+萌宠”何尝不是一个时尚组合呢？随着 SHEIN 逐步落实其从女装电商品牌朝着全品类电商平台的转型，SHEIN 单独设立了“Pets”频道。在社交媒体主页上通过萌萌的动物图片来吸引目标受众是再合适不过的方式。SHEIN 在社交媒体这个直接与用户接触的渠道上通过潜移默化的方式，精确瞄准了社交媒体上爱宠物、爱美一族的心理和消费习惯，将新的品牌认知重新引入消费者的心。SHEIN 还充分运用了 OneSight 营销云的社交号对比功能。如果将 SHEIN 和 ZARA 两大快时尚品牌的社交媒体主页放到一起进行对比，可以发现 SHEIN 的全球主页粉丝数并不及 ZARA，但 SHEIN 的影响力已经将 ZARA 远远抛在身后。快时尚品牌都非常重视在 Instagram 全球主页的成绩。

在发帖频次这方面，SHEIN 同样不甘落后。

在 2021 第一季度“BrandOS TOP100 出海品牌社媒影响力榜单”中，我们结合当季各社媒平台的政策和功能更新，共总结出五个趋势和建议。其中“无算法”被排在了第一个，我们认为这将是当下以及未来非常重要的一个社交媒体营销趋势。这是由于随着社交媒体的发展，用户越来越排斥由算法主导的信息流和内容流，他们希望看到自己真正感兴趣的或者整个平台上正在发生的真实的事件——也就是现在谁发了什么帖子，我就要看什么。这也导致 Twitter、Instagram 纷纷推出了无算法的以时间顺序排序的信息流功能，用户可以实时查看自己关注的主页当下发出的帖子。在这一趋势下，我们再来看 SHEIN 和 ZARA 在社交媒体上发文的差别——SHEIN 在整个季度共发布 912 篇帖文，周均发文 65 篇；而 ZARA 仅有 62 篇，周均发文 4 篇，不足 SHEIN 的 10%。通过频繁地发帖，SHEIN 能够确保在用户活跃的时间段中随时可以被看到，这就越有可能调动起更多的互动和关注。

但是，周均 60 多的帖文是否会造成对用户的打扰呢？尤其是在无算法的实时信息流中，会不会造成用户的反感呢？SHEIN 给了一个很好的答案：注重视觉内容——只要你的图片和视频足够吸引人，就不会引发用户的反感。是的，**用户反感的不是“刷屏”这一行为，而是被不喜欢的内容刷屏。**SHEIN 和 ZARA 的视觉素材在设计上是不同的。ZARA 的视觉内容一般都是精致的衣服和冷艳的模特，更像是广告展示；SHEIN 则以更具生活感和故事感的对镜自拍、旅行他拍等方式展示人们身着 SHEIN 服饰的生活态度，更加突出了日常生活的时尚感。这样的内容设置更适合快时尚品牌的定位，也更容易引发用户的共鸣，从而带动高互动。由此可以看出 SHEIN 为了不让用户觉得厌倦和讨厌所做出的努力。拥有 4 900 多万粉丝的 ZARA 的主页 OS 评分依然不及只有 2 300 多万粉丝的 SHEIN。

**6. 永远在路上**

相比于另一个快时尚巨头 ZARA，SHEIN 并没有实体店。ZARA 的实体店直接面对消费者，能够获得更直接的客户反馈，而 SHEIN 如何获得消费者的信息呢？SHEIN 显然找到了办法。通过 Google 的 Trend Finder 和网页抓取工具对互联网上各个服装网站产品的图样、颜色、价格以及款式等数据进行跟踪和抓取，同时分析获得最热门的关键搜索词的变化，SHEIN 获得了更加精准的对于新流行趋势的预测依据。同时，SHEIN 的私域流量池也足够庞大，SHEIN 独立站的直接流量占据总获得流量的 37%以上，并且这些流量都是自然流量，SHEIN 并没有为其支付成本。2021 年 5 月的数据显示，SHEIN 在 Apple 应用商城的下载排行榜中名列前茅，也获得了全球快时尚品牌日活量的一半以上。

但正如知名行业分析师 Web Smith 所说：“SHEIN 采取的快速增长模式，必然会在过程中面临知识产权纠纷。”一众竞品品牌也表示：SHEIN 的成功其实是建立在“精心策划”的侵权行为之上。知名马丁靴品牌（Dr. Martens）的制造商 AirWair International 就曾指控 SHEIN 所售的“马丁靴”以及其他一些产品为抄袭或假冒产品，控诉的重点是 SHEIN 所标注的价格远低于 Dr. Martens 的产品售价。

对 SHEIN 的控诉不止于知名品牌，洛杉矶耳环品牌 Kikay 的联合创始人 Quinn Jones 就曾在社交平台 Instagram 上控诉过 SHEIN 盗用其设计，不少小型的时尚零售品牌在跟帖中表示自己也遇到过类似问题。此外，数十位设计师和艺术家在社交媒体上控诉他们发布在网上的绘画作品被 SHEIN 窃取了。

面对社交媒体上的舆论压力和法律控诉，SHEIN 随后发布了声明，希望能稳定局势：“我们对艺术家和设计师抱有崇高的敬意，我们会认真对待关于知识产权的投诉，同时会深入调查并采取行动。”SHEIN 的受众规模是极其庞大的，它似乎需要衡量处理涉及纠纷的时间精力及回报。作为实力雄厚的新生力量，SHEIN 的品牌形象更需要完善的产品审核程序作为支撑。

除了很容易被诟病的“抄袭”，SHEIN 的低价格和快速生产也带来了产品的低质量风险。一般来说人们不会对价格过低的商品有太多质量上的期待，但用户对产品质量有疑虑也会对 SHEIN 的口碑造成不小的冲击，一个时尚品牌的形象也不能单靠低价格来建立。为此，SHEIN 也开始尝试中端发展路线，在对供应商提出更多要求的同时加强子品牌的建立，并进一步加强供应链的管理。国内的生产供应商与 SHEIN 保持着密切的联系，也接受着比以往更加严苛的考核……

压力似乎在供应商身上，SHEIN 的转型之路需要与供应商一起负重前行。



## 案例思考题：

1. SHEIN 是基于什么样的商业逻辑确立其商业模式的？其商业模式具体是什么？和传统的 B2C 跨境电商模式相比，SHEIN 所采取的 C2M 模式（或称为柔性供应链）有什么不同？你认为哪种更好？

2. 在数字化时代，SHEIN 作为平台品牌，和通常的产品品牌相比哪种更好？这两种类型品牌的价值创造方式有何异同？

3. SHEIN 是如何快速垄断服装业流量的？和 ZARA 相比，它有什么创新点？和 Zaful 这类拥有相似商业模式的服装品牌相比，它有何不同？你更看好谁？

4. SHEIN 在多年发展过程中取得了指数级增长。从所在的服装领域来看，它究竟突破了哪种瓶颈？它的成功是否是可复制的？有哪些要素值得其他企业学习？

5. 你认为 SHEIN 未来还会面临哪种瓶颈？它该如何寻找破局之道？

# 第八章
# 传统服务业的数字化商业模式

本章首先介绍我国服务业发展现状，包括服务业的分类及发展概况。在现代信息技术的推动下，基于云计算、大数据、物联网、人工智能的服务应用和创新日趋活跃，传统服务业加速转型升级。其次介绍产业智能如何与医疗、政务、金融、交通运输、媒体等现代服务业有机结合，并促进其发展。最后选取教育产业和医疗产业作为服务业代表进行具体分析。信息技术不仅改变了当前的教育模式，也为未来的教育提供了更多的可能性。而数字医疗以互联网为载体，利用云计算、大数据、物联网、人工智能、区块链及5G等数字技术手段，在政府政策鼓励和推动下，对传统医疗赋能，形成了新型医疗模式，如微医、泰格医药、丁香园及联影医疗。

## 一、我国服务业发展现状

### （一）服务业分类

服务业分为传统服务业与现代服务业。传统服务业主要包括餐饮、旅游、零售、物流等领域，它们依赖人力，面向实体空间，效率较低，扩张速度有限。

现代服务业是相对于传统服务业而言的，是在工业比较发达的阶段产生的，主要是依托信息技术和现代管理理念发展起来的，是信息技术与服务业结合的产物。现代服务业以信息服务、金融服务、商务服务等为代表，强调知识，注重创新，能够为其他行业提供重要的支撑。

现代服务业也是一个动态概念，随着经济社会的发展，还会拓展新的领域，增加新的内容，此时为现代服务业，彼时则可能已成为传统服务业。

现代服务业主要分为四类：一是基础服务，包括通信服务和信息服务；二是生产和市场服务，包括金融、物流、批发、电子商务、农业支撑以及中介和咨询等专业服务；三是个人消费服务，包括教育、医疗保健、住宿、餐饮、文化娱乐、旅游、房地产、商品零售等；四是公共服务，包括公共管理、基础教育、公共卫生、医疗以及公益性信息服务等。

2012年，我国的制造业与服务业产值占比持平；2015年，我国服务业在国内生产总值中占比首次超过50%。依照国际公认定义，我国已进入服务经济时期。

服务业既是科技创新、资源配置、社会分工、劳动者素质等决定社会、经济发展的核心要素的黏合剂，又是法治环境、文化教育、健康保健等决定社会、经济发展的环境因素的润滑剂。服务业是提高社会效率的催化剂和助推器。

### （二）我国服务业发展概况

2018 年，服务业增加值占我国 GDP 的比重为 52.2%，占比连续 6 年在三次产业中领跑，服务业对经济增长的贡献率接近 60%，拉动 GDP 增长 3.9%。

服务业对经济增长的贡献率比制造业高 23.6%。各类生产性服务业特别是高新技术服务业持续加快发展。2018 年信息传输、软件和信息技术服务业，租赁和商务服务业，交通运输、仓储和邮政业的增加值分别比上年增长 30.7%、8.9%、8.1%，增加值占 GDP 的比重分别为 3.6%、2.7%、4.5%。

城乡居民消费升级，服务消费市场规模快速扩张，带动了各类消费性服务业快速发展。2018 年国内旅游人数和收入都增长 10%以上；电影总票房突破 600 亿元，增长近 10%；信息服务消费规模约 5 万亿元，同比增长 11%，信息服务消费规模首次超过电脑、手机等信息产品消费。

随着我国经济进入高质量发展阶段，服务业占我国 GDP 的比重也在不断提高，2019 年达到 53.9%，2020 年达到 54.5%。服务业的主导地位日趋巩固，已成为国民经济的“半壁江山”（见图 8-1）。

2020 年，我国第一、第二、第三产业占 GDP 的比重分别为 7.7%、37.85% 和 54.5%，对 GDP 增长的贡献率分别为 9.5%、43.3% 和 47.3%，其中第三产业对 GDP 的贡献率最高，为支柱性产业（受疫情影响，2021 年第三产业对 GDP 贡献率出现下滑）。

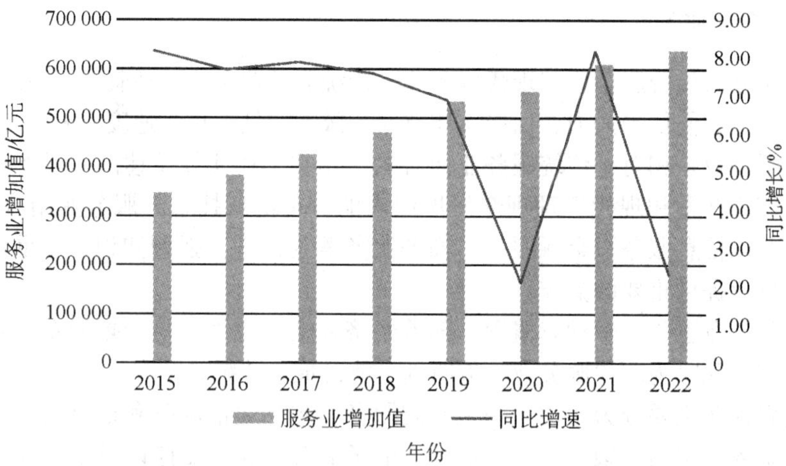


**图 8-1　2015—2022 年我国服务业增加值及增速情况**

数据来源：国家统计局。

服务业不仅是国民经济的“压舱石”，也是促进传统产业转型升级的“助推器”，还是推动新经济、新动能加速成长的“孵化器”。

在现代信息技术的推动下，基于云计算、大数据、物联网、人工智能的服务应用和创新日趋活跃，传统服务业加速转型升级。

服务业与第一、第二产业加速融合，旅游、文化、体育、健康、养老、教育培训 6 大“幸福产业”蓬勃发展。

平台经济、共享经济、数字经济方兴未艾，服务业已成为提升中国经济韧性与活力的重要引擎。

随着“互联网+”的边界不断拓宽，越来越多的行业将数字化转型任务提上日程。过去几十年，我国先后经历了零售业数字化、制造业数字化、城市治理数字化，下一个阶段必将迎来服务业数字化。

## 二、产业智能推动现代服务业发展

党的十九大报告指出，要加快建设制造强国，加快发展先进制造业，推动互联网、大数据、人工智能和实体经济深度融合，在中高端消费、创新引领、绿色低碳、共享经济、现代供应链、人力资本服务等领域培育新增长点，形成新动能。服务业高质量发展是我国经济高质量发展的重要体现。网络化、数字化、智能化已成为推动我国服务业转型升级的关键驱动力。随着移动互联网、大数据、人工智能的不断发展，“智能+服务业”的融合深度和广度不断加大，涌现了一系列新产品、新服务、新产业和新业态。



现代服务业以现代科学技术特别是网络信息技术为主要支撑，建立在新的商业模式、服务方式和管理方法基础上，既包括随着技术发展而产生的新服务业态，也包括被现代技术改造、提升的传统服务业。

### （一）产业智能与医疗

产业智能与医疗服务相结合，可以解决目前存在的挂号难、排队时间长、就医体验差等困扰大众的就医问题。过去远程医疗是少数人享用的超值服务，随着产业智能的普及应用，远程医疗在欠发达地区将有更大的市场。以往偏远地区的病人要到城市看病，仅仅交通费、食宿费就是一笔不小的开支，负担很重，而通过远程医疗，病人不用长途奔波就可以享受到大城市一流的就医服务，这为广大人民群众带来了巨大的福祉。

以智能医疗助手项目为例，该项目凭借其强大的人工智能技术支持，成为医疗服务领域最受瞩目的项目之一。该项目通过整合海量医疗数据和专家知识，提供全面的医疗信息查询、患者服务、诊疗支持等功能，大大提升了医疗资源的利用效率和患者体验。

**1. 智能医疗助手的主要应用场景**

（1）医疗信息查询与预约。用户通过智能医疗助手，可以准确查询各种疾病的症状、治疗方案、医院等相关信息，并可以在线预约专家门诊，减少因医患信息不对称造成的等候时间和费用。

（2）远程医疗诊断。结合视频通话和远程监测技术，智能医疗助手可实现远程会诊、远程诊断甚至远程手术，为偏远地区、行动不便的患者提供高质量的医疗服务。

（3）慢性病管理。通过数据分析和智能算法，智能医疗助手能够根据患者的生活习惯和健康指标进行个性化的健康管理和疾病预防指导，有效控制慢性病的风险和进展。

（4）医患沟通和药物管理。用户可以通过智能医疗助手与医生进行在线咨询和沟通，及时获得医生的建议，同时智能医疗助手还有就诊药物的在线管理和服用提醒功能，提高了医患沟通的效率和准确性。

**2. 智能医疗助手带来的变革**

（1）医疗资源整合和优化配置。智能医疗助手整合了国内外医疗资源，通过智能推荐和优化配置，使医疗资源更加均衡地分布在各地区，提高了医疗服务的公平性和可及性。

（2）医疗服务优化和个性化。凭借先进的人工智能技术，智能医疗助手可根据个人健康信息和需求，提供个性化的医疗服务和健康管理方案，让患者更好地参与医疗决策，提高医疗效果。

（3）促进医患沟通和协作。智能医疗助手架起了医患之间的桥梁，为患者提供了便捷的在线咨询和预约服务，加强了医患之间的沟通，促进了医患合作治疗。

（4）医疗数据治理和隐私保护。智能医疗助手涉及大量的医疗数据收集和存储，为医疗数据治理和隐私保护提供了新的思路和解决方案，保障了用户和医院的权益。



### （二）产业智能与政务

2023 年 2 月 27 日，中共中央、国务院印发了《数字中国建设整体布局规划》，将“政务数字化智能化水平明显提升”作为到 2025 年数字中国建设的目标之一，明确提出“发展高效协同的数字政务”，为进一步推进数字政府建设指明了方向。

发展高效协同的数字政务，是把握新一轮科技革命和产业变革机遇的必然要求，对于优化公共服务供给、创新市场监管和社会治理方式、推进国家治理体系和治理能力现代化具有重大而深远的意义。

产业智能与政务结合，可以提高政府的公共服务效率。在人工智能赋能政府服务转型的背景下，人脸识别、自然语言处理等技术应用能够有效增强政府的服务能力，提升政府的过程监控能力和办公效率，为人民群众提供便捷、快速、舒适的服务。通过充分利用云计算、大数据、人工智能等技术，可构建统一的政务云数据中心、泛政务通用知识库，围绕政务数据的聚合应用和“数据多跑路，群众少跑腿”，可开发各类政务智能应用，全面提高政府服务能力，提升政务执法和公共服务质效，推动传统政务系统向智慧化、网络化方向发展，助力政府施政公开透明、执法公正统一、服务便民高效。推行智慧政务建设，可达成以下目标：



（1）一站式服务。全面整合政府门户及下属单位子网站的信息资源，从全局考虑，实现有序互联、有效共享。政府各部门通过重置流程及资源，为市民及企业提供便捷、优质、低成本的服务。

（2）并联审批。政府各联网部门实现了数据整合和信息资源共享以及流程优化和改造，以标准化服务的方式实现了各类跨部门的联动业务，提高了办事效率。

（3）互动沟通。增加创新的沟通渠道，为市民与领导、企业与政府之间的互动交流提供了平台，有助于树立一个公平、公正、公开并且响应快速高效的政府形象。

（4）政务建设。智能化提取政务业务数据，并且指导业务决策和政策推行。

### （三）产业智能与金融

2017 年，中国人民银行成立金融科技委员会，并发布《中国金融业信息技术“十三五”发展规划》，首次在金融业的五年发展规划中提及人工智能。2021 年 12 月中国人民银行印发的《金融科技发展规划（2022—2025 年）》以及 2022 年 1 月银保监会印发的《关于银行业保险业数字化转型的指导意见》对下一阶段人工智能技术与金融业务的结合提出了创新方向。

产业智能与金融服务结合，将改变金融服务行业的规则。传统金融机构与信息科技公司合作构建起更大范围的高性能金融服务生态，基于对客户的大数据分析，深入了解客户的行为和偏好，以数据驱动金融产品的精准营销，使客户获得定制化的产品和服务，同时也使中小企业能够融入更大范围的生态圈。

在金融业加速布局 AI 的背景下，催生了智能营销、智能识别、智能理财、智能风控、智能客服等多种提升金融价值的金融场景。智能营销是利用机器学习、深度学习相关算法构建模型，通过汇集客户在消费、社交、交易等方面的大数据，深度分析客户的真实需求和偏好，并进一步形成更具针对性、个性化的营销解决方案。智能识别利用计算机视觉等技术，实现对图片、文字、人脸等的多模态快速识别和信息提取，可以很好地对单据、客户等信息的正确性、真实性等进行快速甄别，极大地提升了业务效率。金融业作为信息密集型行业，需要处理大量的图片、结构化和非结构化的文字信息。智能理财以大数据、机器学习等技术为基础，结合投资者特定的需求及风险承受程度，为投资者提供理性的投资组合建议。

### （四）产业智能与交通运输

产业智能与交通运输结合，借助卫星定位、智能视频、数字化地图、移动互联网等，为人们提供详细的交通信息。只要有一部手机，人们就能知道一个陌生的城市哪里有路口，哪里有饭店和医院等。基于互联网的汽车正成为一个新的智能终端，将带动形成庞大的车联网产业。

云计算、大数据、人工智能等数字技术的深度融合应用，将从提升通道能力、发展通道经济和保障通道安全等三个方面有效推动交通运输大通道的建设发展，为交通强国建设与交通运输业发展范式变革注入强劲动能。

（1）提升通道能力。交通基础设施的数字化、智能化、低碳化建设，将有效提升陆海通道的通行效率与安全应急水平，降低机电设备管理难度与运维成本，提升物流作业管理与服务效率，提升运输协同组织的盈利能力，其核心目标是保安全、保畅通、降成本、增效益。以公路为例，从视频监测与收费系统的优化提升、路面巡检养护、机电设备运维，到建设施工安全、改扩建公路交通组织优化，再到在役干线公路安全应急，桥梁、隧道、长下坡等重点路段智能管养与安全管控，近几年各地智慧公路的建设重点主要是通过数字化、智能化手段持续提升路网通行效率与服务水平。这是行业建设发展的“基本盘”。

（2）发展通道经济。近年来，交通骨干企业的探索实践表明，以通道资源为纽带，以构建关联产业经济模式为核心，发展通道经济已成为交通运输行业可持续健康发展的必由之路。当前，数据已经成为企业的宝贵资产，数据要素市场方兴未艾。以数据产业推进数字与实体经济融合发展，是发展通道经济的重要内容。我们相信，“大数据+人工智能”，尤其是大模型技术的深度应用，将进一步加速数据要素驱动的经济模式转变，促进商流、物流、资金流、信息流融合发展，有效助力交能融合、交旅融合、现代物流等产业经济创新。这是行业建设发展的“增长极”。

（3）保障通道安全。交通运输是经济社会发展的基础性、战略性、先导性产业和重要服务性行业，关键信息基础设施安全关乎国计民生和公共利益。物理世界的大通道，需持续深化互联互通；数字世界的大通道，更需做好补链强链。持续扎实做好重要网络设施、信息系统等关键信息基础设施的安全保护，将有助于切实保障数字通道的安全、稳定、韧性。这是行业建设发展的“稳定器”。



### （五）产业智能与媒体

在“智媒体”时代，数据是驱动媒体转型升级的一个重要因素，通过以数据为中心的多终端聚合，实现媒体供给与用户需求的平衡。精细化运营涉及流量的挖掘、流程的详细梳理以及每一个视频站点详细的数据分析，以揭开层层迷雾，得到真实流量和用户数据，打破流量虚高的假象。

（1）人工智能在新闻与信息领域的应用。首先，人工智能可以通过强大的数据处理能力和算法模型，帮助媒体机构分析海量的信息，从中筛选出重要的新闻和观点。其次，人工智能还可以通过自然语言处理和机器学习等技术，实现自动化的新闻写作和内容生成。这样不仅可以提高新闻报道的效率，还可以减少人力成本。此外，人工智能还可以根据用户的兴趣和行为数据，为用户推荐个性化的新闻和信息。

（2）人工智能对新闻与信息分发和传播的影响。首先，它能够实现实时的新闻推送和更新，让用户及时了解最新的事件和资讯。其次，通过人工智能的个性化推荐算法，用户可以获取符合自己兴趣和需求的内容，获得体验提升。此外，人工智能还可以帮助媒体分析用户的行为和偏好，从而优化内容的策划和制作，增加用户的黏性和忠诚度。

本教材以服务业中典型代表——教育和医疗为例，具体介绍这两个行业的数字化转型和发展，以及它们如何在数字化趋势中打开商业机会。

## 三、教育产业的数字化转型

教育是提高国家综合实力的重要环节，也是增强国家自主创新能力的重要举措。我国重视教育对国家发展的重要作用，提出了科教兴国和人才强国战略。学校和培训机构多采用垂直职能式和矩阵式组织结构，其管理层级较多、专业分工明确，各部门的权责范围稳定，但是组织结构固化、缺乏弹性，不利于调动教师和学生的积极性、主动性。

数智化技术不断发展，已经延伸到教育领域，在线教育随之出现。20 世纪 90 年代末，互联网普及率低，在线教育还是以录播课为主，互联网技术应用较少，发展十分缓慢。2000—2010 年，网络带宽提升，以网络视频课件形式为主的在线教育模式出现。进入 2011 年，新兴科技加速融入教育，深入基础教育、素质教育、职业培训等领域。2017—2018 年，直播、短视频等新型传播形式出现，人工智能给在线教育带来了更多可能，优质互联网教育模式相继涌现。到了 2020 年，受新冠病毒感染疫情影响，学校、培训机构的线下课程临时取消，"停课不停学"，教育行业的数智化在全国范围内加速普及和渗透。

《教师教育振兴行动计划（2018—2022）》的出台，标志着传统教育迎来了转型升级时期。在"互联网+"背景下，教育产业与时俱进，将信息技术融入课堂教学，给教学方法带来了深刻变革。积极探索更加准确高效的课堂，提高教育教学质量，运用现代技术进行创新教学，将是每个教师的责任。

随着云计算、大数据、物联网、人工智能等新一代信息技术的快速发展和深入应用，人类社会逐渐步入了信息社会和智能社会，人类的生产方式、生活方式、思维方式和学习方式等受到了颠覆式的影响。信息技术不仅仅改变当前的教育模式，也为未来的教育提供了更多的可能性。未来的教育是建立在网络环境下的开放教育的基础之上的，比如近些年出现的中国大学慕课（MOOC）、"智慧树"等互联网时代的教育形式，更加注重学生的个体化和多样性。互联网时代的教育更加重视引导学生愉快地探索和学习。互联网时代的教育不再局限于接受传统教育的受众，而是注重培养终身学习的观念。新的时代背景和新的现实问题对未来教育改革和发展提出了新的要求，同时，也为培养创新型人才、复合型人才提出了更高的要求。更新教育观念，转变教育模式，重构教育体系，培养创新型创业人才，是信息社会发展的必然要求和现实选择。

### （一）传统教育模式

#### 1. 当前的教育体系

当前的教育体系具有其自身的长处，正是因为它持续且高效地培养了大批专业人才，我国才有迄今为止的高速发展。但与此同时，当前的教育体系也存在不可忽视的短处，尤其不利于创新型人才的成长。最主要的问题是业内对教育的主观认识较多地局限和聚焦在“知识”学习上。教师传授知识，学生获取知识，用考试的成绩衡量知识的掌握情况。“知识就是力量”这句话伴随着一代人的成长，大家耳熟能详。但创造力需要知识，却也不仅仅需要知识。

好奇心、想象力、探究欲是天生的，需要保护，需要激发，需要发掘。科学不仅仅是知识体系，同时也是认知方式。要培养有创造力的人，首先要解决学习动机问题，父母要做保护孩子创新精神的第一责任人。学校要保护孩子的创造力，最重要的责任在教师身上。高校的教育改革所面临的核心问题是：学校除了教学生专业知识或技能外，还要营造一种环境，保护和鼓励学生的好奇心和想象力，让它们成为学生思维的主要方式并不断发展。

**2. 应试教育与职业发展**

应试教育往往被认为是以提高学生考试能力为主要目的的教育模式，考试成绩一直受到家长和老师高度重视。这种与素质教育相对应、以背诵和解题为主要教育方式的教育模式，可以通过严苛的培训和考试加速人才的培养进程。

一方面，应试教育体制的存在有其合理性。首先，它最大的优势是可以让学生在较短的时间内掌握基本的知识与技能。其次，符合我国的国情。我国用于教育事业的资金尚不够充足，还无法为全面素质教育提供足够物质保证。最后，通过应试来选拔人才，这对于我国这个人口大国来说，是相对最能体现公平且能缩小区域教育差距和贫富差距的方法。



但另一方面，应试教育与学生职业发展所需技能存在脱节的现象不能很好地满足新时代下的人才需求。从教育和培训的层面出发，我国的应试教育模式对于培养具有较强创造性思维的创新型人才起到的作用微乎其微。传统的教育模式在互联网时代到来后，已经无法很好地满足企业的人才需求。在互联网的推动下，未来教育的方法模式、专业设置等环节都将迎来变革和颠覆。

### （二）“互联网+”教育

一所学校、一间教室、一位老师，这是传统教育；一个移动互联网终端，不限量的学生，自由选择学校和老师，这是“互联网+”教育。“互联网+”教育可以颠覆传统教育的固定模式——由固定的教师在固定的地点、固定的时间内完成固定的教学内容。学生可以借助互联网随时随地、随心所欲学习自己感兴趣的知识，进一步打破限制。互联网突破了教育的时空限制，推动了教育资源的分享，带来了真正公平且高质量的教育方式。

**1. 让大众教育真正成为可能**

优质教育资源与边远贫困地区之间的距离由最初的千里缩小到一屏，网络教育开辟了现代教育的新模式。目前，互联网已经成为推动教育公平、促进素质教育均衡发展的重要力量。

在信息化和互联网快速发展的浪潮中，依托不断进步的互联网技术，传承数千年的理想化教育已经开始逐步变为现实。

**2. 好的大学，没有围墙——慕课**

慕课是面向社会公众的免费开放的网络课程，能让全民在线自主学习、线上交流互动以及通过网络课程共享优质资源成为可能，为实现全民教育和终身教育等提供了契机。面向社会教育的慕课服务于社会大众的成千上万种潜在需求，社会大众的需求呈现正态分布。根据 Anderson（2004）提出的长尾理论，社会大众的需求大部分趋同，集中于曲线“头部”的主体位置。慕课的大规模、开放性、免费、无线互联等特征，为社会教育资源的传播提供了无限的空间，使得所有个性化和小众的需求累积起来形成比主流需求还大的效益和市场。这些少量的需求会在需求曲线上面形成一条“长长的尾巴”（the long tail）。

慕课受到了来自全球名校的关注。它所持的信念是“将世界上最优质的学习资源，送达世界上最偏远的角落”。慕课的发展可以有效地促进社会教育，通过慕课的学习，可以实现更广泛的、更有深度的社会教育。慕课提供了免费开放的、前沿性的课程资源，只要拥有移动智能设备和移动网络，就可以在任何地方、任何时刻实现碎片化学习和无缝学习。因此在社会现实需求、网络技术的发展和教学理念的推动下，慕课在全球引发了一场学习风暴，引起了国内外教育界的广泛关注。翻转传统课堂、打破校园围墙不仅仅有利于学生跨校选课，还有助于学生打破知识的空间局限，促进高质量教育资源的共享。当大部分课程都可以从教室传递到不同地区学生的电脑和手机等终端时，我国教育的地区差异问题就可以有所缓解，所有的学生都可以听到国内一流高校优秀教师的课程，并且与他们互动。教育部推动了各高校优质资源的流通和联动，为分享优质教学资源提供了新的渠道。慕课未来应该继续从提高质量和促进公平两个方面寻求突破。质量是实现优质共享的基础，公平是实现广泛共享的保证。没有质量的共享是没有价值的，缺乏公平的共享也终究只能是“纸上谈兵”。

**3. 基于慕课的教育应用模式构建**

（1）利用情境化理念创建富有实践意义的慕课学习

目前慕课存在高辍学率的问题，即注册一门课程的人数很多，但实际完成的人数很少。为了解决这个问题，胡钦太和林晓凡（2014）从情境化理念入手，结合慕课的制作过程，创建了一个系统化的学习过程。当前许多网络课程停留在简单模拟操作层面上，学习与实际问题的解决应用脱节，没有为知识技能的呈现创设真实情境，人机交互比较机械。因此，学习活动的设计应灵活、生动，形式多样化，并与工作或生活实际问题相结合，构建有意义的活动情境，激发学习者的内在动机，引导学习者灵活运用，实现知识技能的迁移。不但需要精心设计课程学习内容，而且需要通过以下方法预设有效的学习活动：

①提供典型的工作或生活案例，联系学习者的工作实践。情境化学习是指在知识、技能的应用情境中进行学习，使学习者的身份和角色、完整的生活经验以及认知性任务达到真实融合的状态，使课程设计更加符合学习者的学习特点，以便于社会教育、全民教育的开展。优秀的案例不仅能激发学习者的兴趣、促进个体思维的提升，还能促使学习者反思自己的工作和生活，吸取有效经验。

②创设工作或生活情境，激发学习者的学习动机。莱夫和温格（1990）提出的情境学习理论认为，学习不能简单地视为把抽象的、去情境化的知识从一个人传递给另一个人。知识是基于社会情境中的一种活动，而不是一个具体的对象；知识是个体在与环境交互过程中建构的一种状态，而不仅是事实；知识是一种人类协调一系列行为去适应动态变化发展的环境的能力。而问题情境化是指教师有目的、有意识地创设各种环境下的问题，以促使学习者去质疑问难，探索求解。问题的情境化也可以调动学习者的学习积极性，激发课堂的活力。通过呈现问题的模式和场景，将问题融入有意义的情境，可以促进学习者对于知识的理解和掌握，同时也提高学习者的高阶思维能力。

（2）引入游戏化学习理念和技术，创建游戏化的在线学习环境

游戏化学习是游戏与教育的结合，是教育新的改变。孔子有云："知之者不如好之者，好之者不如乐之者。"可见，"乐学"是最高境界。为构建学习型社会，社会教育作为其中的重要组成部分也需要寓教于乐，只有这样才能引导学习者达到"乐学"的境界，能更好地体现社会教育的多样性、广泛性、丰富性等特征。

①创设拟真情境和游戏化学习环境，激发学习兴趣与动力。在游戏化的学习环境下，挑战与竞争是激发学习者学习兴趣的关键要素（尚俊杰，2019）。社会教育的对象是社会大众，他们与全日制学生有很大的区别，要在百忙之中抽出时间来学习，并且占用休闲娱乐时间，这会使他们产生抵触情绪，继续学习需要很大的动力。要缓解这种抵触情绪，需要考虑如何将学习与娱乐有机地结合起来。可以在慕课中设计游戏，创设拟真情境，在游戏中增加挑战与竞争，使优秀的学习者获得相应的奖励。这种方式结合了游戏与学习，把课程内容融入游戏，不但可以激发学习者的学习兴趣，而且可以引导学习者实现休闲娱乐和学习两不误。

②增强课程在线互动。慕课作为一类网络在线课程，缺乏互动模块，或者互动功能较为生硬，无法与传统面授课程相比。课程设计者可以借鉴游戏的设置，在慕课中设计游戏社区，将课程练习融入任务活动，通过网络游戏中的个人角色扮演及组群活动实现互动，设计角色闯关游戏，让学习者在闯关获取奖励的过程中学习。

（3）以形成性评价为主、多元化评价相结合。

针对目前慕课评价反馈存在的不足，可将诊断性评价、形成性评价和总结性评价紧密联系在一起，提高慕课评价的效度和信度。

①通过诊断性评价智能匹配教学方式。慕课平台对所有学习者都提供相同的学习资源，课程设计者可在学习者学习的初期阶段对其知识水平、学习能力等进行综合性评价，诊断出场独立型、场依存型和默认型学习者，据此智能匹配对应的教学方式、学习路径，以帮助学习者更好地开展后期的学习活动。

②通过形成性评价进行持续跟进指导。李青（2014）提出了适用于非正式学习环境下慕课的认证方式，即将电子徽章应用到慕课评估和认证中。在学习过程中设计基于情境的测试，通过游戏等形式评估学习者的阶段学习情况，并利用积分和电子徽章等形式鼓励学习者不断取得进步。

③通过终结性评价为学习者提供学习凭证。

目前慕课主要以考试的成绩作为终结性评价的评判标准，通过终结性评价结合形成性评价判断是否为学习者颁发相应的学习证书。未来也可将游戏、情境化问题等融入终结性评价，改变单一的考核形式。

（4）注重劣构化知识的学习，符合社会教育解决实际问题的需求

当今时代正在从工业时代迈入信息技术时代，知识的创造和产生呈现出信息化时代特有的网络化形态，相比以结构化知识传授为主的教学模式，慕课模式更强调对学生高阶思维能力的培养，更符合信息时代学习的要求，是教学模式的一种创新探索。可在慕课中整合 Web 2.0 社会性软件，不再以结构化知识为主，不再采用传统的问答模式，而是更多地设计开放性问题，致力于引导学习者自主思考。发挥学习者的想象力，使其在一个有意义的情境中解决问题。这种教学方式要求教师设计符合学习者的学习主题，通过引导学习者相互间的探索来形成学习内容，同时随课程进展而不断动态调整课程内容。教师与学习者形成知识创建和共享的“同盟”，知识的存在形态由此“网状化”。慕课中要求学习者有广度与深度地参与，在学习过程中实现师生交互、生生交互、人机交互，这种教学支持深度学习的发生以及复杂性知识的生成。

（5）构建学习共同体，促进基于网络互联的学习型组织的建立

信息化时代的学习要面对的另一大挑战就是如何处理大量的信息。面对当今分布式、碎片化的海量信息，要在它们中建立联系，使之生成个人的知识，这个过程绝不是简单的个人学习所能够完成的。特别是教育日趋大众化，任何人都无法独立于群体或组织之外开展线上学习活动。因此，网络环境下群体间的协作学习就显得越发重要。通过课程建立学习型组织，在课程结束后，组织内的学习者依然围绕共同感兴趣的主题进行深度互动，彼此间不断交换信息，通过协作学习来共同创建知识，进而从学习共同体发展为实践共同体（community of practice）。在慕课中融入游戏化探究学习模式（game-based inquiry learning），强调合作对学习的关键作用，学习者在游戏中遇到具体问题与同伴共同探究解决方案，加强协作。在社会教育中，协作与集体主义往往对团队至关重要。团队内部交流讨论、互相建议、互相评价，可弥补各自的不足，保证学习环节能够维持推进，避免独自学习遇到阻碍而停滞。这不仅可以增强学习者之间的团结协作意识，使得学习者在工作中更好地与同伴互相帮助，而且可以促进学习者在网络中扩大社交范围。

教育的目的并不是要给学习者灌输知识和技能，而是要帮助学习者形成解决问题的智慧。面向社会教育的慕课不仅会吸引 Coursea、Edx、Udacity 这些巨头，也会为企业、社会团体甚至个人提供更好的利益回报。面向社会教育慕课的设计、开发、应用和推广蕴含着巨大的产业和收益。希望企业、学校、机构、社会团体、个人都参与到这条产业链中，关注社会大众的“长尾”需求，推进慕课课程品质和配套服务的不断提升完善，发挥“长尾”效益，为社会大众提供更多更好的优质教育资源。

## 四、医疗产业的数字化转型

医疗产业的数字化转型是一个复杂而多维的过程，涵盖了技术、管理、政策和文化等多个方面。下面从医疗产业概况、数字技术重塑医疗服务模式、多元应用打造医疗新生态三个方面进行阐述。

### （一）医疗产业概况

**1. 发展概况**

（1）技术进步：医疗数字化的起点可以追溯到早期的电子健康记录（EHR）和医疗影像技术，如 X 射线和 CT。

（2）政策推动：政府和监管机构通过制定标准和政策，如 HIPAA（健康保险便携性和责任法案）等，推动了医疗数据的电子化和安全性。

（3）患者需求：随着患者对健康信息获取和参与度的提高，数字化工具和平台应运而生，以满足患者对个性化医疗服务的需求。

**2. 现状**

（1）电子健康记录：大多数医疗机构已采用 EHR 系统，实现了病历的数字化存储和管理。



（2）远程医疗：通过视频会议和远程监测设备，患者可以在家中接受医疗服务。

（3）人工智能：AI 在医疗影像分析、疾病预测和个性化治疗计划中的应用日益增多。

（4）大数据：医疗大数据的分析可帮助医疗机构优化资源分配，提高服务质量和效率。

（5）移动健康（mHealth）：智能手机应用程序和可穿戴设备使患者能够更好地管理自己的健康。

**3. 未来发展方向**

（1）智能化医疗设备：随着物联网（IoT）技术的发展，医疗设备将更加智能化，能够实时监测和分析患者数据。

（2）精准医疗：基于基因组学和生物标志物的分析，可为患者提供个性化的治疗方案。

（3）区块链技术：利用区块链确保医疗数据的安全、透明和不可篡改。

（4）虚拟现实（VR）和增强现实（AR）：在手术模拟、患者教育和治疗过程中提供沉浸式体验。

（5）跨领域融合：医疗数字化将与其他行业如金融科技、教育科技等更紧密地融合，形成新的服务模式和商业模式。

4. 挑战与机遇

（1）数据隐私和安全：随着医疗数据量的增加，如何保护患者隐私和数据安全成为一个重要议题。

（2）技术接受度：医疗专业人员和患者对新技术的接受度和适应能力影响着数字化转型的进程。

（3）政策和法规：不断变化的政策和法规要求医疗行业不断调整以符合新的标准。

（4）技术整合：不同系统和技术之间的整合是实现无缝医疗服务的关键。

综上所述，医疗产业的数字化转型是一个持续的过程，它不仅改变了医疗服务的提供方式，也重塑了患者、医疗专业人员和医疗机构之间的互动。随着技术的不断进步和政策的逐步完善，未来的医疗产业将更加智能化、个性化和高效化。

### （二）数字技术重塑医疗服务模式

数字医疗是以互联网为载体，云计算、大数据、物联网、人工智能、区块链、5G 等数字技术手段赋能传统医疗形成的一种新型医疗模式。作为数字医疗的技术支撑，各类数字技术并非相互孤立，而是彼此融合形成数字技术群，共同推动数字医疗发展。

物联网技术主要用于医疗数据的采集，如医疗行为数据、人员数据、设备数据等。5G 被应用于解决数据传输问题，利用其高速率、低时延和大连接的技术优势，能够在短时间内完成海量医疗数据的传输。大数据技术可以解决数据结构化问题，运用大数据技术能够对海量的非结构化数据（诊疗数据、健康数据、研发数据、运营数据等）进行结构化处理。云计算可以解决数据运算分析问题。将数据上传到云计算平台（如公有云、私有云、混合云）上，对各类数据进行集中处理和运算，可生成数据分析结果，为最终输出应用奠定基础。人工智能可以解决数据应用问题，人工智能（机器学习、语言识别、图像识别、自然语言处理、知识图谱等）基于大量数据训练构建智能模型，可辅助医疗决策。区块链技术则可以解决数据安全问题，以密码学的方式保证医疗数据不可篡改、不可伪造。各类技术相互融合，贯穿医疗数据的“采集—传输—结构化—运算—应用”全流程，全面支撑数字医疗的应用（如图 8-2 所示）。

正是基于各类数字技术的融合，传统医疗才能实现颠覆式创新，医疗服务、药械服务、医保服务、医院管理、医疗监管、区域医疗服务等领域都出现了全新模式，而政府也下令对此予以大力支持。

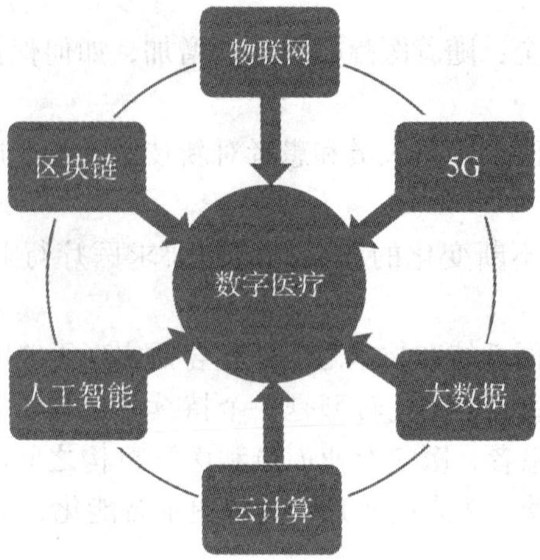


图 8-2 数字医疗技术支撑体系

1. 医疗服务数字化

远程医疗是医疗服务数字化的典型代表。基于互联网的在线医疗服务集成平台，可以为患者提供在线挂号，运用大数据和人工智能进行医患智能匹配，在最短时间内找到最合适的医生为患者提供诊疗服务。依靠5G，三级医院专家可以实现高清会诊，实时调用患者病历、影像等资料。人工智能还可以辅助医生进行在线诊断并开具处方，处方流转平台将处方分配到药械平台，实现药械配送到家。另外，基于物联网技术的可穿戴设备可以全天候不间断地监测人体生命体征，将数据同步至医疗云平台；医生通过终端可以实时查看患者康复状况，一旦出现异常情况，可以及时处理。因此，数字化医疗服务可以实现挂号、诊断、开方、配送药物、康复护理的线上医疗服务闭环。例如，微医旗下27家互联网医院已经集结了超过27万名医生，拥有了2.2亿个注册用户，接入了超过95%的三甲医院。平台提供挂号预约、在线问诊、在线开方、处方配药、慢病管理、健康管理等服务。截至2020年12月31日，累计为用户提供了4 000多万次数字诊疗服务。

2. 药械服务数字化

医药数字化营销是药械服务数字化的典型代表，主要指药企采用数字系统开展医生虚拟拜访、线上学术会议、最新学术进展分析等，对旗下的处方药产品进行在线营销。医药数字化营销服务模式中的PaaS和SaaS就是云计算的产品形式。医药数字化营销通过在云平台上运算分析医生的行为数据，有针对性地组织线上学术会议和个性化的虚拟拜访。基于人工智能的患者依从性管理系统，可以协助医生管理患者，提高患者服药依从性。例如，医脉通的医药数字化营销服务可以通过e信使和e脉播提供精准的数字推送，以文本和多媒体形式向医生提供定制内容，通过视频形式为医生提供医学支持、为科室提供在线会议服务。2020年，医脉通已为81家医疗企业提供了数字化营销服务，其中包括18家跨国药企。

**3. 医保服务数字化**

疾病诊断相关分组（diagnosis related groups，DRGs）作为医保控费的主要手段，是医保服务数字化的典型代表。实现 DRGs 的核心是对疾病组类别的确定，需要将临床经验与统计验证相结合，并且需要大量的数据与计算支持，而大数据技术和云计算技术可以发挥积极的作用。在技术层面最为核心的是基于分组规则编写的 DRGs 分组器，它可以实现外科、内科、操作部分的 DRGs，结合最终影响临床过程的其他因素，得到成百上千的 DRGs 组。该系统的实现要求对医保端与医院端进行部署并对接，并在此基础上建立用于分析数据的平台系统。基于 DRGs 系统，可以规范各类疾病治疗的临床路径，控制相应的医疗费用，节约医保支出。

**4. 医院管理数字化**

医院管理智能化是医院管理数字化的典型代表。医院基于物联网设备可采集医院人流、资金流、物资流的数据和病人就诊的数据，并对这些数据进行结构化处理和运算分析，管理者基于分析后的数据进行决策，可以提高医院管理效率。另外，医院通过建设中心数据集成平台，打通 HIS（医院管理信息系统）、CIS（临床信息系统）及其他辅助系统，可动态监测医院的运营状态。卫宁健康打造的医院智慧医疗数据湖解决方案，可提供供应链、耗材、医疗废弃物、数据资产、绩效、设备物资、医务、护理、信息安全等多个方面的智慧管理，为 6 000 多家医疗卫生机构服务，提高了医疗机构的管理效率。



**5. 医疗监管数字化**

医疗监管智能系统是医疗监管数字化的典型代表。医疗监管智能系统包括医疗服务监管智能系统、药品监管智能系统、公共卫生监管智能系统等。例如，医疗监管智能系统采集门诊、住院、检验、检查、诊断、手术、收费等数据，经过云计算分析可得出医疗效率、医疗质量、医疗运行和医疗安全等指标。监管机构可以据此判断医疗机构的运营绩效。创业慧康基于政府对医疗机构的调控和监管需求，推出了卫生管理决策支持系统，该系统可以从医疗服务、公共卫生、药品使用、医疗保障、卫生资源和计划生育六个方面对医疗机构的运营状况进行实时监管。政府能够依托该监管系统，对医疗机构的业务运行情况进行客观评价，建立科学的公立医疗投入及拨付机制。

**6. 区域医疗服务资源数字化**

医联体是区域医疗服务资源数字化的典型代表。近年来全国各地已构建起不同类型的医联体，包括城市医疗集团、县域医疗共同体、专科医联体和远程医疗协作网，以实现医生、医疗设备、医疗服务等资源的共享。例如，借助远程医疗协作网，公立医院可面向基层、边远和欠发达地区提供远程医疗、远程教学、远程培训等服务，促进资源的纵向流动，提高优质医疗资源的可及性和医疗服务的整体效率。

**7. 以政策、法规促进我国数字医疗发展**

我国数字医疗的快速发展离不开政府的高度重视和大力支持，从相关政策的类型看，既有技术层政策，也有应用层政策。技术层政策涵盖了云计算、大数据、物联网、人工智能、区块链和5G等各类数字技术，为数字技术在医疗健康领域发挥作用提供了明确的指导意见。《物联网的"十三五"规划（2016—2020年）》提出物联网技术要在药品流通和使用、病患看护、电子病历管理、远程医疗、临床数据等方面加强应用。《工业和信息化部关于推动5G加快发展的通知》提出医疗卫生机构要加快5G网络建设，利用5G网络优势为远程医疗保驾护航。而应用层的政策涵盖了医疗数字化、药械数字化、医保数字化、医院管理数字化、区域医疗数字化等场景，为各类场景的数字化创新提出了发展方向和建设要求。国家卫生健康委员会、国家中医药管理局发布的《关于印发互联网诊疗管理办法（试行）等三个文件的通知》提出各级医疗机构要加快远程医疗服务体系建设。《国务院办公厅关于推进医疗联合体建设和发展的指导意见》提出要加快多形式医联体建设，促进医疗资源共享。我国数字医疗政策和法规见表8-1。

**表8-1 我国数字医疗政策和法规**

| 类别 | 时间 | 政策和法规 | 主要内容 |
| --- | --- | --- | --- |
| 技术层（云计算） | 2015年1月 | 《国务院关于促进云计算创新发展培育信息产业新业态的意见》 | 重点在公共安全、疾病防治、灾害预防、就业和社会保障、交通物流、教育科研、电子商务等领域开展基于云计算的大数据应用示范 |
|  | 2017年4月 | 工业和信息化部关于印发《云计算发展三年行动计划（2017—2019年）》的通知 | 加速向云计算转型，丰富完善办公管理、生产管理、财务管理、营销管理、人力资源管理等企业级SaaS服务 |
| 技术层（大数据） | 2016年6月 | 《国务院办公厅关于促进和规范健康医疗大数据应用发展的指导意见》 | 健康医疗大数据是国家重要的基础性战略资源，规范和推动健康医疗大数据融合共享、开放应用，将健康医疗大数据的应用发展纳入国家大数据战略布局 |
|  | 2018年9月 | 《关于印发国家健康医疗大数据标准、安全和服务管理办法（试行）的通知》 | 制定了医疗大数据的标准管理、安全管理、服务管理等三个方面的具体管理办法 |
| 技术层（物联网） | 2017年1月 | 《物联网的"十三五"规划（2016—2020年）》 | 推动物联网技术在药品流通和使用、病患看护电子病历管理等领域的应用，积极推动远程医疗、临床数据应用示范等医疗应用 |
|  | 2017年6月 | 《工业和信息化部办公厅关于全面推进移动物联网（NB-IoT）建设发展的通知》 | 推动NB-IoT在个人生活领域的应用，加快NB-IoT技术在智能家居、可穿戴设备、儿童及老人照看、宠物追踪及消费电子等产品中的应用 |
|  | 2020年5月 | 《工业和信息化部办公厅关于深入推进移动物联网全面发展的通知》 | 推进移动物联网应用发展，深化移动物联网在工业制造、仓储物流、智慧农业、智慧医疗等领域的应用，推动设备联网数据采集，提升生产效率 |

表8-1(续)

| 类别 | 时间 | 政策和法规 | 主要内容 |
| --- | --- | --- | --- |
| 技术层（人工智能） | 2017 年 12 月 | 工业和信息化部关于印发《促进新一代人工智能产业发展三年行动计划（2018—2020 年）》的通知 | 重点培育医疗康复机器人、医疗影像辅助诊断系统等人工智能医疗产品 |
| | 2017 年 12 月 | 《人工智能辅助治疗技术临床应用质量控制指标（2017 年版）》 | 从平均手术时间、重大并发症发生率、手术中转率、术中及术后死亡率等方面明确了人工智能辅助治疗技术和临床应用质量控制指标 |
| | 2021 年 7 月 | 《国家药监局关于发布人工智能医用软件产品分类界定指导原则的通告》 | 对人工智能医用软件产品的管理属性和管理类别进行了界定 |
| 技术层（5G） | 2020 年 3 月 | 《工业和信息化部关于推动 5G 加快发展的通知》 | 推动“5G+医疗健康”创新发展。开展 5G 智慧医疗系统建设，搭建 5G 智慧医疗示范网和医疗平台，加快 5G 在疫情预警、院前急救、远程诊疗、智能影像辅助诊断等方面的应用推广 |
| | 2020 年 11 月 | 《工业和信息化部办公厅、国家卫生健康委办公厅关于进一步加强远程医疗网络能力建设的通知》 | 面向有条件的地区和应用需求明确的医疗卫生机构应用 5G 切片、边缘计算等先进技术，为远程医疗提供更优的网络能力 |
| 应用层 | 2017 年 4 月 | 《国务院办公厅关于推进医疗联合体建设和发展的指导意见》 | 加快城市医疗集团、县域医疗共同体、跨区域专科联盟、远程医疗协作网等多种形式的医联体组织模式 |
| | 2018 年 4 月 | 《国务院办公厅关于促进“互联网+医疗健康”发展的意见》 | 要求到 2020 年二级以上医院普遍提供线上服务，三级医院实现院内信息互通共享 |
| | 2018 年 4 月 | 《全国医院信息化建设标准与规范（试行）》 | 针对二级、三乙和三甲医院，从软硬件建设、安全保障、新技术应用等方面对信息化建设的主要内容进行规范 |
| | 2018 年 7 月 | 《卫生健康委中医药局关于印发互联网诊疗管理办法（试行）等三个文件的通知》 | 印发《互联网医院管理办法（试行）》《互联网诊疗管理办法（试行）》《远程医疗服务管理规范（试行）》三个文件，明确互联网诊疗、远程医疗的内涵和管理，明确互联网医院的设立、管理、基本标准等 |

表8-1(续)

| 类别 | 时间 | 政策和法规 | 主要内容 |
| --- | --- | --- | --- |
| 应用层 | 2018 年 12 月 | 《关于印发电子病历系统应用水平分级评价管理办法（试行）及评价标准（试行）的通知》 | 二级以上医院要按时参加电子病历系统功能应用水平分级评价，除此前对三级医院的要求外，2020 年二级医院也须达到分级评价 3 级以上 |
| | 2019 年 8 月 | 《中华人民共和国药品管理法》 | 规定疫苗、血液制品、麻醉药品、精神药品、医疗用毒性药品等国家实行特殊管理的药品不得在网络上销售，而其他处方药未做限定 |
| | 2019 年 9 月 | 《国家医疗保障局关于完善“互联网+”医疗服务价格和医保支付政策的指导意见》 | 完善“互联网+”医疗服务的价格和支付政策，就基本原则、主要思路、支付项目管理、价格形成机制、医保支付范围等做出顶层规定 |
| | 2019 年 10 月 | 《关于印发疾病诊断相关分组（DRG）付费国家试点技术规范和分组方案的通知》 | 整合 BJ-DRG、CR-DRG、CN-DRG、C-DRG 四个主流权威版本分组方案，形成国家医疗保障疾病诊断相关分组（CHS-DRG）方案与付费技术规范，以此作为试点城市统一的操作指南 |
| | 2020 年 5 月 | 《国家卫生健康委办公厅关于进一步推动互联网医疗服务发展和规范管理的通知》 | 进一步推动互联网技术与医疗服务融合发展，发挥互联网医疗服务的积极作用。各地要坚守医疗质量和患者安全底线 |
| | 2021 年 2 月 | 《国家卫生健康委医院管理研究所关于印发电子病历系统应用水平分级评价工作规程和专家管理办法的通知》 | 进一步规范我国电子病历系统应用水平分级评价工作，加快推进各级医疗机构以电子病历为核心的信息化建设 |

### （三）多元应用打造医疗新生态

数字新基建的加速推进和政策制度的配套支持，为智慧医疗的发展奠定了坚实的基础。智慧医疗的价值也需要通过具体的医疗场景来体现。此处选取互联网医疗、药物研发、影像诊断、医疗服务等智慧医疗领域的头部企业，多维度剖析这些企业的技术、产品和服务，进一步阐释智慧医疗的价值。

#### 1. 微医：开创融合式数字医疗服务先河

微医是中国领先的数字医疗服务平台，2010 年创立于杭州。2015 年，微医创建了中国首家互联网医院——乌镇互联网医院，开了在线预约、远程诊疗、在线处方、药品配送、在线支付等一系列融合式创新医疗服务的先河。

（1）“四朵云”重塑健康责任机制

2020 年，天津微医总医院（天津微医互联网医院）牵头，联合天津市 267 家基层医疗卫生机构共同组建天津市基层数字健共体，打造“云管理”“云服务”“云药房”“云检查”四朵云，为居民提供诊前、诊中、诊后全流程医疗和健康维护服务。

“云管理”平台促进基层数字健共体内各类医疗服务纵向贯通融合；“云服务”平台为居民提供多形式、多层次、多样化的中西医结合医疗健康管理服务；“云药房”平台提升基层药品供应保障能力；“云检查”平台推动建立“基层检查、上级诊断”的服务模式，实现检查检验结果互传互认和优质医疗资源共享。

健共体以慢病管理为切入点，探索医保“整体打包付费”“按人头打包付费”等支付方式，实现了医保支付方以确定的成本为健康结果买单，推动医疗服务体系从“价差模式”向“效差模式”转变，构建起全新的健康责任机制。

（2）数字健康画像智联“三医”

2020 年 4 月，山东省互联网医保大健康服务平台正式运行。作为平台主要发起方和运营方，平台上线当天，微医在济南开出了国内首张互联网医院医保电子结算单，打通了“三医联动”全流程。

以医保支付为驱动，平台构建起了“互联网+医保+医疗+医药”综合医疗保障服务体系，并率先在济南进行医保电子支付、医保智能监管、医保便民惠民等尝试和探索。

基于一系列探索，平台逐步形成医保统筹区的参保人全生命周期数字健康画像，一方面，帮助医生更好地开展诊疗活动，制定更具针对性的健康干预策略；另一方面，帮助患者全面了解自身健康状况，开展有效的自我健康管理；同时，数字健康画像还有效地解决了商业健康险面临的投保人健康数据缺失、投保后健康管理不足等问题，提升了商保渗透率，形成了医保商保一体化的医疗保障格局。



（3）流动医院赋能基层医疗

2017 年，微医依托互联网医院平台和资源，助力河南郏县构建县、乡、村三级医疗机构智能分级诊疗体系。微医自主研发的“流动医院”，以“车、包、站”（云巡诊车、云巡诊包、医卫工作站）的组合形式，赋能基层医疗机构，为基层群众提供家医签约和医疗健康服务。

一辆云巡诊车可协助完成七大类 53 小项检查检验项目，提供百种疾病的标准化诊疗方案，相当于将一家二级医院搬到了老百姓家门口，使“村头接诊，云端看病”成为现实。截至 2020 年年底，微医流动医院服务已覆盖 12 个省份 69 个县的 2 800万人口，为更多偏远地区打通医疗服务“最后一公里”。

**2. 泰格医药：临床试验数字化助力药物研发标准化、精准化和高效化**

泰格医药是行业领先的一体化生物医药研发服务平台，为全球制药和医疗器械行业提供跨越全周期的临床研究创新解决方案。自成立以来，公司已与超过 1 200 家中国临床试验机构合作，建立了广泛的临床试验机构网络和临床合作研究机构专业团队，也是中国临床合作研究机构中进行全球扩张的先行者。截至 2021 年 8 月，泰格医药在全球布局 170 多个办事处和研发基地，拥有一支超过 8 000 人的专业团队，覆盖五大洲的 46 个国家。

在数字化技术赋能的背景下，数字化的临床研究管理平台连接发起者、临床研究机构、医生和受试者，在保证非公开信息安全的前提下，实现信息的互联互通；远程随访搭建起医患沟通的新桥梁，可有效提高患者参与临床研究过程中的依从性；智能化的数据分析方式大幅降低了大规模患者数据的处理难度，使从真实世界数据中挖掘新的临床证据不再遥不可及。全面的数字化转型将助力药物研发的标准化、精准化和高效化，助力中国医药产业迈上新的台阶。

泰格医药是中国临床合作研究机构中最早提供临床试验相关服务（如药物警戒、医学影像及电子数据采集系统）的机构之一。泰格医药组建了跨部门的 RBQM（基于风险的质量管理）研发项目团队，该团队作为公司数字化战略中的重大创新专项，自主开发了适用于中国和国际多区域临床试验的 RBQM 解决方案和配套系统。该系统目前主要包含关键风险因子监控平台、医学审核平台、受试者资料可视化平台三大模块，丰富且专业的数据分析和数据可视化模块能够让项目经理、临床监察员快速有效地识别数据风险与问题。同时，系统还可以根据项目需求，个性化制定适配的关键风险因子与医学审核分析，具有与国际接轨的风险指标，可进行实时分析，可对接不同的 EDC/CTMS（临床试验电子数据采集系统/临床试验电子化管理系统），实现数据可视化，可定制与医学监察、统计分析相关的报表等。

**3. 丁香园：服务医众两端的数字医疗健康科技平台**

丁香园是中国领先的数字医疗健康科技企业，通过专业权威的分享互动、丰富全面的医疗数据积累、高质量的数字医疗服务，连接医生、科研人士、患者、医院、生物医药企业和保险企业。



（1）数字技术搭建线上专业平台，助力中国医生成长

由于医疗服务不是实体商品，资源短缺的情况并不能在短期内得到解决，而只能依赖于供给效率的提升。从 2000 年创立之初，丁香园的定位便是助力中国医生成长。从医生的专业需求出发，丁香园不断满足医生学术交流、继续教育、用药指导、职业发展等多种专业需求，并衍生出用药助手、丁香人才、丁香公开课等越来越丰富的内容。

同时，由于丁香园也要服务患者，医生在丁香园不仅可以通过在线接诊获得回报，还可以通过更多方式获得“阳光收入”。例如，医生可参与科普内容的产出或审核、课程设计研发、健康消费品的研发等获得收入。

（2）聚焦大众患者需求，解决院外健康困扰

聚焦院外，面向大众，做健康生活方式的向导。丁香园不仅通过互联网医院提供在线问诊服务，还针对大众生活中的高频健康问题提供解决方案。2014 年以来，丁香园开始提供专业可靠的健康科普、轻量问诊、线下健康管理等服务，患者求医问药的真实需求开始在平台上得以满足。

患者端的系列组合拳产品成功地让丁香园的专业影响力“出圈”，惠及众多患者，为患者解决院外健康困扰提供了不错的数字化解决方案。

（3）联动医药各方，构建医药数字化新生态

丁香园强化与企业的协同，和医生一起发挥专业优势，共同为大众和患者提供专业可信的解决方案。以与药企的合作为例，丁香园协同药企的专业力量，共同服

务于医生、大众及患者。在健康消费品领域，丁香园已与企业探索出高度协同模式，邀请医生参与企业的产品设计研发。

丁香园的数字化实践准确地把握了我国医疗产业数字化转型的时代契机，通过连接医疗各方，为构建数字化医药新生态不断助力。公司成立 21 年来，服务上亿大众用户，并拥有 550 万专业用户，其中包含 210 万医生用户，占国内医生总数的 71%。

**4. 联影医疗：打造世界智能影像设备**

联影医疗成立于 2011 年 3 月，在国家相关政策的大力支持和推动下，以创新突围，致力于为全球用户提供覆盖预防、诊断、治疗、康复全流程的创新解决方案，打造全智能医疗健康生态。

（1）打造世界级转化医学创新平台，提供从科研到临床的一体化解决方案

为推动科研创新，联影医疗打造了世界级转化医学创新平台，推出无缝联动基础研究、临床科研、前瞻科研、产业转化的全套科研大设施。例如，针对临床前生命科学研究，推出中国首台 9. 4T 超高场磁共振，为小型动物模型的神经科学、病理学、药理学研究提供了有力的技术支撑。

2020 年，联影医疗、张江实验室脑与智能科技研究院牵头，联合上海交通大学、复旦大学附属华山医院、复旦大学附属中山医院、浙江大学医学院附属第二医院，共同打造“中国人脑图谱研究科创平台”，这是国产科研型影像设备及技术首次应用于脑科学前沿重大科研领域。

（2）打破技术封锁，产品性能比肩国际

如今，联影医疗已实现全线高性能医学影像、放疗产品核心部件及整机的自主研发与制造，向市场推出 100 多款掌握完全自主知识产权的产品，包括 Total-body PET-CT、“时空一体” 超清 TOF PET/MR、3. 0T 探索磁共振、320 排 640 层超高端 CT、一体化 CT-linac 等一批世界首创和中国首创产品，整体性能指标达到国际一流水平，部分产品和技术实现了世界范围内的领先。

其中，世界首台 Total-body PET-CT uEXPLORER 探索者让人类有史以来第一次用肉眼观测到药物在全身流动、扩散及代谢的全过程，为癌症精准诊疗、脑科学研究、新药开发开启无限可能，被誉为探测人体的“哈勃望远镜”。英国物理学会《物理世界》杂志将其评为“2018 年十大科学突破之一”。

联影医疗始终坚持自主创新，在核心技术领域不断突破，推出一系列超高端产品，满足临床与科研需求；同时，积极集结产学研医多方力量，营造深度协同、共生共赢的创新生态，以更大的创新能级推动中国医疗设备行业融入世界级创新产业链、价值链。

## 本章案例

### 广州天天洗衣的商业模式创新[①]

卢志基抓住机会在广州开展洗衣生意。其创办的企业“天天洗衣”通过创新商业模式（包括“中心工厂+连锁店”“智能中心工厂+连锁店+无人衣柜+上门收衣”）迅速发展，并在这些年成功转型升级为电子商务企业。然而，尽管取得了成功，国内洗衣业仍然面临着激烈的行业竞争。为了保持和进一步巩固天天洗衣的领先地位，卢志基必须及时了解市场的变化，并根据市场情况考虑下一步行动。

2018 年 11 月，卢志基刚刚结束了与高层管理团队的会议，回顾了品牌的发展过程，并讨论了未来的发展前景。

会议结束时，卢志基让他的管理团队分析了洗衣业的发展趋势以及对日常洗衣业未来发展的启示。他还要求他们在上述分析的基础上制定一份商业计划并对其进行介绍，以吸引潜在投资者。这是一项具有挑战性但又很重要的任务，它将决定未来几十年天天洗衣的经营模式和绩效。

**1. 公司发展历史**

卢志基，天天洗衣的创始人，是一位富有远见和智慧的企业家，对洗衣和洗衣业充满热情。20 世纪 90 年代初，卢志基经常往返粤港两地。在此期间，他发现一个匪夷所思的现象：在广州工作的香港商人经常大包小包，把衣服从广州提回香港清洗。有干洗需要的广州市民，一般只能去五星级酒店或者国营洗衣店洗涤，但是这些地方收费昂贵，而且往往要一周才能取回衣服。

“我当时市场触觉比较敏锐，看到内地的洗衣业存在巨大的商机，因为洗衣是千家万户的基本需求，而且会随着消费层次和品质的提升而增多。我从中发现了商机，并决心为市民提供物美价廉的服务。”1991 年，天天洗衣首先出现在广州的怡乐路商圈，一开始采用“前店后厂”的模式——前面接衣服，就在后面洗。这种模式对衣服的处理从时间上来看比较灵活，但是出品的质量却缺乏稳定性，而且规模一直做不大。

于是，卢志基出国考察，发现洗衣店其实有多种做法。靠几台洗衣机器，这已经落后于时代。国际织物潮流日新月异，只有不断试验，寻求新的技术，购入不同的洗涤剂，才能应付各种疑难杂症。他发现，采取“中央工厂+收衣店”的模式比较适合人口多、密度大的中国市场。1997 年，天天洗衣出资数千万元，打破了“前店后厂”的作坊式经营模式，在增城建起了一座两万多平方米的现代化洗涤工业厂房。这是改革开放后最早建立的也是最具规模的洗衣中央厂房。

1999 年，为了降低运营成本，天天洗衣的团队开发了自己的洗涤产品来替代进口产品，并在第二年开始销售自己的洗涤产品。2001 年，天天洗衣宣布与广州地铁建立战略合作关系，将门店扩展到地铁线路的每一站。2004 年，天天洗衣拓宽了连

① 本案例由西南财经大学国际商学院熊立老师、硕士研究生刘鹏飞、李于蓝撰写，作者拥有著作权中的署名权、修改权、改编权。由于企业保密的要求，在本案例中对有关名称、数据等做了必要的掩饰性处理。

锁店的服务范围，提供售票等便利服务。2011 年，为了满足奢侈消费带来的新的洗涤需求，天天洗衣推出了“安娜奢护”，主要为奢侈品用户提供清洁和维修服务。2017 年，天天洗衣投资 3 亿多元，建成全球首个智能洗衣厂和洗衣主题博物馆。在互惠互利的推动下，天天洗衣与著名的服装租赁平台 YCLOSET 紧密合作。目前，日化洗衣已在洗衣业中占据主导地位，并对行业标准产生了相当大的影响。

**2. 商业模式系列创新**

天天洗衣的商业模式经历了一系列持续的发展过程。早期，天天洗衣采用“前店后厂”的传统模式，为中国洗衣业所广泛接受和赞赏。然而，经过几年的经营，卢志基发现这种商业模式需要在洗衣设备上投入巨额资金，每洗一件衣服都需要大量的劳动力，造成了巨大的经济损失以及未来政府不允许的环境破坏。于是，卢志基开始考虑商业模式的转型。为了得到直接的启示，卢志基走访考察了美、日、欧等发达国家和地区的洗衣业。经过深思熟虑，他决定借鉴日本洗衣业“中心工厂+连锁店”的商业模式。在卢志基看来，由于中国人口众多、密度大，这种模式更适合中国市场。因此，1997 年，卢志基和合伙人投资数千万元兴建了一座现代化的洗衣厂，把所有的衣服都集中在那里洗。此外，连锁店不再需要配备昂贵的洗衣设备和很多员工，它只提供衣服的收集和交付服务。这种商业模式被证明是一个很好的转变，因为它大大降低了成本并提高了洗涤效率。

虽然“中心工厂+连锁店”的模式有助于天天洗衣降低运营成本，但当时的利润仍然不尽如人意，尤其是在淡季。因此，天天洗衣决定通过开发自己的洗涤产品进一步降低运营成本，而不是从国外进口昂贵的洗涤用品。最终，天天洗衣开发了 20 多种洗涤用品。从长远来看，这显著提高了洗涤质量，降低了运营成本。在产品开发成功的推动下，天天洗衣于 2000 年开始开发和提供家用清洁用品，采用“洗衣+日化用品”的新商业模式。

2001 年，天天洗衣与广州地铁结成战略合作伙伴关系，将门店扩展到地铁线路的每一站。然而，这些门店的业绩一开始并不令人满意，因为租金相当昂贵，而且需要时间培养人们在地铁消费的习惯。为了改善这种状况，2004 年，天天洗衣决定将这些门店提供的服务多样化。因此，将这些门店重新定位为便民服务中心，当地居民可以享受水电费、售票、生活必需品零售等多种服务，这种经营模式的转变提高了这些门店的盈利能力，更重要的是，增大了对消费者日常生活的影响。

近年来，由于科学技术的飞速发展，包括中国在内的人类社会进入了智能化、网络化的新时代。根据新时代的要求，天天洗衣推出了另一种以互联网平台和强大的物流系统为支撑的“智能中心厂房+连锁店+无人衣柜+上门收送衣物”的创新模式。具体来说，天天洗衣投资近 3.5 亿元，建成了一座标准化、自动化、世界一流的智能化中心工厂。该厂进一步提高了洗涤效率和洗涤特性。同时，在连锁店和无人值守衣柜的帮助下，在住宅区广泛分布，消费者可以在家附近享受方便的洗涤服务。此外，由于与顺丰快递（一家以快速送货和高信誉著称的快递公司）合作，天天洗衣可以提供快速上门收送衣服的服务。此外，借助各种互联网平台，消费者可以随时下单、付款、求助、查看洗涤情况和位置。这一商业模式创新在洗衣行业处于领先地位，巩固了天天洗衣在日化洗衣业的领先地位。

天天洗衣通过一系列的创新，成为电子商务的典型范例，成功地改造和提升了传统洗衣业。

**3. 国内洗衣市场**

（1）产业供给

发达国家和地区的洗衣业已有几十年的历史。如今，洗衣市场的规模相当大。以日本为例，官方数据显示，2010年日本洗衣市场规模已超过1 200亿元。中国洗衣业虽然落后，但发展速度惊人。到2016年，中国洗衣市场规模已达到1 000亿元，比2015年增长4.9%。考虑到中国人口是日本的十几倍，未来市场规模有望达到万亿元，这显示出中国洗衣市场的巨大潜力。

目前，我国的洗衣服务大致可分为两类：日用服装洗衣服务和公共纺织品洗衣服务。根据商务部数据，截至2016年年底，前者收入占比52%，后者收入占比48%。日常衣物的洗衣服务由各种商业实体提供，这些实体包括连锁店、自营店、中央洗衣厂、专业服装护理店和自助洗衣店。其中，连锁店和中央洗衣厂占据主导地位，其收入占总收入的60%。至于公共纺织品的洗衣服务，由于数量巨大，主要由中央洗衣厂提供。

如今，中国洗衣业的现代化进程正在加快。商务部最新数据显示，我国绝大多数洗衣店已开始用计算机管理技术代替传统的簿记管理。此外，随着互联网浪潮的汹涌，越来越多的中国洗衣店将互联网技术应用于传统洗衣业，形成了O2O互联网洗衣模式。目前，中国55个有影响力的洗衣品牌已经开始采用这种模式，O2O模式下的洗衣服务年营业额已经达到20亿元。

（2）国内需求

对洗衣服务的需求取决于许多因素，这些因素因省份、价格水平、洗衣习惯、洗衣服务质量而异。此外，该地区的气候也是一个重要因素，往往被忽视。例如，与生活在寒冷地区的人相比，生活在温暖地区的人不常去洗衣店，因为他们不必穿冬衣，而冬衣是洗衣店的主要收入来源之一。

近年来，随着人们生活水平和消费能力的提高，优质消费蓬勃发展。消费者的洗衣需求正从低价格、低质量的服务转向个性化、高品位的服务。针对这些消费趋势，一些洗衣店已经开始提供创新服务，包括自行设计的洗衣服务，如家庭式服务、婴儿式服务等。

（3）激烈的竞争

事实上，在中国开一家小洗衣店并不贵。由于门槛低，目前中国洗衣店数量庞大，竞争激烈。据专业人士介绍，中国有20余万家洗衣店，每年将新开1万家洗衣店。激烈的竞争迫使许多洗衣店尤其是小型洗衣店只能通过降价来争夺顾客，导致洗衣质量下降。据中国洗衣业的调查，目前国内洗衣店中有70%以上洗衣质量不合格。

尽管价格竞争仍然是竞争的主要方式，但由于消费升级的趋势，服务的质量和创新性也开始变得越来越重要。因此，越来越多的洗衣品牌，如日用洗衣店、FORNET和UCC，选择提供高品质和个性化的洗衣服务，以实现其竞争优势。

此外，由于对环境保护的持续关注，洗衣店的环保程度已成为选择洗衣店时不可忽略的因素。因此，除了价格之外，洗衣店还通过提高环境友好度来进行竞争。因此，可以预见，在不久的将来，中央洗衣厂将成为主流，因为它可以更容易、更有效地控制污染和噪声，远远优于许多分散的洗衣店。

**4. 下一步该往哪里去**

考虑到中国洗衣市场的巨大潜力，卢志基正在致力于全国扩张。一方面，卢志基团队正在升级他们的在线平台和物流系统，以使全国各地的消费者也能够享受到他们的洗衣服务，而不仅仅是在广州的消费者。另一方面，由于在广州的商业模式取得了巨大成功，卢志基正在考虑将自己的商业模式应用于上海、天津等其他大城市的可能性。具体而言，他计划在其他城市开设更多智能洗衣厂和连锁店，并在其他城市放置更多无人衣柜，让日常洗衣店能在城市内提供更方便、更吸引消费者的服务。

虽然扩张计划很有前途，但天天洗衣还须考虑两个关键问题：一是找到合适的扩展位置。不同省份甚至不同城市的消费者，洗衣习惯都不同。例如，与生活在发达地区的人相比，生活在欠发达地区的人很少去洗衣店，因为他们有着强烈的省钱欲望，甚至认为去洗衣店是不勤劳持家的表现；二是建立一支强大的运营团队。考虑到扩张后全国各地的大量订单以及管理和技术问题的增加，天天洗衣需要有一个专业高效的团队来保证业务的顺利运作。

**学习目标**

通过分析传统服务业企业在新时期实现转型升级的一系列商业模式创新，让学生熟悉商业模式的演进，使学生了解如何根据当前客户的情况改变商业模式，并向学生展示在规划市场扩张时需要考虑的问题。

## 案例思考题：

1. 什么是机会？环顾四周，机会从何而来？天天洗衣如何发现和开发市场机会？

2. 为什么天天洗衣不继续以“前店后厂”的模式扩张，而是建立中心洗衣厂？

3. 为什么商业模式需要创新？如何进行商业模式创新？

4. 如何发掘目标客户的潜在需求（非现实需求）？天天洗衣如何选择合作伙伴以建立战略联盟？

# 第九章
# Web3.0 的技术发展与商业模式创新

本章首先介绍 Web3.0 技术的兴起。先从比特币的原理出发来介绍区块链 1.0 的兴起，包括了哈希函数、梅克尔树根、梅克尔证明、区块头、挖矿、工作量证明、去中心化、公钥、私钥和未花费的交易输出等最关键的概念和逻辑，并介绍了比特币生态的后续发展。接着介绍了以以太坊为代币的区块链 2.0 的发展。涵盖了以太坊的外部拥有账户和合约账户、数据结构 MPT 树、智能合约、燃料费、以太坊虚拟机 EVM、ERC 标准、去中心化应用 DApp 等关键技术的原理和逻辑，同时也介绍了以太坊生态的后续发展情况。然后介绍 Web3.0 技术对商业模式的创新，包括组织形态创新——去中心化自治组织（DAO）、金融创新——去中心化金融（DeFi）、区块链供应链（blockchain supply chain）、数字空间创新——元宇宙（metaverse）以及代币经济学（tokenomics）的兴起和发展。最后介绍 Web3.0 面临的挑战及其风险，包括高度波动性、缺乏监管和法律保护、安全风险、存在隐私和合规挑战，以及能源消耗问题对环境的负面影响。



## 一、Web3.0 技术的兴起

Web3.0 的概念最早由以太坊创始人之一 Gavin Wood 于 2014 年提出。它代表了下一代互联网，具有去中心化、个体价值和数据所有权归还用户、实现数据互操作性和网络同步性等特征。而区块链（blockchain）技术无疑是 Web3.0 发展的基石。区块链技术最初起源于 2008 年中本聪（Satoshi Nakamoto）发表的名为“比特币白皮书”的文章。文章阐述了一种去中心化的数字货币系统的概念。区块链的发展经历过以比特币为代表的区块链 1.0 以及以以太坊为代表的区块链 2.0，并渐渐进入了 Web3.0 的阶段。

### （一）比特币

要了解区块链的本质和初衷，需要从比特币（bitcoin）的原理开始。因为比特币是区块链技术的第一个应用和示范，奠定了区块链技术的基础，并在后来的区块链发展中具有重要地位。比特币的设计者中本聪将比特币定位为“点对点的电子现金系统”。本教材并非以技术介绍为主的计算机书籍，因此将力图用简单明了的图对区块链中的关键概念进行介绍，更多的技术细节请参考《比特币白皮书》①。

**1. 哈希函数、梅克尔树根和梅克尔证明**

现在让我们先忽略比特币的梅克尔树（见图 9-1）中上方的区块头（block header），聚焦于下面的区块主体（block body），最底部的数据块被称为叶节点（leaf node），这里每个“TX”代表一个交易数据。

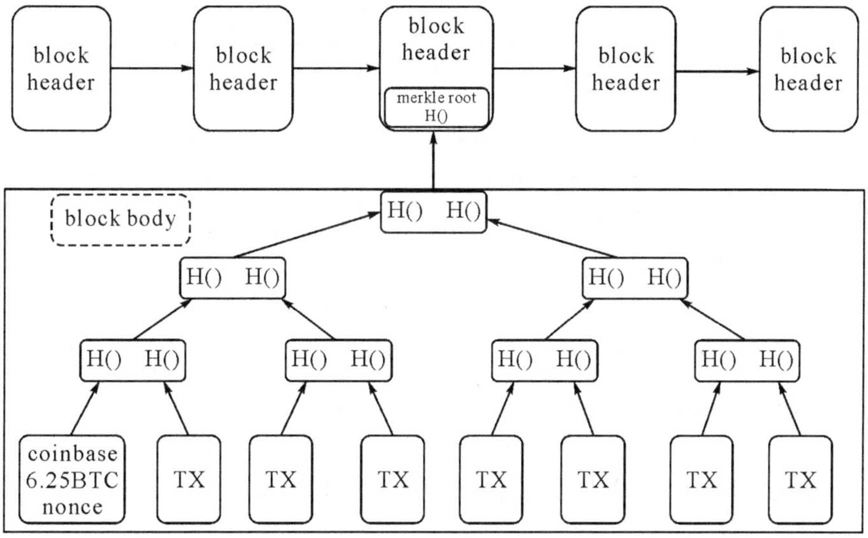


图 9-1　比特币的梅克尔树

这里我们需要引入密码学中的哈希函数（hash function）。哈希函数具有可抗碰撞性（collision resistance）、隐蔽性（hiding）和解谜友好性（puzzle-friendly），从而确保区块链上数据的完整性和不可篡改性，这对于区块链的安全和可靠性至关重要。图 9-1 中用 H（）来表示哈希值。比特币中使用的是 SHA-256（secure hash algorithm 256）哈希函数，其输出长度为 64 个数字（十六进制）。首先，对每个交易数据进行哈希运算，然后将这个哈希值与相邻的交易数据的哈希值合并在一起再次进行哈希运算，生成一个新的哈希值作为上一层节点（父节点）的哈希值。如此重复运算，一直持续到根节点，最后形成一个唯一的根哈希值，也即梅克尔树根（merkle root）。这个主体被称为梅克尔树（merkle tree），有时也被称为哈希树（hash tree），它是一种二叉树结构，常用于在加密货币和分布式系统中进行高效的数据验证和完整性检查。

**2. 区块头**

现在让我们将比特币的区块头（见图 9-2）展开，里面包含了前一个区块哈希值（previous block hash）、时间戳（timestamp）、版本（version）、难度（difficulty）、随机数（nonce）和梅克尔树根（merkle root）。其中时间戳记录了区块被创建的精确时间，确保每个区块的时间顺序，它在记录交易发生的时间、发明保护、文件验

① SATOSHI NAKAMOTO. Bitcoin: a peer-to-peer electronic cash system[EB/OL].(2008-10-31)[2023-03-02].https://bitcoin.org/bitcoin.pdf, 2008.

证等方面发挥着重要的作用。版本则用来标识该区块当前所使用的区块链协议的版本，以确保不同版本的比特币协议可以兼容，在升级的时候可以顺利过渡。难度和随机数是用来共同保障比特币挖矿的安全性和公平性。

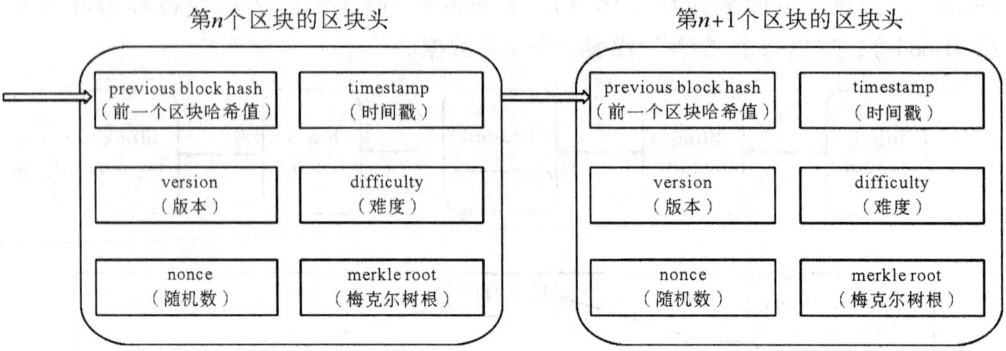


**图 9-2　比特币的区块头**

每个区块都包含前一个区块的哈希值，这样就相当于前一个区块用一个哈希指针（hash pointer）指向下一个区块，以此建立区块链中的链式结构。如果某个区块被恶意修改，它的哈希值将发生变化，必然影响到后续所有区块的哈希值，从而破坏整个区块链结构，因此这种链式结构能确保比特币网络中的每个区块都是有序的，防止区块被篡改或删除。



梅克尔树根是图 9-1 中区块主体中的交易数据进行哈希运算后得到的唯一的根哈希值，这部分被作为交易数据的指纹加入区块头。因此区块头并没有包括庞大的交易数据，大大减轻了区块头的负担，使得比特币网络中的节点可以快速验证一个区块中交易的有效性，而不需要验证每笔交易的细节，这样减少了验证的运算和存储成本，提高了比特币网络的效率。

**3. 挖矿、工作量证明与去中心化**

比特币是一个记录交易的公共账本，记账者被称为矿工（miner）。矿工需要通过“竞争”在获得记账权的同时也收获一定数量的比特币奖励。比特币采用一种名为工作量证明（proof of work，PoW）的算法就哪些区块链交易是有效的这一问题来达成共识，这种机制又称为共识机制（consensus mechanism）。为了竞争记账权成功，矿工们需要进行“挖矿”（mining），它就是将区块头的信息加上不断遍历改变的随机数进行哈希运算，直到找到小于难度目标的哈希值。这个难度目标是与前面提到的挖矿难度相关的。当网络中算力高的时候，为了确保每隔约 10 分钟就出一个区块，挖矿难度需要被调高；相反，就降低挖矿难度。这种设计通过奖励机制鼓励矿工参与维护网络，从而保证了比特币网络的安全性和去中心化的特性。

比特币的挖矿过程可以分为打包交易、构造等六个步骤（见图 9-3）。

（1）打包交易。矿工从待确认（pending）的交易池中选择手续费较高的一些交易，将它们打包进自己待竞争记账权的区块。

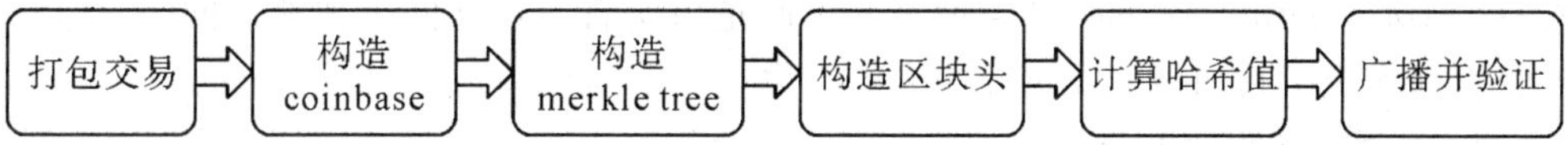


图 9-3　比特币的挖矿过程

（2）构造 coinbase[①]。矿工会在新的区块中创建一个 coinbase 交易，这是每个区块中的第一笔交易，用于产生新的比特币并支付给矿工作为挖矿奖励。[②] coinbase 交易是唯一创造新货币的方式，其他普通交易都是转移已有的比特币。coinbase 交易中包含了一定数量的比特币以及一些其他的信息，例如区块高度和矿工的地址等。

（3）构造 merkle tree。利用前面关于梅克尔树的介绍，对打包好的所有交易进行哈希运算，直到最终只剩下一个根哈希值，也就是梅克尔树根。值得注意的是，将交易顺序改变，梅克尔树根的值也会随之而变。

（4）构造区块头。区块头由前一个区块哈希值、时间戳、版本、难度、随机数和梅克尔树根组成。其中难度是一个动态的值，会根据全网矿工的计算能力进行调整，以确保每个区块的产生时间大约为 10 分钟。

（5）运算哈希值。矿工需要对构造好的区块头进行 SHA-256 哈希运算，得到一个哈希值。矿工需要不断尝试不同的随机数值，直到找到一个小于难度目标的哈希值。另外，coinbase 交易中还包含一个额外的随机数。如果矿工在遍历完区块头中的随机数后依然没有找到小于难度目标的哈希值（未挖到区块），则会使用 coinbase 中的随机数继续尝试，直到找到小于难度目标的哈希值为止。比特币的哈希运算过程见图 9-4。



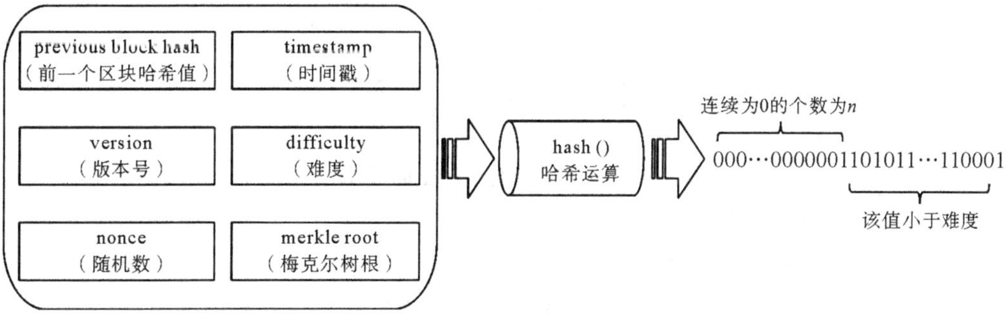


图 9-4　比特币的哈希运算过程

（6）广播并验证。一旦矿工找到一个小于目标难度的哈希值，就可以将挖到的区块广播到比特币网络中。其他矿工会验证这个区块是否合法，如果合法，就将其加入自己的区块链。一旦区块被添加到区块链中并被足够多的验证者确认，这个区块中的交易就会被确认，从而完成比特币的挖矿过程。

通过挖矿这个复杂的计算过程以及分布式账本技术，所有的交易都被记录在一个公开的、不可篡改的账本上，每个人都可以获得这个账本的一份完整拷贝，且没

---

① 美国有一家也叫“Coinbase”的加密交易所，需注意区分两者。
② 当前挖到一个区块的奖励为 6.25 枚比特币，每隔大约 21 万个区块（约 4 年）奖励会减半。

有一个中心化的机构来掌控和管理交易，而是由所有节点共同维护整个网络，这样比特币就实现了其网络的安全性和去中心化。

**4. 公钥、私钥和 UTXO**

比特币中的公钥（public key）和私钥（private key）是非常重要的概念。公钥用于接收付款，而私钥好比密码，用于控制和花费比特币。比特币的公钥是通过私钥生成的。比特币是去中心化的，如果私钥丢失了，比特币就丢失了，因此私钥的保管也成了比特币的一大难题。

比特币地址（bitcoin address）的生成过程如图 9-5 所示。地址是用于标识比特币网络中的参与者，任何人都可以通过地址向持有该地址的人发送比特币，因此比特币地址是比特币交易的重要组成部分。

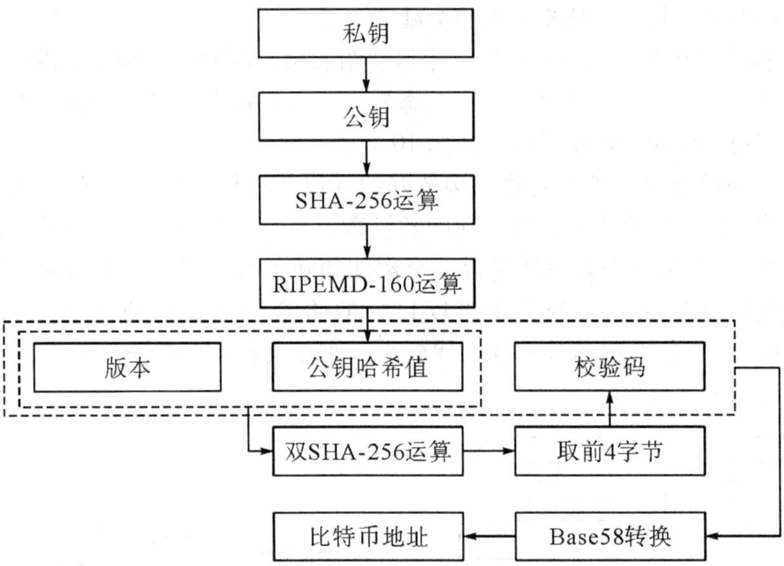


**图 9-5　比特币地址的生成过程**

资料来源：百度图片库。

与银行账户不同的是，比特币没有账户，只有分散在网络中的一笔笔未花费的交易输出（unspent transaction output，UTXO），用于表示比特币网络中尚未被花费的余额。当一个人想向另一个人发送比特币时，首先是发送方使用接收方的比特币地址对交易进行哈希加密。接下来发送方使用自己的私钥对交易进行数字签名，以此证明这笔交易是合法的。然后，接收方使用自己的私钥对数字签名进行验证。如果验证通过，就说明这笔交易是合法的。最后，交易被广播到比特币网络，经过矿工的验证和打包后，会被写入区块链，同时转移相应的比特币 UTXO，从而完成交易。

**5. 比特币网络的发展**

在发布比特币后不久，中本聪在比特币区块链上挖掘了第一个区块，这被称为创世块（genesis block）。后来，比特币又经历了一系列重要的发展事件。如 2009 年出现的比特币首个钱包客户端，也称为 bitcoin core。它允许用户接收、存储和发送比特币。2010 年 5 月，Laszlo Hanyecz 用 10 000 个比特币购买了两个比萨，标志着比特币首次被应用到实际交易中，展示了数字货币的可用性。同年，世界上首个比特币矿池 Slush Pool[①] 成立，使得个人矿工可以通过矿池共享计算资源来增加挖矿收益。2012 年，比特币第一个分叉出现了，新版本增加了新的功能，但是与比特币原有协议不兼容，最后并没有得到广泛应用。但是，分叉事件是比特币历史上的一个里程碑，它表明比特币的协议和技术可以被更新和改进。2014 年，曾是全球最大的比特币交易所 Mt. Gox 突然宣布被黑客窃取大量比特币，继而倒闭。这个事件对比特币的声誉产生了严重的打击，让人们开始反思比特币的安全性和风险。

2017 年，由于对比特币系统的扩展性和速度的看法不同，隔离见证（segregated witness，SegWit）被激活，SegWit 将比特币的交易结构分为两部分：交易数据和 witness 数据。它还引入了区块权重的概念，使见证数据的权重占交易数据权重的 25%[②]。为了回应隔离见证，人们把比特币分叉成比特币（BTC）和比特币现金（Bitcoin Cash，BCH）[③]。

2019 年，基于比特币原有协议（Layer 1），人们发展了二层拓展协议（Layer 2）的闪电网络（lightning network）。闪电网络使用了支付通道，解决了比特币交易速度慢和手续费高的问题，从而增加了比特币在商业领域的可接受度。后续又开发了 RSK（rootstock）、Stacks 和 Rollkit 等二层解决方案，RSK 专注于提供类似以太坊的智能合约功能，Stacks 专注于提供去中心化计算平台，Rollkit 专注于提供比特币开发工具套件。

2021 年，比特币进行了 taproot 升级，允许在 witness 部分进行高级脚本编写以实现更为复杂的逻辑，如多重签名、时间锁、更好的隐私保护等，并将 witness 部分扩展到 4 MB 数据量。另外，因为挖矿所采取的 PoW 机制需要消耗大量的计算资源和电力，比特币的能源消耗问题再次成为热点话题，比特币的可持续性和环保性受到质疑。比特币矿工和矿池开始关注绿色比特币（green bitcoin）的理念，并采用再生能源供电等来减少挖矿的环境影响。

2023 年 3 月，Ordinals 协议通过 BRC-20 标准[④]，将图像、视频、文本等铭文（inscriptions）记录在比特币上，并将数据绑定到单个 Satoshi[⑤] 上，发行了首个比特币非同质化代币（NFT）[⑥]。它的上线引起了人们的极大关注，认为这是比特币生态的新时代。截至 2023 年 5 月铭文累计铸造量超 457 万枚[⑦]，造成了比特币网络拥堵，并使得比特币矿工取得的交易费有史以来第一次超过挖矿奖励。这也因此引来批评，



① 首脑-Braiins 官网，https://braiins.com/pool，2023。

② SHIVAM SHARMA. A new era for BTC[EB/OL].(2023-04-01)[2024-04-03].https://research.binance.com/en/analysis/a-new-era-for-bitcoin.

③ RAIN EDITORIAL TEAM. A history of bitcoin hard forks[EB/OL].(2021-10-01)[2023-02-15].https://www.rain.com/learn/a-history-of-bitcoin-hard-forks.

④ BRC-20 标准虽然模仿了 ERC-20，但 BRC-20 不能支持智能合约。

⑤ Satoshi 是比特币最小单位，又名“聪”，为纪念比特币创始人中本聪而取。一个比特币等于 1 亿聪。在 Ordinals 协议上又称为“ordinal”。

⑥ 2023 年 4 月 11 日，Github 用户发现了 Ordinals 协议的漏洞，使得年轻的 Ordinals 协议也陷入了困境。

⑦ 数据来源：https://dune.com/dgtl_assets/bitcoin-ordinals-analysis。

批评其偏离了比特币最初设想的目的，导致区块链膨胀和损害其可替代性①。

### （二）以太坊

比特币作为一种新兴的数字货币引起了全球范围内的广泛关注。然而，随着人们对区块链技术的深入了解和探索，人们发现区块链技术不仅可以用于数字货币的交易，还可以用于许多其他领域的应用，这就是以太坊（ethereum）诞生的背景。

以太坊是其创始人 Vitalik Buterin 在 2013 年提出的概念，于 2014 年正式发布。与比特币不同的是，以太坊不仅仅是一种数字货币，更是一个基于区块链技术的智能合约（smart contract）平台。开发人员可以在上面创建智能合约，自动化执行符合预设合约条件的代码，实现各种复杂的逻辑运算和交易，并支持各种去中心化应用程序（decentralized applications，DApps）。相比于比特币，以太坊的创新主要体现在以下几个方面：

#### 1. 账户

与比特币没有账户而只有 UTXO 不同，以太坊有两种类型的账户，它们分别是外部拥有账户（externally owed account，EOA）和合约账户（contract account，CA）。外部拥有账户是由私钥和公钥来管理的，包括账户地址、余额和随机数等信息，可以发送以太币和调用智能合约。合约账户则由以太坊虚拟机（ethereum virtual machine，EVM）管理，包括账户地址、余额、随机数、智能合约代码和合约存储等信息。合约账户在以太坊网络中扮演着重要的角色，它们可以代表数字资产、智能合约或其他的应用逻辑。一个用户的合约账户是与其外部账户相关联的，可以通过外部账户的地址来访问和执行合约。外部账户可以向合约账户发送交易请求，调用其内部逻辑进行操作。合约账户也可以向其他账户发送交易请求，进行资产转移等操作。这两种账户相互协同作用，构成了以太坊的完整功能。

#### 2. 数据结构 MPT 树

与比特币使用 merkle tree 不同的是，以太坊使用了 modified merkle patricia tree（MPT）数据结构，可分为交易树（transaction tree）、收据树（receipt tree）、状态树（state tree）和存储树（storage tree）。交易树用于存储区块中的交易信息，包括交易发送者、接收者、交易金额等。收据树用于存储交易的执行结果，包括交易的状态、gas 费用、日志等信息。状态树用于存储整个区块链的全局状态信息，包括账户余额、合约代码、合约存储等。存储树用于存储合约的状态信息。

以图 9-6 的状态树的 MPT 数据结构为例，其右上角表示简化了的世界状态（world state）。世界状态表示所有账户及其状态总和，它包含了交易和智能合约的执行结果，因此每个新的区块的变动都会改变世界状态。这里演示了四个账户的情况，其中包含了“键”（keys）及其所对应的“值”（values）。每个节点通常都有一个唯一的键，用于在数据结构中找到该节点并访问其相关信息。值则是节点所包含的数据。拓展节点（extension node）的作用是压缩树的高度，减少存储和访问节点的开

---

① GRAYSCALE. Market byte：can ordinals unlock new potential for bitcoin? [EB/OL].(2023-04-27)[2023-04-29].https://grayscale.com/can-ordinals-unlock-new-potential-for-bitcoin.

销。分支节点（branch node）的作用是链接子节点，建立树形结构。叶节点（leaf node）包含了最终的键值对数据，也是树的最底层。

在图9-6中，作者用框框和箭头简单描述状态树的数据结构。首先a7是四个账户的键中共享的部分，被存放在扩展节点的分享半字节（shared nibble）中，紧随其后还有1、7、f，进入分支节点，剩余的信息里面，因为1 355以及9 365都是唯一的，因此直接被存放在树的最底层叶子节点中，其对应的值分别是45.0ETH和1.1ETH。另外d337和d397共享d3，因此进入了下一个扩展节点，以此类推。其中，扩展节点和叶节点的前缀（prefix）因分享半字节的奇偶不同而不同。

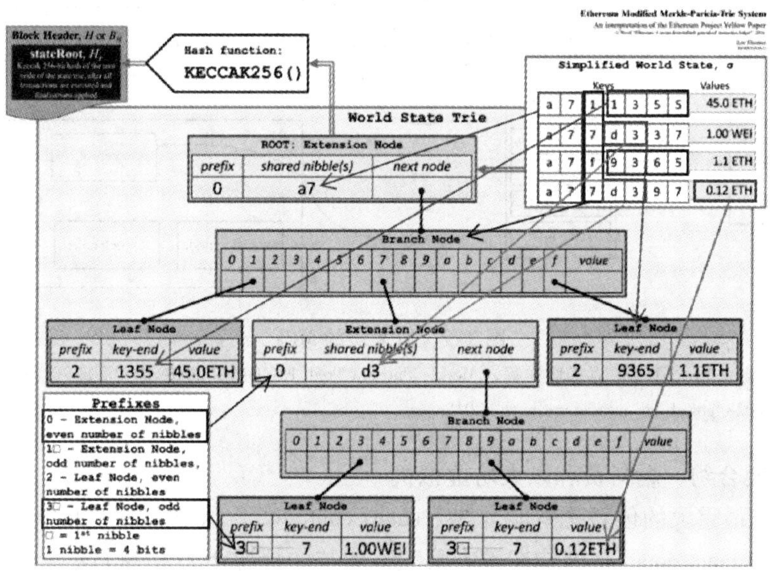


**图9-6　状态树的MPT数据结构**

资料来源：ELI5. How does a Merkle-Patricia-trie-tree work? [EB/OL].(2017-03-10)[2023-02-03].https://ethereum.stackexchange.com/questions/6415/eli5-how-does-a-merkle-patricia-trie-tree-work, 2017.

每棵树都有自己的根哈希值（root）。当一个新的区块产生时，交易树和收据树将存储在区块头中。当一个交易被执行时，它会对某些账户的状态进行修改，因此状态树也需要进行相应的更新。同时，如果交易中包含了合约调用，那么存储树也需要进行相应的更新。所有这些更新都将被包含在新的区块中，以更新以太坊的世界状态。这些数据结构树在以太坊中相互协同作用，使得以太坊可以实现智能合约等更加复杂的功能和操作（见图9-7）。

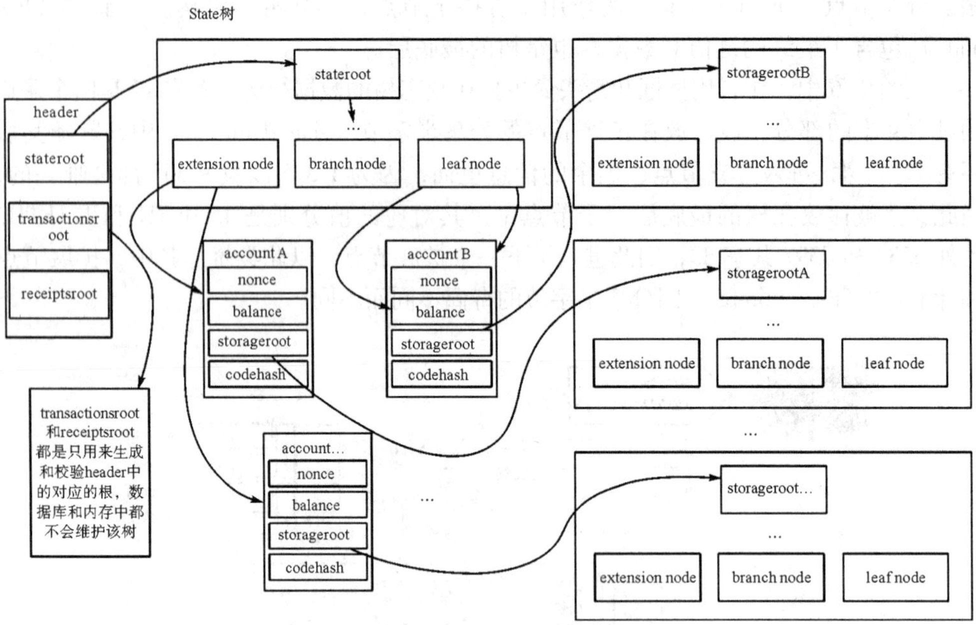


**图 9-7　以太坊的 MPT**

资料来源：YUAN1028. 以太坊详解之 Merkle Patricia Tree[EB/OL].(2018-07-02)[2023-02-04].https://yuan1028.github.io/ethereum-mpt/, 2018.



### 3. 智能合约、燃料费和以太坊虚拟机

以太坊最重大的创新是智能合约（smart contract）。这是一种一旦满足了预设条件（pre-set conditions），就能在没有第三方参与的情况下自动执行的合约。它可以在没有中介的情况下促成交易、协议和应用，因而使以太坊相较于比特币而言成为更加丰富的平台。

在以太坊创建智能合约的交易过程中，所有的交易和智能合约执行都需要消耗矿工一定的计算资源，因此需要由交易发起人以以太币（ether，ETH）的形式支付燃料费（gas）给矿工作为奖励，激励矿工验证和打包交易，从而保持网络的安全和稳定。

在以太坊中创建智能合约的交易过程大致可以分为以下步骤：

（1）发送交易请求。发送者 A 按照特定格式要求，发起创建智能合约的交易请求。这个请求包括合约代码、随机数、地址、最大 gas、gas 价格、交易费用等信息。

（2）交易验证和广播。假设网络中的节点 B 收到发送者 A 发出的交易申请，对交易进行验证，包括检查交易是否合法、计算交易费用、查看发送者余额等。如果余额不足则退回。如果交易验证通过，节点 B 就将交易加入自己的交易池等待处理，并向其他节点广播。其他节点重复上述的交易验证和传播过程。

（3）打包交易并部署合约。假设节点 C 通过 PoW 竞争获得记账权，它会从待处理的交易池中选择 gas 高的交易打包进自己的区块里面。假设 A 给的 gas 高，它发起的交易被包含在这个区块中，于是节点 C 根据发送者 A 提供的合约代码和交易

费用创建智能合约账户，并在区块链上部署合约。

（4）合约广播、验证和区块确认。包含了发送者 A 交易请求的区块就被节点 C 发送至其他节点，并在全网传播。其他节点接收到该广播，验证该区块。最后将该区块同步到区块链上，智能合约地址也随之生成并返回给发送者。以太坊是一个去中心化的平台，智能合约可以被任何人调用和访问，而不需要发送方和接收方事先建立连接或者认证身份。

EVM 是这个过程中的核心组成部分，它实现了智能合约的编译、解释、执行和管理等功能，并会根据合约代码中执行的操作和计算复杂度消耗 gas，如果 gas 不足，EVM 会停止执行智能合约并抛出异常，gas 也不会被退回。因此，智能合约的开发者需要合理地设置燃料价格和燃料上限，以确保智能合约的正常执行（见图 9-8）。

智能合约、gas 费和 EVM 是密切相关的，智能合约提供了平台上的应用逻辑，而 EVM 则提供了执行这些智能合约的环境，同时 gas 费则是使得这个系统运转的燃料。它们相互作用并共同构成了以太坊网络的基础，实现各种复杂的业务逻辑，例如数字货币交易、去中心化应用程序（DApp）的实现等。

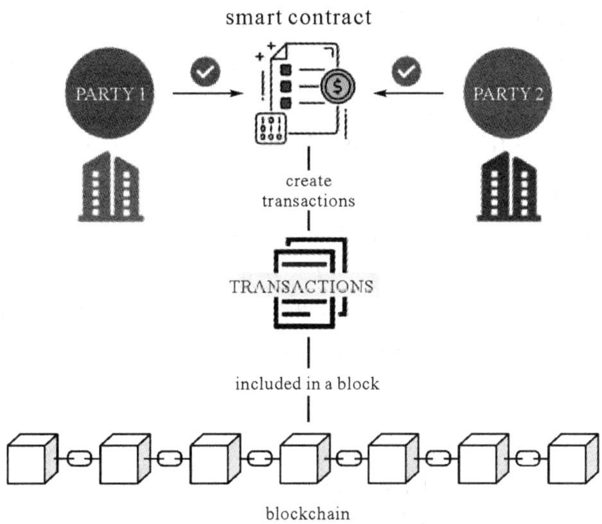


**图 9-8　基于区块链的智能合约**

资料来源：YUJIAN ZHANG，DAIFU LIU. Toward vulnerability detection for ethereum smart contracts using graph-matching network[EB/OL].(2022-11-11)[2023-02-05].https://www.mdpi.com/1999-5903/14/11/326, 2022.

**4. ERC 标准**

ERC（ethereum request for comment）代表以太坊请求标准，是以太坊网络中智能合约和代币标准的规范。ERC 定义了一组标准接口和方法，用于智能合约之间的互操作性和代币之间的交换，其目的是促进以太坊生态系统的发展和互通性，使得不同的代币和智能合约可以在以太坊网络上交互和兼容。

ERC 标准在区块链发展中具有重要的意义。首先，ERC 标准规定了代币的基本属性和交互方式，使数字资产的发行和管理变得规范和标准化。其次，它促进了数字资产的互操作性，使得不同的代币和数字资产能够交互和交换，降低了数字资产之间的壁垒。同时，它为去中心化金融（DeFi）提供了基础设施，实现数字资产的自由流通和交换，也使得开发者能够方便地开发和部署智能合约和DApp。以太坊网络上目前有很多ERC标准，其中比较著名的有ERC-20、ERC-721、ERC-1155等。

ERC-20是用于规范同质化代币（fungible token）的发行和转移的标准，也是最常见的一种ERC标准。同质化代币是指具有相同属性和价值的代币，它们可以互相替换，如数字货币、稳定币等。1枚以太币完全等价于另外1枚以太币，1枚泰达币（USDT）完全等价于另1枚泰达币。

ERC-721标准用于规范非同质化代币（non-fungible token，NFT）的发行和转移。与同质化代币不同，非同质化代币（NFT）代表的是独一无二的数字资产，每个代币都是唯一的。如数字艺术品中的一幅画可以与任何其他画作区分开来。这种不可替代性和独特性使得NFT能够在去中心化应用（DApp）中被准确地追踪和交换。

ERC-1155代币则是一种混合型代币，既具有可替代性，也具有不可替代性。每个ERC-1155代币可以代表一组同类的数字资产，而不仅仅是一个单独的数字资产。例如，一个游戏中的ERC-1155代币可以代表一组不同等级的武器，玩家可以在其中选择一个武器使用。此外，ERC-1155代币标准还提供了批量转移和原子交换的功能，这些功能在ERC-20和ERC-721代币中并不受支持。



**5. 去中心化应用**

我们已经习惯了在手机上使用各种App，部署在以太坊上的App又被称为去中心化应用（decentralized App，DApp）。以太坊的智能合约具有高度的可编程性和灵活性，开发人员可以根据不同的需求和用例创建各种不同类型的DApp，其应用场景涵盖了去中心化金融（DeFi）、去中心化交易所（DEX）、供应链管理、数字身份验证、投票和社交媒体等领域，使以太坊成为一个生态系统丰富、应用多样化的区块链平台。

例如，Uniswap是一个基于以太坊的去中心化交易协议，允许用户在不需要中心化交易所就可交易各种数字资产。它的DApp提供了一个简单易用的界面，使得用户可以在无须信任第三方的情况下进行交易。另一个例子是Cryp to Kitties，这是一个基于以太坊的游戏DApp，玩家可以购买、交易、收集和繁殖数字猫。每只数字猫都是唯一的，代表了一个NFT，使得Cryp to Kitties成为非常流行的NFT应用之一。

**6. 以太坊网络的进展**

随着以太坊生态的蓬勃发展，以太坊开始面临其三难问题（trilemma），也就是去中心化、安全性和可扩展性这三个目标通常相互冲突，如果要提高其中一个方面，则需要在另外两个方面进行调整。例如，提高去中心化可能会使高安全性或可扩展性面临挑战，而改善可扩展性可能需要牺牲一定程度的去中心化，很难同时实现三个目标。这种三难问题也是当下区块链网络普遍面临的共性挑战。以太坊社群的成员正在不断进行研究和开发新技术来尝试解决三难问题，并实施了一些解决方案。

首先，实施合并（the merge）计划，将工作量证明 PoW 共识机制转向权益证明（poof of stake，PoS）共识机制。这是以太坊的一个重大改进，因为 PoS 共识机制不需要像 PoW 那样运用大量的计算资源和能源，而是通过锁定（stake）参与者一定数量的代币来获得参与创建新区块和验证交易的机会。合并后的以太坊不仅减少了99%的能源消耗，也为日后提高去中心化程度和可扩展性打下了基础。Casper 协议是以太坊引入 PoS 共识机制的关键，它引入了一种称为“经济惩罚”的机制来惩罚验证者不诚实的行为，以确保网络安全。尽管 PoS 相对环保，但也远非完美，因为抵押的代币越多，获取区块创建或验证的概率就越大。这种“富者更富”的效应违背了去中心化和公平性的初衷，也更容易受到网络的攻击。

其次，实施扩容解决方案。随着以太坊用户数量的不断增加，这种交易处理方式面临越来越大的压力。为了提高可扩展性和处理速度，以太坊正在研究和开发新的交易处理方式。比如分片（sharding），这是一种将区块链分成多个分片的方法，每个分片都可以处理自己的交易，最后与主链相结合。这种方法可以减少每个节点需要处理的交易数量，提高整个系统的吞吐量，从而让以太坊支持更多的交易。

最后，实施二层解决方案（Layer 2）。Layer 2 是一种以降低交易成本为目标的扩容解决方案，它在不改动 Layer 1 的基础上建立 Layer 2 协议，使得大量的计算无须依靠区块链的主链进行处理。Plasma 是以太坊的Layer 2扩容方案之一，它将区块链分成多个较小的区块链（子链），这些子链都可以处理自己的交易，这样可以提高整个系统的可扩展性，并减少每个节点需要验证的交易数量。Plasma 的设计使得它可以处理高达数百万个交易，而不会影响整个以太坊网络的性能①。Polygon 就是使用了 Plasma 技术的以太坊侧链项目之一②。Rollup（滚动式扩容）是另一种 Layer 2 扩容技术，其基本思想是将大量的交易数据压缩到一个合约中，并在主链上提交单一的交易，从而大大提高处理效率和吞吐量。目前，Arbitrum 是以太坊 Layer 2 网络中最大的链，许多以太坊知名项目均部署在 Arbitrum 上，包括 Uniswap、Sushi 和 Aave 等③。Vitalik 在 2022 年提出了 Layer 3 的概念，认为 Layer 2 应聚焦通用扩展，而 Layer 3 则用于自定义扩展，为 Layer 3 设计指明了方向。

除了上面那些措施，以太坊还积极发展跨链桥技术。跨链桥是一种解决区块链之间互相隔离的方案，它可以实现资产的无缝转移和交换。由于区块链之间互相隔离，不同区块链之间的资产无法直接流通和交换，而跨链桥则可以实现不同区块链之间的资产互操作，从而促进去中心化金融生态系统的发展。Chainlink 是以太坊跨链桥的一个实际例子，它采用了一种称为“桥接器”的机制，通过桥接器将链外数据转换成以太坊可读的数据格式，然后将其传输到以太坊网络上。这样，以太坊智

---

① BINANCE ACADEMY. 什么是以太坊等离子体 Plasma?［EB/OL］.（2017-12-17）［2023-03-03］. https://academy.binance.com/zh/articles/what-is-ethereum-plasma, 2023.

② TOKENVIEW. 一文解读 Polygon 跨链桥［EB/OL］.（2022-11-11）［2023-02-06］.https://foresightnews.pro/article/detail/18813, 2022.

③ MEDIUM. Arbitrum：惊人的 Layer2 速度［EB/OL］.（2023-04-04）［2023-04-04］.https://new.qq.com/rain/a/20230404A03OKK00,2023.

能合约就可以调用这些数据并进行相应的处理，从而实现更加复杂和丰富的应用场景。

## 二、Web3.0技术带来的商业模式创新

除了比特币和以太坊生态圈之外，还有许多其他区块链项目正在发展。比如，Binance Smart Chain 项目致力于解决区块链的可扩展性问题，提高其交易速度和吞吐量；EOS 项目则专注于为企业提供区块链解决方案；Zcash 项目专注于隐私保护；IPFS 项目致力于为用户提供更安全的、分布式的文件存储和共享；Ripple 项目旨在提供快速、低成本的全球支付和资金转移；Sui 项目通过采用新的架构来提高性能和扩展性；Cosmos 项目则致力于为各种不同的区块链网络提供互操作性和互联性。另外，Hyperledger Fabric 等联盟链（consortium blockchain）和 Quorum 等私有链（private blockchain）也在发展，分别为企业间联盟和单个组织内部提供区块链解决方案，它们与比特币等公链（public blockchain）之间的差别在于节点的控制权限和链的可访问性。

在共识机制的发展方面，在 PoW 和 PoS 基础上，区块链社区根据不同的需要又发展出时间证明（proof of time，PoT）、实用拜占庭容错机制（practical byzantime fault tolerance，PBFT）、转移证明（proof of transfer，PoX）、时空证明（proof of SpaceTime，PoST）、委托权益证明（delegated proof of stake，DPoS）、权威证明（proof of authority，PoA）等不同的共识机制。



随着区块链技术的发展和应用场景的扩大，一个新的互联网时代——Web3.0 出现了。它有四个主要特点：第一，具有去中心化的特点，不再依赖于某个中心化组织或平台；第二，尊重用户个体价值，为生产者分配价值；第三，将数据所有权归还给用户，让用户对自己的数据拥有更多的控制权；第四，在确保数据的安全性的前提下，实现数据间的互操作性和网络同步性。Web3.0 技术的特性为金融、供应链管理、数字空间等商业模式创新提供了广阔的空间，这些新的商业模式推动了数字经济的发展。

### （一）组织形态创新——去中心化自治组织

去中心化自治组织（decentralized autonomous organizations，DAO）是一种基于智能合约的组织形式，其管理和运营是通过投票和共识机制实现的。DAO 是一群人因拥有相同的共识而聚集在一起形成的，他们通过提案、投票、悬赏等方式参与治理，以代币（token）奖励来实现激励，强调公平的利益分配和无权力中心的平等环境。

DAO 具有以下特征：交易不再需要第三方，经济活动不再需要像公司那样的组织形式，不再需要各种中心化交易清算的商业机构，激励机制不再需要由一个中心化的机构设置。DAO 被认为具有很大的应用潜力，能够大大改变现有的商业治理方式。

在以太坊上，DAO 已被广泛应用于资金池、社区治理、艺术品拍卖等领域。例如，Venture DAO 是一个无须许可的、基于智能合约实现的风险投资组织，可以将资产所有权和治理权进行去中心化的分权处理。其规则和机制涵盖资产所有权确定、资金运营和管理、投资决策和执行、投资交易的履约、利益分配等方面。在这个系统中，人们无须依赖中心化机构或中介进行验证和监管，组织的决策和操作更加透明和开放。

近年来，区块链行业中涌现出了许多 DAO。然而，由于 DAO 的开放性和去中心化特性，它们的运营和决策过程也面临着许多挑战和风险，比如代码漏洞、决策不当、黑客攻击等因素导致的社区分裂、资金丢失、DAO 解散等问题。例如，2016 年，“The DAO”众筹项目在以太坊上启动，不久后就遭到了黑客攻击，导致超过 6 千万美元的以太币被盗。这次事件揭示了 DAO 存在的漏洞和安全风险。

在 2021 年之前，个别国家虽然允许 DAO 注册为法律实体，但要求 DAO 公开成员的全名和地址清单、选举董事会或受托人等，这与 DAO 的初衷相违背。直到 2021 年 4 月，美国怀俄明州成为美国第一个承认 DAO 为有限责任公司的州。此后，马绍尔群岛共和国也通过了《2022 年 DAO 法案》，允许 DAO 成为有限责任公司。然而，这些形式的 DAO 本质上还是有限公司、合作社、基金会或信托机构，并不具备独立的法律地位，仅仅是用了 DAO 的组织形式。直到 2023 年 3 月，美国犹他州通过了《去中心化自治组织修正案》，并为此制定一系列细节来确保 DAO 确实是一个 DAO，标志着 DAO 在美国真正获得了独立的法律实体地位①。



不过，在 2022 年 9 月美国商品期货交易委员会（CFTC）起诉 Ooki DAO 的案件②中，创始人试图利用 DAO 的去中心化特质来逃避法律制裁，DAO 的去中心化特征在一定程度上受到了挑战，也反映了数字货币市场面临的监管挑战。

### （二）金融创新——去中心化金融

去中心化金融（decentralized finance，DeFi）是一种基于区块链技术的金融系统，它通过去中心化架构和智能合约技术，实现了不依赖于传统金融机构的金融交易和服务，使用户能够直接掌控自己的资产。DeFi 的起源可以追溯到 2015 年以太坊的发布，当时开发者们开始探索在以太坊区块链上构建去中心化金融应用的可能性。2017 年，以太坊上出现了第一个去中心化交易所（decentralized exchange，DEX）——Ether Delta，这是 DeFi 发展的一个重要里程碑。之后它因交易速度慢、交易费用高、用户体验不够友好等原因被淘汰。

在 DeFi 中，DEX 是最为重要的应用之一。与传统的中心化交易所不同，DEX 的交易主要发生在去中心化的流动性池（liquidity pool）中，任何人都可以添加资产进去或从中提取资产，无须经过许可或审核。在传统的交易市场中，市场价格是由

---

① ODAILY. 论法律地位的崛起如何引领 DAO 走出乌托邦困境[EB/OL].(2023-03-13)[2023-03-14]. https://www.odaily.news/post/5185623, 2023

② CFTC. CFTC imposes $250, 000 penalty against bZeroX, LLC and its founders and charges successor Ooki DAO for offering illegal, off-exchange digital-asset trading, registration violations, and failing to comply with bank secrecy act[EB/OL].(2022-09-22)[2023-05-06].https://www.cftc.gov/PressRoom/PressReleases/8590-22, 2022.

专业的做市商制定的，他们会根据市场需求、供应和预期利润来设定价格。而在DEX 中，由自动做市商（automated market maker，AMM）算法通过智能合约来自动执行交易，并根据当前流动性池中的代币数量和价格来设定价格。AMM 算法有很多种，包括 Uniswap 的常数乘积模型（constant product market maker，CPMM）、Curve 的稳定币 StableSwap 做市商模型、Balancer 多代币的（constant mean market maker，CMMM）、Uniswap V3 和 Cetus[①] 的集中流动性做市商（concentrated liquidity market maker，CLMM）等，每种模型都有其特点和适用范围。这些 AMM 算法使任何人都可以成为做市商，提高了市场的参与度和流动性，为 DeFi 平台的流动性提高做出了贡献。

流动性提供者（liquidity provider，LP）在其中扮演着至关重要的角色。他们将代币存入流动性池，为交易提供流动性并获得奖励，这个过程又称为流动性挖矿（liquidity mining）。其优点是使得交易者无须交易对手，就可以在不需要中心化机构的情况下进行交易，且可以获得更好的流动性。

GameFi 是 DeFi 的一个分支或衍生品。与 DEX 不同的是，它专注于将去中心化金融技术应用于游戏世界中的经济体系。GameFi 通过 NFT、加密货币和智能合约等技术，为游戏玩家提供了赚钱机会和游戏参与度，使得游戏玩家能够以更透明和更公正的方式进行交易和竞争，同时也为游戏开发者和发行商提供了更多的商业机会。

StepN 就是一个 GameFi 虚拟鞋项目，其愿景是成为一个全球性的碳中和项目，旨在鼓励人们采取更健康的生活方式，降低碳排放。这款跑鞋可在各种虚拟世界中使用，售价在 5 000~40 000 元。StepN 具有一个去中心化的治理结构，每个购买者都自动成为项目的股东，可以分享项目的收益。同时也提供了多种方式让用户赚钱，如完成跑步等任务获得奖励、拥有稀有的鞋获得收益、参与游戏竞赛获得奖励等。

StepN 的独特性让其在短期内吸引了大量用户，其代币 GMT 的价格一度上升到8.4 美元。但 StepN 代币的价格虚高，缺乏真正的商业模式来支撑平台的发展，没有找到一个可持续的方式来盈利，这导致了平台难以长期维持下去。截至 2023 年 5 月 StepN 的代币价格已降为 0.32 美元左右[②]。

DeFi 市场近年来迅速增长，涌现出了许多新的去中心化金融应用，涵盖了借贷、合成资产交易、保险、金融基础设施等领域。2023 年第一季度，DeFi 市场总锁定价值（TVL）达到了 833 亿美元[③]，DeFi 市场仍在不断发展壮大。

### （三）区块链供应链

传统的供应链管理面临着中心化带来的信息不对称、数据共享困难和监管不足的问题，一些不法商家可能会通过虚假宣传或者伪造商品等手段来欺骗消费者，从而影响供应链的效率、可靠性和客户的信任度。

区块链技术的分布式、去中心化和智能合约的特性，使得链上每个节点都可以

---

① AC CAPITAL. 一文解读 Sui & Aptos 上集中流动性协议 Cetus[EB/OL].(2023-05-04)[2023-05-23].https://www.panewslab.com/zh/articledetails/hef9dl3f.html, 2023.

② 数据来源：https://coinmarketcap.com/currencies/green-metaverse-token/historical-data/,2023。

③ DAPPRADAR. DeFi TVL 超过 830 亿美元，NFT 交易量翻倍，OpenSea 失去市场主导地位[EB/OL].(2023-04-04)[2023-05-05].http://1929.me/ 9343.html#gsc.tab=0, 2023.

参与供应链管理，实现了供应链全流程的透明性和可追溯性，生产时间、地点、原材料来源等每个生产环节的信息都可以被追踪和记录，保证了商品的质量和安全，从而降低欺诈和假货的风险，提高消费者的信任度。

供应链管理中的数据非常重要且敏感，如果被黑客攻击或者泄漏，可能会造成非常严重的后果。在传统供应链中，一旦中心化机构出现故障或被攻击，就会对整个供应链造成不可逆的损失。通过区块链技术，供应链中的数据可以被加密，只有被授权的用户才能访问它，这有助于防止数据的篡改和窃取，从而提高了供应链的数据安全性。另外，区块链技术将供应链中的信息分散存储在各个节点上，即使有某个节点出现故障或者数据丢失，也不会对整个供应链造成影响，从而使供应链的稳定性和安全性得到提高。

全球范围的许多公司已经应用区块链技术来管理供应链。例如，Walmart 是第一个采用区块链技术实现食品追溯的大型企业。该公司与 IBM 合作开发了名为 "IBM Food Trust" 的区块链食品溯源平台①。

### （四）数字空间创新——元宇宙

元宇宙（metaverse）经济被认为是数字经济中最活跃、最具革命性的部分之一。元宇宙不仅是一个虚拟世界，还融合了应用、硬件、产品、工具、基础设施和科技，是一个拥有自己的经济、社交、文化和价值观的 3D 互联网。元宇宙的"原住民"是由有机体、无机体、人工智能和生物基因技术结合而成的"后人类"。创作工具和分享平台是元宇宙的基本组成部分。通过智能合约，元宇宙可以创建一个去中心化的管理系统，使得用户可以自由地创造、交互和交易各种数字资产。元宇宙并不是与现实割裂的，它与现实相通。元宇宙为企业提供了数字化转型的新途径，有望创造一个万亿级别的市场。韩国于 2021 年 5 月成立了元宇宙联盟，建立了一个国家级 VR 和 AR 平台，以推动元宇宙的发展，为数字经济注入新的活力。

元宇宙的出现颠覆了传统经济学的假设和规律。第一，元宇宙中的资源不再具有稀缺性。除了消耗电以外，几乎所有资源都可以被虚拟创造。第二，元宇宙中的生命不再受到生老病死和物理条件的限制，使得人们更注重体验和感受，而非传统经济学所强调的理性。第三，元宇宙中的原材料主要是计算机里的"0"和"1"，因此生产成本接近于零。第四，在现实世界中，市场的建立和运营通常需要建造房屋或铺设道路，但在元宇宙中，这些限制并不存在。而智能合约也使得物流费用或签订合同的成本为零，从而使交易成本和运营成本大大降低。第五，在元宇宙中，人们所追求的价值不再是商品的物质属性，而是价值的认同感。这种认同决定了价值，因此将大大促进意念经济②的发展。

虽然元宇宙拥有巨大的创新潜力，但也面临着诸多挑战和风险。首先，实现元宇

① JOERI CANT. 沃尔玛使用区块链技术来追踪虾类食品供应链[EB/OL].(2019-12-06)[2023-05-18]. https://cn.cointelegraph.com/news/walmart-uses-blockchain-tech-to-track-shrimp-supply-chains, 2019.

② 意念经济是一种基于对人类大脑和意识的科学研究，探究人类的意念、情感、思想和信念对经济行为的影响的经济形态。在意念经济中，思维和情感的力量被认为是实现个人和社会经济繁荣的重要驱动力。

宙需要高度复杂的技术支持，这需要大量的时间和资金进行研发。其次，由于元宇宙需要大量的计算和存储资源，会产生巨大的能源消耗和环境影响。此外，虚拟身份和虚拟资产等也会涉及知识产权、数据隐私等方面的问题。因此，为实现元宇宙的发展，需要建立一套健全的法律和政策框架，以保障用户权益和社会稳定。尽管如此，元宇宙作为一个全新的数字世界，仍然具有广阔的未来，其应用范围正在不断扩展，已经涉及社交、游戏、医疗、教育、制造等行业。以下是其典型的应用例子：

美国社交媒体巨头 Facebook 在 2021 年 10 月更名为“Meta”，标志着该公司从社交媒体公司转型为元宇宙公司。Meta 的新愿景是帮助创造元宇宙的生命，让人们能够在数字场景中与朋友们进行交互。Meta 计划在未来十年内覆盖十亿人，打造数千亿美元的数字产业，并为数百万开发者和内容创造者提供就业机会。

宝马与英伟达的 Omniverse 元宇宙平台合作，推出了工业元宇宙平台，以实现大规模定制化生产。宝马元宇宙平台可使设计、构建和测试生产流程等完全发生在虚拟世界，且与真实工厂同步运作，从而大幅提高了规划、设计和整车制造的效率。宝马利用元宇宙平台的预测和优化能力，减少变更和流程优化所带来的成本和生产暂停问题，使规划阶段的效率提高约 30%，整车制造阶段的生产时间缩短到每 56 秒生产一辆车①。

Decentraland 是一个基于以太坊区块链技术的去中心化虚拟现实平台，用户可以购买、出售、构建和探索虚拟土地，并在其中创建和参加各种活动和游戏，与其他用户交互。虚拟土地的价值由市场供求关系决定，用户可以通过购买和出售虚拟土地来实现资产的增值和流通，也可以使用 Decentraland 自己的代币 MANA 进行支付和结算。此外，Decentraland 还提供了一些开发工具和 API 接口，方便用户进行虚拟场景的创作和开发。





### （五）代币经济学

Web3.0 的可编程性和去中心化特性需要一种去中心化的货币作为交易媒介，这种货币被称为代币。代币有很多不同的分类，最初，人们将除了比特币之外的代币称为“另类币”或“山寨币”（altcoin）。后来，人们将那些独立存在且背后没有任何项目支撑的加密货币称为“coin”（如比特币）；而将那些价值和功能依赖于所在平台项目的称为“token”（如币安的 BNB）。目前比较流行的分类方法是将代币分为同质化代币（fungible token）和非同质化代币（non-fungible token，NFT）。其中，同质化代币又分为支付代币（如比特币、稳定币）、实用代币（如以太币）、投资代币（如 IEO、STO 发行的各种代币），非同质化代币又分为可交易代币（如 CryptoKitties）和不可交易代币（身份、声誉等代币）。

代币的发展带来了代币经济学（tokenomics）的兴起。tokenomics 不仅包括代币的经济学原理和运作机制，也用来描述整个加密货币生态系统的经济学特征，是一个由发行、分配、流通、治理和激励等多个领域构成的复杂经济体系。

---

① 管筱璞，李云舒. 元宇宙如何改写人类社会生活[EB/OL].(2021-12-23)[2023-05-06].http://www.cxjw.gov.cn/cms/static/resource/s1/c42/c43/content/ 3473.html，2021.

1. 代币的发行总量和发行方式

代币的发行总量有不同的类型。例如，比特币为固定总量模型（fixed supply model），一共只会发行 2 100 万枚。以太坊则属于通货膨胀模型（inflationary model），其总量没有上限，但通胀较低。再如 Binance，它采用的是通缩型模型（deflationary model），通过销毁机制让代币数量随时间减少。代币的发行方式则包括首次代币发行（initial coin offering，ICO）、首次交易所上市（initial exchange offering，IEO）、合规化代币发行（security token offering，STO）、首次去中心化交易所发行（initial DEX offering，IEO）和首次挖矿发行（initial farming offering，IMO）等。

2. 代币分配机制

代币的分配方式通常有两种：预挖和公平推出。预挖指的是在代币发行之前，团队会提前挖出一定数量的代币，作为团队和早期投资者的奖励。预挖被批评过于集中，因为代币团队可以在代币上市时快速卖出获得高额利润，这可能会损害代币的长期价值。而公平推出是一种百分之百公平的方式，通过在公开市场上销售代币，确保每个人都有平等的机会购买。这种方式可以减少代币的集中度，让更多的人能够参与，从而提高代币的社区参与度和长期价值。如 Cetus 于 2023 年 5 月启动了 IDO 代币上市，其分配比例如下：50%给社区流动性激励、20%给团队和顾问锁仓 12 个月、15%给投资者锁仓 6 个月、15%提供初始流动性、社区活动和保险基金①。

3. 代币治理和社区建设

代币的治理涉及参与者之间协商和制定的规则和决策。代币治理机制可分为中心化、去中心化和半中心化三种形式。中心化代币治理由一家中心化机构控制和运营。如 Huobi Token（HT），其代币的治理结构由中心化的交易所控制和运营，它在加密货币领域扮演着类似传统金融机构的角色，提供交易所服务和代币投资机会。去中心化代币由社区自治，其代币治理结构被视为最为公平和民主的形式，符合区块链技术的本质。如以太坊和 Uniswap 等由代币持有者共同参与治理，社区成员可以通过投票和提出建议来影响治理和发展方向。半中心化代币治理则是中心化机构与社区合作的模式。如 Binance Smart Chain（BSC）由中心化机构与社区共同管理和运营，代币持有者可以参与治理决策。

治理参与者分为发行者、代币持有者和治理者。发行者制定治理规则和保证发行公正透明，代币持有者通过代币参与治理，治理者确保代币生态系统的稳定和可持续发展。治理者可以是社区委员会、专业机构或代币持有者选举出的人员。治理参与者的权利包括投票权、提案权和监督权。投票权最重要，投票代表代币持有者对治理决策的意见；提案权是提出治理议案的权利，议案包括治理规则、发行策略和使用范围等；监督权则是监督和制裁不当行为的权利。

有效的治理机制是代币生态系统稳定和可持续发展的重要保障，因为代币治理的失败可能导致代币生态系统的崩溃和投资者的损失。例如，2016 年的硬分叉事件导致以太坊的价值暴跌，使人们对其治理机制的信心受到了严重打击。

---

① BITEYE. 公募超募 30 倍，SUI 上 DEX 项目 Cetus 为何能获得社区追捧？［EB/OL］.（2023-05-10）［2023-05-28］.https://www.panewslab.com/zh/articledetails/ovil4qcc.html，2023.

#### 4. 代币生态系统激励机制

代币生态系统的激励机制主要有挖矿奖励（mining）、质押奖励（staking）、流动性提供奖励（farming）和空投奖励（airdrop）。

最常见的挖矿奖励方式有 PoW 挖矿奖励，是指通过计算机算力进行区块创建和验证而获得奖励。比特币和以太坊 1.0 均采用 PoW 挖矿奖励机制。质押奖励是指通过锁仓代币来参与代币生态系统的治理和决策获得奖励。例如，Polkadot 采用的就是质押挖矿机制。流动性提供奖励是一种为促进代币交易流动性而设计的激励机制。它鼓励流动性提供者将其代币添加到流动性池中，为交易增加流动性，从而赚取代币奖励和交易手续费。Venus 和 Uniswap 等 DEX 平台均为这种流动性提供奖励。空投奖励是指将代币免费分发给社区成员（空投的对象可能是代币持有者、社交媒体用户、交易所用户等），以帮助新代币项目在社区中获得认可度和普及度，激励用户参与 DeFi 生态系统的活动。

## 四、Web3.0 面临的挑战及其风险

Web3.0 是一个新兴的概念，它正在重新定义互联网的未来。尽管 Web3.0 具有许多潜在的应用场景和优点，但也存在一些挑战和风险，包括：

### （一）高度波动性

加密资产市场具有高度波动性，其价格可能在短时间内大幅波动，导致投资者承担更高的风险。影响价格波动的因素是多方面的，包括市场供需关系、政策法规、技术变革和市场情绪等。比如全球第三大稳定币 UST① 的原生代币 Luna 在 20 个小时内暴跌近 70%，5 天蒸发了五千亿美金市值，价格几乎归零（见图 9-9）。

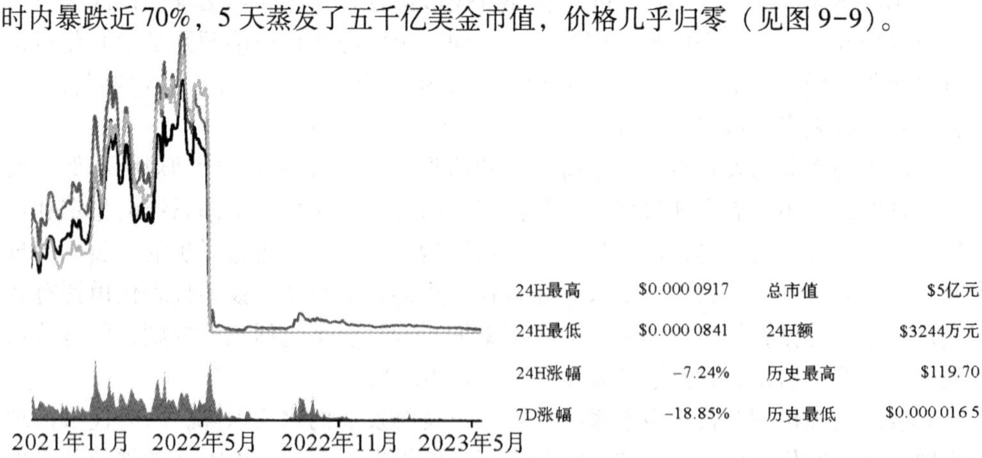


**图 9-9　Luna 币的暴跌**

数据来源：币界网，https://www.528btc.com/coin/10481.html。

① 这是一种算法稳定币。

### （二）缺乏监管和法律保护

与传统金融市场相比，加密资产市场缺乏统一的监管和法律保护，存在法律风险。投资者可能会面临信息不对称、欺诈、盗窃、市场操纵等风险。目前，针对区块链和加密货币的监管框架和法律法规还不完善，这可能会对商业应用和推广造成一定的阻碍和不确定性。比如近期著名的加密交易所 FTX 就涉及市场操纵、欺诈而倒闭清算，被美国国税局提出价值 440 亿美元的索赔①。

### （三）安全风险

区块链和加密资产领域存在安全风险，包括私钥泄露、交易所遭受黑客攻击、智能合约存在漏洞等。这些安全漏洞可能导致用户资金被盗窃或合约执行出现问题。例如在 2023 年 1 月至 4 月共发生了 41 起黑客攻击事件，共有 9 340 万美元被盗②。

### （四）隐私和合规挑战

区块链技术可能会带来隐私和合规方面的挑战，例如公链上的交易信息公开可查，可能泄露用户的隐私信息。此外，加密资产的使用可能涉及合规要求，如反洗钱（AML）和了解您的客户（KYC）等，实施难度较大。区块链是一种去中心化的技术，它的公开性和透明性也使其易受攻击，有数据泄露的风险。因此，在隐私方面，许多区块链技术仍需要进一步发展，以提供更好的隐私保护。



### （五）能源消耗

一些区块链网络采用的共识机制（如工作量证明）可能需要大量的能源消耗，会对环境造成一定的负面影响。因此，需要充分重视绿色区块链的建设，发展更为环保、公平的共识机制以降低能源消耗和保护环境。

随着技术的不断发展和监管的逐步完善，这些问题会逐步得到解决。投资者和用户需要了解这些问题，并采取相应的风险管理和合规操作。同时，政府、监管机构和技术研发者也应该共同努力，制定相应的监管框架和法律法规，提高技术安全性和加强隐私保护，推动 Web3.0 技术的可持续发展和应用。

## 本章案例

### DeFi 平台的闪电贷

DeFi 是 decentralized finance 的简写，即去中心化的金融，旨在为用户提供去中心化的借贷和储蓄、去中心化加密货币交易、保险、预测市场交易等服务。近年来，

---

① TRACY WANG. Internal revenue service files claims worth ＄44 billion against FTX bankruptcy［EB/OL］.（2023-05-12）［2023-05-13］.https://www.coindesk.com/business/2023/05/10/us-internal-revenue-service-files-claims-worth-44-billion-against-ftx-bankruptcy/, 2023.

② PECK SHIELD ALERT. ［EB/OL］.（2023-05-12）［2023-05-13］.https://twitter.com/PeckShieldAlert/status/1652735628289925123, 2023

多个 DeFi 平台都推出了闪电贷（flash loan）业务。最早推出的是 dYdX 平台，随后 Aave、Uniswap、Compound、MakerDAO、Venus 等 DeFi 平台也相继推出了自己的闪电贷业务。这些平台通过在以太坊上构建的智能合约和去中心化应用程序来提供闪电贷业务，且既不需要借款人提供传统的抵押品，也不需要拥有信用历史记录或信用评分。借款人只须将其他数字资产作为抵押品即可申请闪电贷，这些数字资产通常是一些流动性较高的加密货币，如 ETH、USDT 等。

闪电贷的贷款时间非常短，大多数只有几秒钟，用于快速交易或套利。借款人需要在同一个区块（block）中申请借款和还款，因此借和贷的过程必须在同一个区块内完成。为了实现这一点，DeFi 平台使用智能合约来执行闪电贷。

整个交易过程如下：

（1）借款者发起一个闪电贷交易请求，借入相当于抵押品一定百分比（通常封顶 80%）的加密货币。

（2）借款者使用借入的资金进行其他操作，如套利或交易等。

（3）用户在交易中指定一个回调函数（callback function），该函数会在同一个区块中被执行。如果在同一个区块结束前，借款者已经还清所有借入的资金和利息，就标志着交易完成并且贷款已经还清。但如果还款没有在同一个区块中完成，交易就会失败且款项被退回。因此，闪电贷的交易具有原子性（atomicity），要么全部成功，要么全部失败，不存在中间状态。

（4）这些交易被广播到区块链网络中，矿工选择将它们打包成一个区块，经过足够多的验证者验证其合法性后，这个区块就被添加到区块链中。

在这个过程中，如果抵押品价值下降到一定的贷款价值比（loan to value，LTV），清算者①和智能合约会通过出售部分抵押品来自动偿还部分贷款，从而使 LTV 回到贷款协议的限制范围内，以控制借款人所面临的损失和风险。

闪电贷的贷款费率分为浮动费率和固定费率两种，通常贷款者的年化百分比收益率（annual percentage yield，APY）为 2%～30%。贷款者还需要支付手续费，如 Aave 闪电贷的手续费为 0.09%②。最后，贷款者还需要支付智能合约的网络费用，即燃料（gas）费用。这些费用是支付给以太坊网络上的矿工节点和验证者节点的。

闪电贷的短期性和高度灵活性使其在加密货币世界中非常受欢迎，用户可以快速获取大量资本，从而进行快速交易或套利。与传统银行借贷业务相比，DeFi 的闪电贷具有以下优势：

（1）智能合约和去中心化特性。智能合约是闪电贷的核心组成部分，具有高度的可编程性和自动化特性。每笔交易都记录在区块链上且数据不可篡改，用户可以随时查询自己的交易记录，这使得闪电贷的交易过程更加透明。与此同时，与传统金融体系相比，闪电贷的去中心化的特性消除了传统金融机构的中介费用和信任问



① TOM SCHMIDT. Liquidators：the secret whales helping eFi function[EB/OL].(2020-01-15)[2023-05-10].https://medium.com/dragonfly-research/liquidators-the-secret-whales-helping-defi-function-acf132fbea5e, 2020.

② JACOB WADE. What is aave? [EB/OL].(2023-02-28)[2023-04-27].https://www.investopedia.com/what-is-aave-6823617, 2023.

题，降低了用户的交易成本，提高了用户的参与度。

(2) 多样化的抵押品。闪电贷允许用户使用多种加密货币作为抵押品，例如比特币、以太坊、链上代币等。相较于传统银行，闪电贷提供更多样化的抵押品选择，为用户提供更多灵活的借贷方式。闪电贷可以为任何拥有数字钱包和资金的人或机构提供借贷服务，因此非常开放和包容。

(3) 无须信用评估。因为使用加密货币作为抵押品，而不是根据贷款人的信用记录进行贷款决策，因此闪电贷不需要进行信用评估。而传统银行则需要进行严格的信用评估，手续繁琐，导致借款人难以短期内获得贷款。

(4) 速度快。由于无须进行复杂的信用评估，且采用智能合约自动化执行借贷操作，无须人工干预，闪电贷用户可以在几秒钟内完成借贷操作，这种自动化处理使得交易比传统银行更快速、费用更低廉。而传统银行借贷业务需要提交大量的文件和证明，需要较长时间的审批和处理。

尽管包括闪电贷业务在内的DeFi平台有许多优点，但它们也存在一定的风险和缺陷。与传统银行业务相比，DeFi平台交易存在以下缺点：

首先，DeFi市场较为新兴，缺乏稳定性和可预测性。由于DeFi平台和闪电贷市场没有中央机构的控制，市场上的资产价格和利率等指标可能会更加不稳定。这种不稳定性可能会导致用户的巨大损失。例如2021年5月，由于比特币价格的剧烈波动，许多DeFi平台上的闪电贷合约被强制清算，引发了用户大量亏损。

其次，由于DeFi平台的去中心化本质，它并没有得到传统金融机构和政府监管机构的监管，因而缺乏合规性和安全保障，用户需要自行承担一定的风险。大多数DeFi平台不提供保险，因此用户的资金无法受到保护。另外，发送到错误地址的加密货币将不会获得赔偿。比如2018年1月份，一名用户使用Coinbase向自己的钱包发送比特币，但由于复制粘贴错误，比特币被发送到了另一个地址。这名用户很快意识到错误，并且联系了Coinbase的客服，但由于区块链交易的不可逆性，已经无法撤回该交易。

再次，DeFi平台还面临着黑客攻击、技术故障。一些DeFi平台可能存在合约漏洞，导致黑客能够利用这些漏洞对用户发起攻击，并窃取用户的数字资产。

最后，参与DeFi和闪电贷需要具备一定的技术能力。用户需要了解以太坊和智能合约等基本技术，并具备相关的技术知识和技能。这种技术门槛可能会限制更多的用户参与这些市场。

DeFi作为一种新兴金融工具，有其独特的优点和缺点。尽管存在一些缺陷，但这些问题正在被DeFi行业从业者和相关机构所关注，他们一直在寻找解决方案。随着技术和监管的不断发展，DeFi有望成为未来金融领域的重要创新之一。

**学习目标**

通过学习DeFi和闪电贷的特性、交易过程、交易费用等，理解闪电贷的优势和创新所在，同时也清醒认识闪电贷等DeFi产品所存在的缺陷和风险。

**案例思考题：**

1. 闪电贷为何不需要信用评估？
2. 闪电贷如何进行风险控制？
3. 智能合约和去中心化应用程序在 DeFi 中扮演怎样的角色？
4. 如何克服其存在的缺点？

# 参考文献


[1] 佩吉克. 区块链巴别塔 [M]. 王勇，陈秋雨，译. 北京：中信出版集团，2021.

[2] 刘震. 数智化革命：价值驱动的产业数字化转型 [M]. 北京：机械工业出版社，2022.

[3] 亨利·阿尔斯拉尼安，费雪. 金融数字化未来 [M]. 王勇，黄红华，陈秋雨，译. 北京：机械工业出版社，2021.

[4] 纳拉亚南，贝努，费尔顿，等. 区块链技术驱动金融 [M]. 林华，王勇，译. 北京：中信出版集团，2018.

[5] 凯恩，菲利普斯，卡普斯基，等. 数字化战略推演 [M]. 李雪雁，译. 浙江教育出版社，2023.

[6] 德鲁克. 创新与企业家精神 [M]. 北京：机械工业出版，2009.

[7] 西蒙. 管理决策新科学 [M]. 北京：中国社会科学出版社，1982

[8] 伯尼斯克，塔塔尔. 加密资产：数字资产创新投资指南 [M]. 林华，蔡长春，林侃，等译. 北京：中信出版集团，2019.

[9] 巴纳德. 组织与管理 [M]. 曾琳，赵菁，译. 北京：中国人民大学出版社，2009.

[10] 贝斯特. 数字化金融 [M]. 王勇，黄红华，译. 北京：人民邮电出版社，2019.

[11] 野村综合研究所. 5G 重塑数字化未来 [M]. 杭州：浙江大学出版社，2020.

[12] WATTENHOFER. 区块链核心算法解析 [M]. 陈晋川，薛云志，林强，等译. 北京：中信出版社，电子工业出版社，2017.

[13] 海飞门，习移山，张晓泉. 数字跃迁：数字化变革的战略与战术 [M]. 北京：机械工业出版社，2020.

[14] ANDREAS M ANTONOPOULOS. Mastering Bitcoin [M]. Sebastopol CA：O'Reilly，2017.

[15] FEI TAO，et al. Digital twin driven smart manufacturing [M]. Pittsbutrg：Academic Press，2019.

[16] HERBERT LINDSAY. Digital transformation：build your organization's future

for the innovation age [M]. London: Bloomsbury Business, 2019.

[17] KUMAR U DINESH. Business analytics: the science of data-driven decision making [M]. [s. l.]: Wiley India, 2017.

[18] LAKHANI K R, IANSITI M. Competing in the age of AI: strategy and leadership when algorithms and networks run the world [M]. Boston: Harvard Business Review Press, 2020.

[19] LOSHIN D. Enterprise knowledge management: the data quality approach [M]. San Mateo: Morgan Kaufmann Publishers Inc., 2000.

[20] ROBERTSON MARK. Digital strategy: learn to transform your business for the digital age [M]. [s. l.]: Create Space Independent Publishing Platform, 2018.

[21] ROGERS D. The digital transformation playbook: rethink your business for the digital age [M]. New York: Columbia University Press, 2016.

[22] 托夫勒. 第三次浪潮 [M]. 黄明坚, 译. 北京: 中信出版社, 2006

[23] 安筱鹏. 数据要素如何创造价值 [R]. 阿里研究院, 2021.

[24] 安筱鹏. 重构: 数字化转型的逻辑 [M]. 北京: 电子工业出版社, 2019.

[25] 阿布什, 纽恩斯, 唐斯. 明智转向: 一本书读懂企业数字化转型战略 [M]. 陈绍强, 陈宇, 陈杉, 译. 北京: 中信出版社, 2019.

[26] 鲍舟波. 未来已来: 数字化时代的商业模式创新 [M]. 北京: 中信出版社, 2018.

[27] 奇斯, 西佛尔斯通, 史密斯. 敏捷组织的人本要素 [J]. 21 世纪商业评论, 2010 (1): 82-85.

[28] 蔡维德. 智能合约重构社会契约 [M]. 北京: 法律出版社, 2020.

[29] 陈春花, 廖建文. 数字化时代企业生存之道 [J]. 哈佛商业评论 (中文版), 2017 (11): 154-158.

[30] 陈春花. 价值共生: 数字化时代的组织管理 [M]. 北京: 人民邮电出版社, 2021.

[31] 陈春花. 协同: 数字化时代组织效率的本质 [M]. 北京: 机械工业出版社, 2019.

[32] 陈少华, 张燚. 新媒体与传统媒体 [M]. 成都: 电子科技大学出版社, 2015.

[33] 成卓, 刘国艳. 面向大数据时代的数字经济发展举措研究 [M]. 北京: 人民出版社, 2019.

[34] 邓超, 李宝平, 李兴旺. 数字图像处理与模式识别研究 [M]. 北京: 地质出版社, 2018.

[35] 董天一, 戴嘉乐, 黄禹铭. IPFS 原理与实践 [M]. 北京: 机械工业出版社, 2021.

[36] 董晓松. 中国数字经济及其空间关联 [M]. 北京: 社会科学文献出版社, 2018.

［37］杜庆昊. 数字经济协同治理［M］. 长沙：湖南人民出版社，2020.

［38］范渊. 数字经济时代的智慧城市与信息安全［M］. 北京：电子工业出版社，2019.

［39］方伟. 金融科技 2.0：从数字化到智能化［M］. 北京：人民邮电出版社，2023.

［40］龚勇. 数字经济发展与企业变革［M］. 北京：中国商业出版社，2020.

［41］韩锡斌，程璐楠，程建钢. MOOCs 的教育学视角分析设计［J］. 电化教育研究，2014（1）：49.

［42］侯欣洁. 国外数字出版全球化发展战略研究［M］. 北京：知识产权出版社，2018.

［43］胡钦太，林晓凡. 面向服务的 MOOCs 分析与教学设计研究［J］. 中国电化教育，2015（1）：39-43.

［44］胡钦太，林晓凡. 新媒体的社会教育功能及其传播模式［M］. 广州：世界图书出版广东有限公司，2015.

［45］胡小勇，林晓凡. 促进认知迁移的在线学习课程设计与实证研究［J］. 中国电化教育，2011，（7）：78-83.

［46］华强森，沙莎，倪以理. 崛起的中国数字经济［M］. 上海：上海交通大学出版社，2018.

［47］黄超. MOOC 如何吸引学习者持续参与［J］. 中国教育网络，2013（9）：26-27.

［48］黄奇帆，等. 数字上的中国［M］. 北京：中信出版社，2022.

［49］济卿凭. 数字货币交易盈利策略［M］. 广州：南方出版传媒，广东经济出版社，2021.

［50］纪雯雯. 数字经济下的新就业与劳动关系变化［M］. 北京：社会科学文献出版社，2019.

［51］姜浩. 数据化：由内而外的智能［M］. 北京：中国传媒大学出版社，2017.

［52］蒋剑豪，文丹枫，刘湘云. 数字经济时代区块链产业案例与分析［M］. 北京：经济管理出版社，2018.

［53］蒋宇，尚俊杰，庄绍勇. 游戏化探究学习模式的设计与应用研究［J］. 中国电化教育，2011，（5）：84-91.

［54］李海舰，李燕. 企业组织形态演进研究：从工业经济时代到智能经济时代［J］. 经济管理，2019，41（10）：22-36.

［55］李华，龚艺，纪娟，等. 面向 MOOC 的学习管理系统框架设计［J］. 现代远程教育研究，2013（3）：28-33.

［56］李娇娇. 经济数学［M］. 合肥：合肥工业大学出版社，2018.

［57］李晓钟. 数字经济下中国产业转型升级研究［M］. 杭州：浙江大学出版社，2018.

［58］李善友. 颠覆式创新：移动互联网时代的生存法则［M］. 北京：机械工业

出版社，2014.12.

[59] 李善友. 互联网世界观：思维的起点，商业的引爆点 [M]. 北京：机械工业出版社，2015.

[60] 梁乃明，方志刚，李荣跃，等. 数字孪生实战：基于模型的数字化企业 (MBE) [M]. 北京：机械工业出版社，2019.

[61] 林枋，成丽娟. 情境学习理论支撑下基于问题的网络学习 [J]. 中国电化教育，2009 (11)：20-22.

[62] 林晓凡，胡钦太，邓彩玲. 基于SPOC的创新能力培养模式研究 [J]. 电化教育研究，2015 (10)：46-51.

[63] 刘建基. "互联网+" 时代制造企业组织敏捷性提升机理及对策 [J]. 党政干部学刊，2017 (1)：54-60.

[64] 刘静，李凤. 经济应用数学 [M]. 济南：山东人民出版社，2018.

[65] 刘军稳. 区块链+资产数字化 [M]. 北京：中国经济出版社，2019.

[66] 刘权，李立雪，孙小越. 数字产业化：新基建激发数字经济发展新动能 [M]. 北京：人民邮电出版社，2023.

[67] 刘伟成. 数字信息资源检索 [M]. 武汉：武汉大学出版社，2018.

[68] 刘文献，李利珍. 共享数字新经济 [M]. 北京：中国商务出版社，2018.

[69] 韦德，劳克斯，麦考利，等. 全数字化赋能：迎击颠覆者的竞争战略 [M]. 瑞士洛桑管理发展学院，译. 北京：中信出版社，2019.

[70] 穆胜. 重构平台型组织 [M]. 北京：机械工业出版社，2022

[71] 南国农，李运林. 教育传播学 [M]. 北京：高等教育出版社，2005.

[72] 庞帝. 数字化生存 [M]. 胡泳，译. 海口：海南出版社，1997

[73] 聂玉声. 区块链与数字经济时代 [M]. 天津：天津人民出版社，2019.

[74] 逄健. 数字经济时代公司创业的机会把握之道 [M]. 成都：四川大学出版社，2019.

[75] 祁国晟，等. 产业智能之路：拥抱数字化转型浪潮 [M]. 北京：人民邮电出版社，2021.

[76] 钱志新. 数字新经济 [M]. 南京：南京大学出版社，2018.

[77] 沙利文，朱塔弗恩. 数字时代的企业进化：机器智能+人类智能=无限创新 [M]. 冯雷，冯瑜，钟春来，等译. 北京：机械工程出版社，2020.

[78] 全颖，郑策. 数字经济时代下金融科技信用风险防控研究 [M]. 长春：吉林人民出版社，2019.

[79] 申卫星. 数字经济与网络法治研究 [M]. 北京：中国人民大学出版社，2018.

[80] 沈玉良，李墨丝，李海英. 全球数字贸易规则研究 [M]. 上海：复旦大学出版社，2018.

[81] 唐隆基，潘永刚. 数字化供应链：转型升级路线与价值再造实践 [M]. 北京：人民邮电出版社，2021.

[82] 唐晓乐，刘欢，詹璐遥. 数字经济与创新管理实务研究［M］. 长春：吉林人民出版社，2021.

[83] 王保育，李纪华，吴莜瑛，等. 企业数字化转型架构：互联网+时代的创新技术与实践［M］. 北京：电子工业出版社，2015.

[84] 王春云. 数字化经济后资本测度研究［M］. 北京：中国统计出版社，2019.

[85] 王东岳. 物演通论［M］. 西安陕西人民出版社，2009.

[86] 王二乐，乔锐. 打造组织运营敏捷力：自定义 ISO 9001+［M］. 北京：电子工业出版社，2016.

[87] 王吉斌，彭盾，白雪飞，等. 在线组织：钉钉赋能 28 个组织数字化转型的故事和方法［M］. 北京：机械工业出版社，2021

[88] 王坚. 在线：数据改变商业本质，计算重塑经济未来［M］. 北京：中信出版社，2016.

[89] 王建冬，陈建龙. 迈向数字经济［M］. 北京：社会科学文献出版社，2019.

[90] 王聚师，汪倆. 区块链·数字经济［M］. 成都：西南财经大学出版社，2020.

[91] 王雷. 大学社会教育研究［M］. 北京：人民出版社，2013.

[92] 王世渝. 数字经济驱动的全球化［M］. 北京：中国民主法制出版社，2020.

[93] 王思轩. 数字化转型架构：方法论与云原生实践［M］. 北京：电子工业出版社，2021.

[94] 王松奇. 银行数字化转型：路径与策略［M］. 北京：机械工业出版社，2020.

[95] 王兴山. 数字化转型中的企业进化逻辑［M］. 北京：电子工业出版社，2019.

[96] 王振，惠志斌. 全球数字经济竞争力发展报告［M］. 北京：社会科学文献出版社，2019.

[97] 舍恩伯格，库克耶. 大数据时代：生活、工作与思维的大变革［M］. 盛杨燕，周涛，译. 杭州：浙江人民出版社，2012.

[98] 魏一鸣. 中国能源经济数字图解［M］. 北京：经济管理出版社，2019.

[99] 吴军. 浪潮之巅［M］. 北京：人民邮电出版社，2019.

[100] 肖利华，等. 数智驱动新增长［M］. 北京：电子工业出版社，2021.

[101] 谢利明. 内容驱动下的商业模式创新［M］. 北京：人民邮电出版社，2017.

[102] 谢仁杰，邓斌. 数字化路径：从蓝图到实施图［M］. 北京：人民邮电出版社，2021.

[103] 徐雯. 数字经济下会计理论与实践创新研究［M］. 延吉：延边大学出版社，2019.

[104] 卡斯特罗尼斯. AI 战略：更好的人类体验与企业成功框架 [M]. 陈斌，译. 北京：机械工业出版社，2020.

[105] 颜阳，王斌，邹均. 区块链+赋能数字经济 [M]. 北京：机械工业出版社，2018.

[106] 闫莺，郑凯，郭众鑫. 以太坊技术详解与实战 [M]. 北京：机械工业出版社，2018.

[107] 杨学成. 蝶变：数字商业进化之道 [M]. 北京：北京联合出版公司. 2020.

[108] 姚建华. 数字经济中的劳工组织 [M]. 北京：商务印书馆，2019.

[109] 姚建明. 数字经济规划指南 [M]. 北京：经济日报出版社，2020.

[110] 易高峰，常玉苗，李双玲. 数字经济与创新创业管理实务 [M]. 北京：中国经济出版社，2019.

[111] 易高峰. 数字经济与创新管理实务 [M]. 北京：中国经济出版社，2018.

[112] 尹丽波. 数字经济发展报告 [M]. 北京：电子工业出版社，2020.

[113] 岳本勇，陈静，张媛. 数字经济导论 [M]. 长春：吉林大学出版社，2018.

[114] 张彬. 数字经济时代网络综合治理研究 [M]. 北京：北京邮电大学出版社，2019.

[115] 张道海，金帅. "互联网+" 时代的企业信息化管理与创新 [M]. 南京：江苏大学出版社，2016.

[116] 张建锋，肖利华，叶军. 数智化敏捷组织：云钉一体驱动组织转型 [M]. 北京：人民邮电出版社，2022.

[117] 张世如. 数字经济背景下价值评估研究 [M]. 北京：中国财政经济出版社，2019.

[118] 赵刚. 数据要素：全球经济社会发展新动力 [M]. 北京：人民邮电出版社，2021.

[119] 赵启纯. 电子商务与数字经济 [M]. 天津：天津科学技术出版社，2018.

[120] 中国信息通信研究院. 全球数字经济白皮书：疫情冲击下的复苏新曙光 [EB/OL]. (2021-08-03) [2023-09-04]. https://weibo.com/ttarticle/p/show? id=2309404666022908264809.

[121] 周宏仁. 信息化蓝皮书：中国信息化形势分析与预测（2017—2018）[M]. 北京：社会科学文献出版社，2018.

[122] 周良军，邓斌. 华为数字化转型：企业持续有效增长的新引擎 [M]. 北京：人民邮电出版社，2021.

[123] 朱发仓. 数字经济统计测度研究 [M]. 北京：经济科学出版社，2019.

[124] 朱晓明. 走向数字经济 [M]. 上海：上海交通大学出版社，2018.

[125] 朱旭东，胡艳，等. 中国教育改革开放 40 年：教师教育卷 [M]. 北京：北京师范大学出版社，2019.